W0084818

Martin Reiter

Sprechen Sie Tirolerisch?

Die Entstehung der Mundarten ist eines, das Verstehen etwas ganz anderes. Selbst unter Tirolern, die nur einige Kilometer voneinander entfernt wohnen, gibt es oftmals Verständigungsschwierigkeiten, was soll dann erst ein Auswärtiger tun? Genau, er soll dieses Buch aufmerksam studieren!

Martin Reiter

Martin Reiter

SPRECHEN SIE TIROLERISCH?

Von Achling bis Zussl

EDITION
ZEITGESCHEHEN

Inhaltsverzeichnis

Gewidmet
Martina & Markus

Auf ein Wort (oder mehr?)

Als ich vom Tosa-Verlag beauftragt wurde, unter dem Titel „Sprechen Sie Tirolerisch?" (eigentlich müßte es ja „Tirolisch" heißen, aber ich habe mich für den Dialektausdruck entschieden) ein Tiroler Dialektwörterbuch zu schreiben, kostete mich dies so manche schlaflose Nacht und einiges Kopfzerbrechen. Warum? Ganz einfach, weil Tirol nicht nur aus Süd-, Ost- und Nordtirol besteht, sondern obendrein aus Hunderten Tälern, in denen überall ein anderer Dialekt gesprochen wird. Ja, die Unterschiede lassen sich teils sogar von Ort zu Ort bzw. von Weiler zu Weiler feststellen. Wo dort ein „a" verwendet wird, ist es zwei Kilometer weiter ein „ä" und übers Joch bereits ein „e". Es gibt keinen Tiroler Dialekt, es gibt auch keinen Nordtiroler, Südtiroler oder Osttiroler Dialekt; keinen Zillertaler oder Sarntaler, keinen Außerferner oder Oberinntaler Dialekt, sondern nur Dialekträume, in denen man in etwa eine ähnliche Mundart spricht.

Weiters soll dieses Buch ja kein wissenschaftliches Werk darstellen, denn ein solches hat schon im Jahr 1866 J. B. Schöpf durch sein „Tirolisches Idiotikon" und darauf aufbauend Josef Schatz 1956 im „Wörterbuch der Tiroler Mundarten" getan (wer sich intensiver mit Tiroler Mundart befassen will, ist dort gut aufgehoben oder wendet sich an den Nestor der Tiroler Mundartforschung, Dr. Egon Kühebacher). Viele Wörter in deren Werken sind bereits ausgestorben, was nicht zuletzt mit der gewaltigen Umwälzung im landwirtschaftlichen Bereich zu tun hat. Doch der Dialekt ist in der Zwischenzeit keineswegs tot, ja, es sind sogar neue Ausdrücke dazugekommen.

Durch Auto und Bahn sind die Menschen mobiler geworden, einstmals entlegene und deshalb ruhige Orte wurden für den Tourismus entdeckt und voll erschlossen. Dadurch hat sich auch die Kommunikation unter den Menschen geändert. Viele Mundartausdrücke sind gewandert und heute in Gegenden als „traditionell und althergekommen" angesehen, wo sie vor 50 Jahren noch gar nicht existierten. Man hat sozusagen den Überblick verloren, wo nun ein gewisser Dialektausdruck wirklich hergekommen ist. Auch die Aussprache ist nicht mehr überall jene wie vor Jahrzehnten. Dies alles zu berücksichtigen, würde den Rahmen dieses Buches sprengen. Deshalb erhebt es auch keinesfalls Anspruch auf Vollkommenheit, das heißt auf hundertprozentige Herkunftsnachweise, Vollständigkeit aller Ausdrücke und Aussprache. Vor allem die Aussprache ist ein eigenes Kapitel. Als Autor habe ich versucht, sämtlichen Lautzeichen den Rücken zu kehren, denn der Benutzer und Interessierte soll sich nicht durch seitenlange Kapitel quälen müssen, in denen beschrieben wird, wie er die Wörter in diesem Buch auszusprechen hat. So wurde das übliche Alphabet verwendet, wobei natürlich gewisse Laute nicht einwandfrei dargestellt werden können. In einem eigenen Kapitel findet sich aber auch dazu ein kleiner Leitfaden.

Wer also dieses Buch als wissenschaftlichen Leitfaden verwenden möchte, lege das Werk zurück ins Bücherregal. All jene aber, die sich einen Überblick über die verschiedenen Tiroler Mundarten verschaffen wollen, Erklärungen zu da und dort aufgeschnappten Dialektbröcken suchen und überdies ein bißchen Spaß beim Schmökern haben wollen, liegen jedenfalls richtig.

Um einigermaßen einen Anhaltspunkt zu haben, werden den Erklärungen der Dialektausdrücke in diesem Buch die Anfangsbuchstaben derjenigen Landesteile vorangestellt, in denen das jeweilige Wort vorwiegend verwendet wird (zum Beispiel „O" für Oberinntal, „S" für Südtirol, „U" für Unterinntal, „A" für Außerfern, „L" für Osttirol/Lienz usw.). Das heißt aber keinesfalls, daß es woanders überhaupt nicht in dieser Form verwendet wird. Es heißt auch nicht, daß es überall im angegebenen Sprachraum zum Tragen kommt. Findet sich vor der Worterklärung keine Abkürzung, so kann man annehmen, daß das Wort in Gesamttirol bzw. im Großteil des Landes bekannt ist, natürlich wiederum in verschiedenen Abweichungen.

St. Gertraudi, im September 1995   Martin Reiter

Über die Tiroler

Heute haben sich auch die Tiroler längst zu einem kleinen Mischvolk entwickelt, vor allem in den Städten und größeren Gemeinden kommt das zum Tragen, während in kleinen Orten und abgeschiedenen Tälern die Identität am längsten erhalten blieb. Südtirol wurde vielfach von Italienern überrollt, sodaß einst rein deutschsprachige Orte längst in der Hand der südlicheren Nachbarn sind. Um sich ein Bild vom „echten" Tiroler machen zu können, wie man ihn vom Hörensagen kennt, muß man in der Geschichte zurückgreifen. Der Tiroler Gelehrte Johann Staffler hat in seiner Tiroler Landesbeschreibung von 1839 den Volkscharakter folgendermaßen beschrieben:

„Mehr als mittlere Größe, regelmäßiger Gliederbau, ungewöhnliche Leibesstärke und Ausdauer in der Kraftanstrengung, vorzügliche Gelenkigkeit und Gewandtheit in den jugendlichen Jahren, freie aufrechte Haltung, doch diese selten über das Mannesalter, ein weit schreitender Gang mit starker Kniebeugung, besonders bei den Bewohnern der Hochtäler, ein frei aufblickendes heiteres Auge, mehr lichte als schwarze Haare, Ebenmaß in den Gesichtsteilen, größtenteils mit stark ausgedrückten Zügen, gesunde, scharfe Sinne und frische Lebensfarbe – aber auch frühes Altern, vorzüglich beim Manne, der von den Lasten der Arbeit gebeugt, mit tief zurückgehenden Augen, mit Furchen auf Wangen und Stirne öfters schon in den besten Jahren wie ein Greis aussieht; dies sind ungefähr die Merkmale, die im allgemeinen an beiden Geschlechtern im deutschen Tirol bezeichnend erscheinen. Doch gibt es in manchen Tälern vorteilhafte oder ungünstige Ausnahmen. – Besonders starke Leute mit einem großen, nervigen Körper, bewohnen das Ötztal, das Tal Passeier, die Leutasch, das Tal Sellrain, das Zillertal und Tux. Die Männer dieses Hochtales übertreffen alle anderen durch ihre breiten Schultern und festen Knochen. Auch die Täler bei Rattenberg, Kitzbühel und Kufstein nähren große und gutgewachsene Leute. In dieser Gegend, wie im Zillertal, sieht man insbesondere recht hübsche Mädchen mit den feinsten Zügen. – Ausgezeichnet durch eine hohe Gestalt und freundliche Gesichtsbildung mit meist blauen Augen, sind die Landleute bei Meran und Lana. Dagegen vermißt diese schätzbaren Naturgaben selbst im gewöhnlichen Maße der Obervinschgauer, der Pitztaler und der Pfafflarer. Ein kleiner, schwächlicher Körperbau, und ein mattes Gesicht, setzen sie weit hinter die anderen zurück. – Im Ziller- und Brixental sieht man im männlichen wie im weiblichen Geschlecht viele Blähhälse und selbst Kröpfe; im letztern Tal auch mehrere Cretins.

Im Osten des Landes zeichnen sich die Gegenden von Lienz und Ampezzo durch einen schönen Menschenschlag aus, wobei in der Vergleichung das weibliche Geschlecht den Vorzug behauptet, das insbesondere in der Umgebung von Lienz durch seine edlen Gesichtszüge und seine blühende Farbe sehr anziehend ist. Im Ahrntal, das mit dem Zillertal zusammenhängt, und in den Tälern bei Sterzing, in der Nachbarschaft von Passeier, wohnen kräftige, derbe Leute. – Unansehnlich und auch vielfältig krüppelhaft sind die Buchensteiner; klein und gebeugt die Weibspersonen im Tal Defereggen, da sie die schwersten Arbeiten verrichten ...

Auffallend unterscheidet sich der italienische Tiroler von dem deutschen. Minder groß, mehr schlank, und eines viel leichtern Knochenbaues, ist er ausgezeichnet schnell und gewandt, und dem ungeachtet fest und ausdauernd – gewohnt an Strapazen und Entbehrungen aller Art ...

Gute Geistesanlagen können dem Tiroler nicht angesprochen werden. Sein Verstand ist hell, und seine Beurteilung, von einem richtigen Takte geleitet, fast immer treffend. Oft werden diese Vorzüge an dem Nordtiroler und Pustertaler gänzlich verkannt, weil dieser, eingeengt zwischen seinen Gebirgsschluchten, größtenteils im Umgang mit seiner geliebten Herde, oder hinter dem Pfluge, einer geselligern Sitte fremd, und in der Regel schüchtern und wortarm seine Intelligenz nicht leicht zu erkennen gibt. Der Italiener ist rasch im Urteil und Entschluß, daher flüchtig und oft übereilend in der Tat. Der Deutsche denkt langsam, prüft sorgfältig, und sein Entschluß bleibt daher auch um so unerschütterlicher ..." So also die Sicht Johann Stafflers aus der ersten Hälfte des 19. Jahrhunderts. In der Mentalität hat sich seither nicht allzuviel geändert.

Die Tirolerfamilie

Tirol(er)isch – eine Sprache oder Halskrankheit?

Die Tiroler Sprache hat nicht nur viele Eigentümlichkeiten, die sie von der hochdeutschen Sprache und von den Mundarten anderer deutschsprechender Länder unterscheiden, sondern sie wird auch im Land selbst mit unzähligen Veränderungen in der Bildung und im Gebrauch der Wörter und mit dem unterschiedlichsten Wechsel in der Betonung gesprochen. Wenn es auch kaum möglich ist, auf wenigen Seiten bestimmte und umfassende Regeln festzulegen, da es überhaupt eine undankbare Aufgabe ist, einen Dialekt zu beschreiben, so soll doch zumindest ein kleiner Einblick vorangestellt werden. Ganz bewußt der Tatsache, daß man die seltsamsten Eigenheiten, in der Art die Töne auszudrücken, doch nur durch oftmaliges und aufmerksames Anhören einigermaßen verstehen kann. Die folgenden Andeutungen über die charakteristischen Merkmale der Tiroler Mundarten verstehen sich demnach nur als eine kleine Einführung.

In Tirol findet man im wesentlichen zwei Hauptdialekte: „bojoarisch" (bajuwarisch) und „alemannisch". Wobei ersteren der Großteil des Landes beherrscht, und zwar das ganze Inntal, mit Ausnahme des Außerferns, das Wipptal, der größte Teil des Pustertales, die Gegend am Eisack (ausgenommen Grödental) und das Etschgebiet bis nach Salurn. Im Außerfern spricht man die alemannische Mundart.

Zur bajuwarischen Mundart kann man sagen, daß die Aussprache kräftig, deutlich, mehr hart als weich und die Betonung laut, meistens langsam und breit ausziehend ist. Fast nirgends wird der Selbstlaut a im reinen, hellen, der hochdeutschen Sprache eigenen Laut, sondern in einem zwischen a und o schwebenden, tieferen Mittellaut gesprochen. Davon sind jedoch gewisse Wörter ausgenommen, in welchen nach der alten Schreibart zur Bezeichnung des hellen a ein ä gesetzt wurde.

Jene Wörter, die nach der richtigen Sprechart in der Mehrzahl oder in der verbindenden Art bzw. durch ihre Ableitung das a in ä verwandeln, behalten in der Mundart das a unverändert, nur klingt es dann immer hell. „Die Garten" für Gärten oder „die Walder" für Wälder sind nur zwei Beispiele. Statt „du hättest" verwendet der Tiroler „du hattest", und „schämen" heißt bei ihm

„schamen". Manchmal geht das ä sogar in ö über. Da heißt es dann „hörter" für härter. In der Vorsilbe „ab" wird das b und in „auf" das f häufig weggelassen: „afah'rn" (abfahren), „ausspringen" (aufspringen) usw. Die Vorsilbe „an" wird entweder in „on" oder „un" (teils sogar nur o oder u) umgewandelt. Wodurch das schriftdeutsche „anspringen" zu o(n)springen oder u(n)springen wird.

Der Selbstlaut e, als Bezeichnung der Mehrzahl bei Hauptwörtern, fällt in den meisten Gegenden weg, wodurch es beispielsweise nicht „die Hunde", sondern nur „die Hund", oder nicht „die Wölfe", sondern „die Wölf" heißt. Steht ein e in der letzten Silbe und folgt kein n darauf, so setzt man fast immer ein a, sodaß der „Herr" zu „Hear" wird und der Befehl „Geh!" zu „Gea(h)!" Sehr selten hört man in den Endsilben en und el beide Buchstaben vollkommen ausgedrückt: schreibn (schreiben), streitn (streiten), Zweifl (Zweifel), Viertl (Viertel). Doch werden dann die beiden Buchstaben en vernehmlich ausgesprochen, wenn ein n, ein ng oder ein m unmittelbar vorangeht, wie bei rinnen, singen, schwimmen usw.

Das e am Anfang oder auch manchmal in der Mitte des Wortes schlägt vielfach in ö um: Ölend (Elend), Mösser (Messer). In den Vorsilben ge und be wird das e hingegen fast überall verschlungen: Gwinn (Gewinn), gwiß (gewiß), Bstand (Bestand). Das o vor m und n verwandelt sich gewöhnlich in u: frum (fromm), Sunn (Sonne), schun (schon). Vor ß, t und ch lautet das o fast immer wie oa: groaß (groß), roat (rot), hoach (hoch). Das a hört man jedoch nur schwach. In den Wörtern sollen, wollen und kommen nimmt es den Umlaut ö an: söllen, wöllen, kömmen. Für kommt sagt man kimmt. Das ö wird niemals rein gesprochen, sondern in ie, ea oder auch in u umgestaltet: schien bzw. schean (schön), Heach (Höhe), vergunnen (vergönnen, gönnen).

Zwischen dem u und dem darauffolgenden Mitlaut drängt sich oft ein a oder e: Huat bzw. Huet (Hut), tuat bzw. tuet (tut). Das ue läßt sich jedoch wie Doppellaut vernehmen. Das ü wird niemals rein, sondern größtenteils wie ie gesprochen: grien (grün), Hiener (Hühner). Den Doppellaut au beschränkt man meistens auf ein einfaches a, und zwar immer im hellen Laut: Bam (Baum), Sam (Saum) usw. Ausgenommen sind jene Wörter, durch deren Umänderung der Sinn zweifelhaft werden könnte. Man sagt daher richtig Maus, Bauch usw. Das Verbindungswörtchen auch wird sogar bis auf den Buchstaben a, größtenteils hell, hie und da auch tief gesprochen, zusammengeschnitten. Das ei (ai) klingt insgemein wie oa, ähnlich dem französischen oi: Stoan (Stein), Roan (Rain), oans (eins). Im Geschlechtsartikel ein wird das ei in ein helles a verwandelt und überdies das n ganz weggeworfen, wenn nicht ein Selbstlaut darauf folgt: „Als a Roß is viel nützer an Ox" (ein Ochse ist viel nützlicher als ein Pferd). Aus eu wird gewöhnlich ui: Fui'r (Feuer), tui'r (teuer), nui (neu).

Der Doppellaut ie wird in der Regel so sehr gedehnt, daß das e beinahe ebenso stark wie das i und fast wie zwei Silben lautet: Lieben. Bei einigen Wörtern wird ie in ui verändert: er schuißt (schießt). Als ein besonderes charakteristisches Merkmal ist dieser Mundart eigen, die Buchstaben b, k, v, sch und st ungemein stark auszusprechen, wonach insbesondere das st wie scht klingt. Das dehnende h am Schluß oder auch in der Mitte eines Wortes wird immer mit einem c verstärkt: Viech (Vieh), siech (sieh), ziechn (ziehen). Dagegen werden die Endbuchstaben rk mit ch verweichlicht: Werch (Werk), starch (stark). Die Endsilbe -lich bildet sich teils in la um: freila (freilich), liebla (lieblich). Die Endsilbe -heit verwandelt sich meist in hat: Gwunhat (Gewohnheit), Wahrhat (Wahrheit). Auch bei den Vorsilben er-, zer- und ver- liebt man Zusätze und Veränderungen: derbarmen (erbarmen), dersteigen (ersteigen), derreiß'n (zerreissen), derarmen (verarmen).

Bei den Fürwörtern ich, mich, dich wird das c durchgehend verschlungen: ih, mih, di. In mein, dein, sein fällt das n weg: mei, dei, sei. Wir, ihr, euch werden in mier, ös, enk; unser in inser; dieser, diese in der, die (beide mit einem dehnenden Nachdruck gesprochen); dies in dös; und solches in sölles oder söt(h)anes (nach dem veralteten sothanes). Anstatt der Fürwörter welcher, welche, welches – wenn sie beziehend gebraucht werden – wird immer der, die, das (gewöhnlicher), dös und in der fragenden Bedeutung wöller, wölle, wölles gesagt. Sehr üblich sind die Zusammenziehungen, und zwar nicht nur der Silben – zum Beispiel für haben, han oder hun –, sondern auch der Wörter, besonders wenn ein Vorwort mit dem Geschlechtswort zusammentrifft, oder wenn das Fürwort wir oder mir unmittelbar nach einem Zeitwort zu stehen kommt: afn (auf den), vorn bzw. voarn (vor den); hamers (haben wir es), gimers (gib es mir), wöllmer (wollen wir), geahmer (gehen wir).

Unterinntal, ältere Zeit

Die Abwandlung der Zeitwörter geschieht richtig nach der Sprachlehre, nur ist die Mitvergangenheit der Volkssprache beinahe ganz fremd. Man gebraucht dafür meist die Vergangenheit. Mit Vorliebe wird das Zeitwort tun als Hilfswort benützt. Ebenso bedient man sich gern des Wortes gehen, anstatt des Hilfszeitwortes sein in der Zukunft, oder anstatt wollen: „Iatz geah i oans singen" (Jetzt werde ich eines singen), „Geahmer gean af's Feld?" (Wollen wir auf's Feld gehen?).

Diese im allgemeinen charakteristische Mundart hat natürlich unzählige Abweichungen. Kaum ein Tal wird man finden, das mit einem anderen eine ganz gleiche Sprechart hätte. Da es sich beim alemannisch beeinflußten Außerfern nur um einen kleinen Teil Tirols handelt, dessen Dialekt sonst nirgends so gesprochen wird, soll er hier nicht so ausführlich behandelt werden. Im folgenden sollen jedoch die bedeutendsten Verschiedenheiten innerhalb der alten Landesgrenzen kurz dargestellt werden.

Im Oberen Gericht und Kaunertal gilt die Mundart als bajuwarisch, mit dem Hauptrückzugsgebiet des Rätoromanischen im Paßgebiet des Reschen. Im Oberpaznaun und inneren Stanzertal sind die alemannischen Einflüsse am stärksten, schwächen sich gegen das Talende hin etwas ab und vermischen sich mit dem Bairischen am Kreuzungspunkt bei Landeck. Die rätoromanischen Elemente sind aber überall noch erkennbar. Im Oberinntal kann die Gegend zwischen Nauders und Telfs – wenigstens in der Talniederung – nach einem Sprachtypus beurteilt werden. Die besonderen Eigentümlichkeiten dieses in seiner Betonung harten Dialektes sind: Die Endsilbe -en erfährt immer eine Umbildung, und zwar in der Art, daß das n durchaus wegfällt, und aus dem e ein a wird, das in dieser Stellung hell, sonst aber immer tief lautet: „Die schlimma Bueba streita und hadera" (Die schlimmen Buben streiten und hadern). Die Selbstlaute a und ä verwandeln sich in Zeitwörtern meist in ö, und zwar immer mit Weglassen der darauffolgenden Mitlaute b und g: g'höt (gehabt), g'söt (gesagt). Auch in der Mitte des Wortes geht das e sehr gerne in a über: Gald (Geld), Walt (Welt). Aus au wird ein stark gedehntes o, aus eu ein ö: kofe (kaufen), Bom (Baum), Fröd (Freude). Das Hilfszeitwort haben wird in der dritten Person Gegenwart zu hai: „Er hai g'söt" (Er hat gesagt).

Das Paznauntal hat zwar im wesentlichen den Oberinntaler Dialekt, jedoch nicht das Schwerfällige desselben. Und da dort überdies mehrere ganz eigene und zum Teil schon vorarlbergische Wörter heimisch sind, so klingt die Sprache des Paznauners sehr seltsam: „Lueg, dei Nati schickt mi inna mit ana Gald" (Schau, dein Vater schickt mich mit Geld herein).

Auffallend ist das Schnarren in der Aussprache der Nassereither, die übrigens von der Oberinntaler Mundart kaum abweicht.

In dem an Vorarlberg grenzenden Lechtal und in dessen Seitentälern spricht man ein Gemisch der Oberinntaler und der schwäbischen Sprachweise, wobei jedoch ersterer vorherrschend ist. Dabei mangelt es auch diesem Dialekt nicht an besonderen Merkmalen. Alle Zeltwörter, die auf en auslaufen, werden mit t geschlossen, was dem ungewohnten Ohr sehr unangenehm auffällt: gegangt (gegangen), gwößt (gewesen), gegößt (gegessen), gesitzt (gesessen). Im Lechtal hört man auch heute noch viele eigentümliche Ausdrücke. Die Lechtaler haben keine so geläufige Zunge wie ihre Nachbarn in Vorarlberg und im Reuttener Talkessel. Überhaupt sehen sich manche Außerferner so wenig zu Tirol gehörig, wie das die Vorarlberger mit Österreich, sprich Wien, haben. Sind die Außerferner Tiroler? Ja! Auch wenn es beim Wetterbericht in Radio Tirol heißt: „Ein Tiefdruckgebiet zieht vom Außerfern nach Tirol ..." Man ist eben auch hier Tiroler, nur ein bißchen anders. Vielleicht weil hier ein kleines, aber interessantes Mundartgebiet liegt, wo drei große Mundarten zusammenstoßen: die schwäbische, die alemannische und die bayrische. Die Übergänge sind fließend, sodaß sich keine festen Grenzen ziehen lassen. Kein anderer Tiroler spricht das a so klar und rein, wie es die „Achag'hackten" (Heruntergehackten) – so nennt man die Außerferner scherzhaft – tun. Trotzdem braucht man die „Vorderallgäuer" noch lange nicht mit Vorarlbergern zu verwechseln.

Im Ötztal werden zweierlei Mundarten gesprochen. Die Bewohner des äußersten Tales bis Sölden kommen mit jener des Oberinntals ziemlich überein, im inneren Tal dagegen ist die Passeirer-Sprache vorherrschend. Wobei überall eigene Ortsausdrücke beigemengt wurden.

Scharnitzer und Leutascher teilen sich in Wort und Ton zwischen Oberinntal und Bayern.

Wer sich sprachlich von Innsbruck nach Kitzbühel durchkämpft, wird beträchtliche Unterschiede vorfinden. Denn die Mundart des Tiroler Unterlandes hebt sich stark von jener um

Innsbruck ab. Die in diesem Raum verlaufenden Sprachgrenzen zählen daher nicht umsonst zu den auffallendsten in ganz Tirol. Dessen bewußt ist sich auch der Autor dieses Buches, der an einer solchen Sprachgrenze aufgewachsen ist und auch heute noch wohnt. Die Fachleute sagen, daß der neuerungsfreudige mittelbairische Einfluß östlich der Tiroler Landeshauptstadt deutlich greifbar zu werden beginne, während alle anderen Mundarten Tirols – mit Ausnahme des alemannischen Außerfern – zur Gruppe des altertümlichen Südbairischen gehören.

Ins Unterinntal, das Großachental um Kitzbühel und St. Johann und ins Brixental sind viele sprachliche Eigenheiten eingedrungen, die für die Mundart des verkehrsoffenen flacheren Landes, etwa ganz Bayerns, kennzeichnend sind. Die mittelbairischen Neuerungen konnten (oder wollten) in die verkehrsfernen Täler bzw. das Inntal westlich von Jenbach und Schwaz nicht vordringen.

Der Kernraum des Mittelbairischen ist und bleibt das Donau- und Isarland. Seit mehr als 700 Jahren drängen von der Achse Landshut – Wien die zahlreichen mittelbairischen Neubildungen nach Süden, Wellen vergleichbar, die den Sprachraum des Südbairischen immer mehr in Abwehrstellung zwangen. Ein Teil der vom bayerischen Lech – ein Stück des Flüßchens gehört im Lechtal übrigens Nordtirol – bis ins südliche Burgenland reichenden Front zwischen dem Süd- und Mittelbairischen, einer oft sehr tiefen „Kampf- und Übergangszone", ist das nordöstliche Tirol.

Worin besteht aber der wesentliche Unterschied, werden sich die Leser fragen. Nun, die wichtigsten mittelbairischen Veränderungen sind die Verselbstlautung des in- und auslautenden l und die Erweichung starker Verschlußlaute, wenngleich die Bewohner dieser Gegend keineswegs „weichlich" sind. Beide Erscheinungen gehen in ihren Anfängen ins 13. Jahrhundert zurück. Die unterländische Aussprache „oed", „Hoia", „Newe" für südbairisch „olt", „Hollr", „Nebl" reicht zum Beispiel bis zur Linie Achensee – Jenbach – Gerlos. Viel uneinheitlicher ist hingegen die Erweichung der Starklaute. In Tirol hat sie nur die T-Laute ergriffen und reicht etwa bis zur gleichen Linie wie die L-Vokalisierung, ist jedoch im Inntal bis Wattens ausgebuchtet. Im Unterland gelten also die Lautungen Weder (Wetter), Stod (Stadt), Kedn (Kette), Godl (Patin) usw. für südbairisch Wettr, Stot, Kettn, Gottl. Andere Schwächungen wie etwa „Glee" für Klee,

„Gnecht" für Knecht, „Bong" für Bank u. ä. gelten in Tirol nicht. Die Erweichung nimmt in unzähligen Stufen Richtung Norden (Donau) zu. Etwas weiter, bis gegen Wattens, reicht von Osten her die Aussprache kemma (kommen), renna (rennen), singa (singen) für das südbairische kemmen, rennen, singen. Das auslautende -n bleibt also im Südbairischen erhalten, im Mittelbairischen fällt es aus. Es sind daher ganz allgemein starke Schwächungen im Mitlautstand, die das Mittelbairische des Alpenvorlandes und des Alpenrandes kennzeichnen.

Wie sieht es nun im tirolischen Gebiet östlich der beschriebenen Schwächungsgrenzen aus? Östlich von Schwaz findet man zwei Sprachräume: das Unterinntal und das Berg- und Hügelland östlich des Inns mit dem Gebiet des Großachentals und Kitzbühel, des Brixentals und Leukentals mit Söll. Eine völlige Sonderstellung nimmt das Zillertal ein, wo die mittelbairischen Schwächungen im unteren Zillertal nach Osten abbiegen und der Großteil des Tales beim Südbairischen bleibt.

Nach einem einzigen Laut kann man das Gebiet recht gut gliedern, nämlich nach den mundartlichen Lauten für o in Wörtern wie „rot, Brot, Not, groß, hoch". Dieses o entstand aus einem germanischen „au". Von Westen her reicht bis Schwaz die gemeintirolische südbairische Aussprache „roat, Broat, Noat, groaß, hoach", die auch in der Innsbrucker Umgangssprache herrscht. Auffallendes Merkmal der Unterinntaler Mundart ist das „ua" in diesen Wörtern: „ruad, Bruat, Nuat, gruaß, huach". Dieses „ua" kennt man nur im Unterinntal zwischen Schwaz und Kufstein sowie den nördlichen Seitentälern. Östlich des Inns – mit Ausnahme des Brixentales – beginnt das bayerische „ou". Also heißt es dann in den angeführten Wörtern „rout, Brout, Nout, grouß, houch".

Eine wichtige Grenze tritt zum ersten Mal entgegen, die zwischen dem Inntal und dem Gebiet von Kitzbühel – St. Johann – Söll. Das unterinntalische „ua" in „ruad" gehört sprachgeschichtlich zu „oa". Eine ältere Vorstufe beider Laute hat sich im Brixental, in Alpbach und im oberen Zillertal erhalten: mittelzungiges „òa" in „ròad, gròaß, hòach usw.". Dieses „òa" ist recht unfest, wird mit hoher Mundraumspannung gesprochen und zeigt die Tendenz, zu „ua" oder „oa" abzuleiten. Laute also, die man gebietsweise in unmittelbarer Nachbarschaft findet. Dem „òa" kommt eine wichtige sprachgeschichtliche Stellung zu, denn ähnliche mittelzungige Laute begegnen nur in den altertümlich-

sten südbairischen Mundarten, vor allem in Osttirol und im Südtiroler Ahrntal. So zum Beispiel „röet (rot), Öastan (Ostern)" und
ähnliche Wörter. Diese Laute stellen Reste einer Aussprache dar,
wie sie wahrscheinlich vor mehreren hundert Jahren in ganz Tirol
üblich war. Die „òa"- und „ua"-Laute gelten in Nordosttirol in einem Gebiet, in dem die anfangs genannten mittelbairischen
Neuerungen voll gelten – mit Ausnahme des Zillertales. Sie sind
demnach Zeugnis einer älteren südbairischen Sprachschicht, die
das ganze tirolische Inntal bis Kufstein und das Brixental erfaßte.
Später müssen sich über diese Schicht die mittelbairischen Neuerungen gelegt haben, die sich etwa bis zur alten bayrisch-tiro-
lisch-salzburgischen Grenze an der Zillermündung (St. Gertrau-
di/Strass/Bruck) ausdehnten.

Einige wichtige andere östliche Spracherscheinungen finden
ihre Grenze östlich von Wörgl – Kufstein. In erster Linie ist hier
auf die Erhaltung eines offenen „e" in den Wörtern, die schon im
Germanischen e hatten, hinzuweisen. Östlich des Inns und in
ganz Salzburg sagt man „läsn, Bäsn, Näwe, Späck, Knächt",
westlich davon „lesn (lesen), Besn (Besen), Nebl (Nebel), Speck,
Knecht". Ähnlich weit reichen einige Wörter, die auch in Teilen
Salzburgs gelten: Die Mädchen heißen beispielsweise „Mötzn",
der Rechenstiel kurzerhand „Stab", das Nudelholz „Walger"
oder „Welger", die Bettdecke „Golter", und für die Nachmittagsjause ist zumindest im bäuerlichen Bereich noch die altertümli-
che Bezeichnung „Untern" lebendig. Im Inntal stehen diesen Be-
griffen „Dirndl" (Mädchen), „Stiel" (Rechenstiel), „Tribel" (Nudelholz), „Dewa oder Tepach" (Teppich) gegenüber. „Untern"
heißt hier „Marend(e)", wie auch sonst in Nordosttirol. In manchen Fällen gesellt sich das Brixental bis Kirchberg zum Westen.
Das nordosttirolisch-salzburgische „ä" für „ör", zum Beispiel in
„hän" (hören), gilt hier nicht. Wie im Inntal heißt es „häan" usw.
Mit Nordtirol gemeinsam hat das Brixental das Wort „Kloawan,
Kloapan" (Kletzen = gedörrte Birnen) gegen östliches gemein-
bairisches „Klotzen, Klötzen". Zu anderen südbairischen Mundarten Tirols stimmt das brixentalisch-zillertalische Wort „Hittel"
für das weibliche Geißkitzlein, dem im übrigen Gebiet das salz-
burgische „Hettel" gegenübersteht.

Die Beispiele aus der Unterinntaler Mundart könnten beliebig
fortgesetzt werden, aber der Leser kann sich ja im „Wörterbuch"
selbst ein Bild davon machen. Eines wird trotzdem deutlich: Das

tirolische Unterland ist sprachlich zweiräumig; bis Jenbach –
Schwaz reicht in breiter Front neueres mittelbairisches Sprach-
gut; im ganzen Inntal bis Kufstein, der „Perle Tirols", und im Brixental liegt aber darunter eine ältere südbairische Schicht – verständlicherweise vielfach verschüttet durch die modernen, le-
bensstärkeren mittelbairischen Formen.

Wo liegen nun die Gründe für diese Raum- und Grenzbildung?
Der mittelbairische Einbruch nach Tirol läßt sich leicht erklären.
Er ist eine Auswirkung der Zugehörigkeit der drei alten Gerichte
Rattenberg, Kufstein und Kitzbühel bis 1504 zu Bayern. Aber
auch der Verkehr im Inntal als wichtigste Nord-Süd-Verbindung,
der blühende Silberbergbau der Fuggerstadt Schwaz und die Inn-
schiffahrt mit dem Haller Salz haben seit jeher eine bedeutende
Rolle gespielt.

Die Sprachgrenze östlich des Inns ab Wörgl ist hingegen
schwieriger zu erklären. Sie deckt sich mit der vermutlichen
Grenze der römischen Provinzen Noricum (Osten) und Rätien
(Westen). Im Jahre 1215 wurde sie zur Ostgrenze des damals
neugegründeten Bistums Chiemsee. Die Grenze muß demzufol-
ge als Kulturscheide lebendig geblieben sein. Die engeren Bezie-
hungen zum Osten kamen auch darin zum Ausdruck, daß die
Bauern östlich des Inns vom Haller Salzmonopol ausgenommen
waren und noch im 18. Jahrhundert den Salzbedarf in Salzburger
Salinen decken durften. Ein Hauptfaktor für die Entstehung der
Sprachgrenze östlich des Inns liegt sicherlich auch in der Besiedlung. Während nämlich die Besiedlung im Inntal schon im 11.
Jahrhundert großteils abgeschlossen war, setzt sie östlich davon
um diese Zeit erst richtig ein. Vor allem die Urbarmachung der
entlegenen Seitentäler bis in die Almregionen ist ein Werk der
hochmittelalterlichen Kolonisation. Diese Zeit (12. bis 14. Jahrhundert) hat das heutige Tiroler Landschaftsbild geprägt.

Die Brixentaler reden eine Mundart, gemischt von der unter-
inntalerischen und jener im salzburgischen Pinzgau.

Merkwürdig ist die Sprechweise der Zillertaler, die sich vom
Unterinntaler Dialekt nicht nur durch einen viel kräftigeren Vor-
trag, indem beinahe jeder Buchstabe mit einem gewissen Nachdruck ausgesprochen wird, sondern auch durch eigentümliche
Wortformen bedeutend unterscheidet. Wenn der Unterinntaler
das l sehr vernachlässigt, so wird es dagegen im Zillertal stark be-
tont, und klingt fast wie zwei l: zum Beispiel „Bürgall" (Kosena-

me für Notburga). Die Endbuchstaben -nen, -len, -ten gehen fast allzeit in an über: laugnan (leugnen), Augnan (Augen), zalan (zahlen). Sehr verschieden ist auch die Betonung und der Gebrauch des Buchstabens r. Steht er am Anfang des Wortes, dann klingt er etwas schnarrend mit einem gewissen kräftigen Gurgelhauch. Am Ende des Wortes oder vor n wie ein halb vernehmliches g, rz und et wie in der Unterinntaler Mundart, rst wie cht und rsch wie ch: Wucht (Wurst), Hiach (Hirsch). Die Silbe ern wird in uagn umgesetzt, doch mit fast unmerklicher Aussprache des g: Huagn (Horn), Zuagn (Zorn), wuagn (werden). Die Ausgangssilbe er verkehrt sich meistens in ar, seltener in a: Bauar (Bauer), oanar (einer), ear (er). Die Vorsilbe er wird in dar verwandelt: darzöln (erzählen). Das Wörtchen aft(ang) hört man im Zillertal sehr oft als bloße Einschiebung zur Rundung. Wie fast nirgendwo, läßt sich im Zillertal die Mitvergangenheit vernehmen.

Auch das Pustertal hat seine eigene Mundart. Von Bruneck bis Welsberg hinaus findet man sie besonders charakteristisch ausgeprägt. Sie hat so viel von anderen tirolischen Dialekten Unterscheidendes an sich, daß schon zwei Worte aus dem Munde der Pustertaler deren Herkunft verraten. Ganz eigen ist die Medulierung der Stimme in der Rede und im Ausdruck des Idioms. Fast möchte man sie schwingend nennen, doch ohne Gesangtöne: Man drückt sie nicht nur überall aus, wo sie die richtige Sprechart fordert, sondern sie läßt sich auch in anderen Wörtern vernehmen, denen sie nicht gebührt: die Hitze, aber auch der Wege, das Mehle. Manchmal wird das e sogar durch dessen Umbildung in ä verstärkt: gewäsen, (gewesen), gegässen (gegessen). Das u pflegen die Pustertaler durch ein beigesetztes i zu dehnen, was ihnen allein eigen ist: guit (gut), Bui (Bub), muiß (muß). Die Endsilbe -en sprechen sie öfters vollständig und ohne Verstümmelung aus: pochen (hochfahrend reden), reimen (viel Unnützes reden). Für die Endsilbe -er hört man gewöhnlich ar, und zwar immer im hellen Laut: Pfarrar. Den Eigenschaftswörtern fügen sie gern ein a bei: schiecha (häßlich), schiena (schön), bloacha (bleich). Anstatt des Frageworts was sprechen die Pustertaler meist wessen, und anstatt dies dessen oder auch deß. Sehr geläufig ist ihnen der Ausdruck domerst für jetzt, analog dem alleweil des Oberinntalers. Rauher wird der Ausdruck bei Sillian. Bei Lienz merkt man schon sehr gut die Kärntner Einflüsse. Im Oberpustertal klingt das a fast immer hell und gedehnt. Es vertritt überdies andere Selbst- und

Tiroler Teppichhändler

Doppellaute: Are (Eier), Gase (Geiß), waß (weiß). Seltener hört man dort das ui, häufiger das ua: Muater (Mutter). Das r lautet ziemlich unverständlich und etwas schnarrend. Die Fürwörter sie, ihnen werden in soi, soien umgewandelt. Bezeichnend in der Betonung ist es, daß die Lienzer selbst auch jene Silben sehr dehnen, welche nach der Sprachregel geschärft ausgesprochen werden sollen. Am Eingang in das Pustertal findet man ein Gemisch von der gemeinen Brixner und von der Pustertaler Mundart. Die Sprache im Iselbezirk ist mit der kärntnerischen und salzburgischen verwandt, in jedem der dortigen Täler verschieden, mit einer Menge der sonderlichsten Ortsausdrücke überfüllt und von Auswärtigen schwer zu verstehen.

Im Etschgebiet vom Reschenpaß abwärts fällt besonders die Mundart der Vinschgauer auf. Die Aussprache im Obervinschgau klingt scharf, laut und singend, und zwar vorzugsweise in den Nebentälern, indem die Töne auf eine grelle Art wechselnd steigen und fallen. Manche Wörter werden in der Rede ungewöhnlich schnell gesprochen, andere – auch solche, die eine kurze, geschärfte Betonung erfordern – dagegen wunderlich lange gezogen. Die Buchstaben k und r drückt man hier besonders voll und stark aus. Die Sprechart der Untervinschgauer hat zwar eine gemäßigtere Betonung, doch trifft auch sie der Vorwurf vieler Unregelmäßigkeiten und Eigenheiten. Mehrere Zeit- und Nebenwörter werden beispielsweise mit fehlerhafter Endung gebraucht: i bitt dier (ich bitte dich), wider mier (wider mich), mit sie af'n Feld giehn (mit ihnen auf das Feld gehen). Das e lautet immer so, daß es in den Umlaut ä übergeht: Ässen (Essen), Mässer (Messer). Abkürzungen werden überall angebracht, besonders beim Artikel, der öfter auch dort, wo er regelmäßig gehört werden soll, ganz wegbleibt: Ind' Kirch (In die Kirche), ind's Haus (in das Haus), wied' lieb' Stund (wie die liebe Stunde). Für sie, ihnen sagt man sui und ihmenen; für wozu zwui, für warum wrum, für wieder oder abermals aber und für nein naa, wobei beide a als zwei Silben langsam und hell gesprochen werden. Lei (nur) und halt (eben) werden sehr oft auch ohne Bedeutung in die Rede eingeschoben. Die Verkleinerungssilbe ist li oder le: Marieli (Mariechen).

In der Gegend von Meran und Bozen hört man einen ziemlich guten, wohlklingenden Redeton. Nur fehlt es auch dort nicht an gewissen Sonderbarkeiten in der Wortbildung. So wird besonders bei Meran fast jedes Vorwort mit der dritten Endung gesprochen: auf dem Dach steign, auf der Wies' giehn.

Das lei haben die Meraner mit den Vinschgauern gemein. Außerdem bedienen sie sich vieler ungewöhnlicher Ausdrücke, von denen heute bereits viele aus dem Italienischen eingebürgert wurden.

Auch das Tal Passeier verdient besondere Erwähnung. Die dortige Mundart fällt durch eine sehr tiefe Betonung des a und durch mehrere bizarre Ausdrücke auf, die sie rauh und ungefällig erscheinen lassen. Den Fehler, den Hauptwörtern den Endbuchstaben e zu entziehen und bei den Zeitwörtern die Vorsilbe ge und die Ausgangssilbe en zu verstümmeln, kennt der Passeirer nicht. Er sagt deshalb durchaus Stiere, Schafe, Böcke usw.

Eine auffallende Eigenheit bemerkt man hingegen im Ultental. Die Aussprache ist kräftig, breit und gedehnt. Vor dem n wird sehr oft ein u eingeschaltet: Meraun (Meran), Maun (Mond). Das Gebiet um Kaltern charakterisiert sich durch eine ganz besondere Sprechweise, vor allem in der Betonung, wie keine andere im Land. Ihre laute Rede dieser Mundart ist ein beständiger widerlicher Gesang. Einzelne Silben, besonders die ersten, werden sehr lange gedehnt, und die letzte wird fast immer mit einer schneidenden Steigerung der Stimme gesprochen. In manchen Wörtern vermißt man das l ganz, dafür läßt sich ein i halb vernehmlich hören: Koitern (Kaltern).

Heute hat in Südtirol die Mundart bereits sehr starke italienische Einflüsse bekommen. Man findet aber teils Worte, die sich längst eingebürgert haben und somit als „uralter Dialekt" angesehen werden. Auf die Grödner bzw. ladinische Sprache soll hier nicht weiter eingegangen werden, ebenso nicht auf die deutschen Sprachinseln in italienischen Gebieten.

Vom Aussterben bedroht

Längst gehören nicht nur viele Tierarten, sondern auch Mundarten und Dialekte zu den vom Aussterben bedrohten Arten. Zahlreiche Dialektausdrücke sind dadurch verlorengegangen, daß der Zweck, für den sie bestimmt waren, nicht mehr vorhanden ist. Unzählige Gefäße, die heute industriell hergestellt werden, Geräte für die Landwirtschaft usw. sind längst in Vergessenheit geraten. So ging es auch der „Bitschn", an deren Beispiel man erkennen kann, um was es sich dabei gehandelt hat und warum es sie nicht mehr gibt.

Die „Bitschn" oder „Bidschn" wurde schon vor einem halben Jahrhundert von den Wörtern „Butten" und „Kandl" abgelöst. Die Bidschn diente hauptsächlich zum Wassertragen und ebenso als Behälter für Wasser und Milch. Vor mehr als hundert Jahren wurde dieses Geschirr von den Böttchern aus gespaltenen Fichten und Lärchendauben hergestellt, und als die Spengler mit Blechersatz eintraten, blieb noch lange die alte Bezeichnung aufrecht. In weit früherer Zeit machten sich die Bauern die Bidschn selber. Sie schlugen im Frühjahr bei Saftgang geeignet große, möglichst astlose Birkenstämme um und machten dann mit Klopfen und Drehen die Rinde stückweise los. Dünne Querschnitte des entrindeten Stammes wurden dann in die eine Seite der Hülse gesteckt und mit einem „Seitling" oder Schnur fest verbunden, noch ein Handgriff oder Deckel zugesetzt, und die Bidschen waren mit einer Haltbarkeit für mehrere Jahre fertig. Als der Schnupftabak aufkam, wurden auch noch solche Dosen angefertigt. Die Bidschn war ein sehr gebräuchliches Wort. Heute weiß kaum noch jemand, was man darunter versteht. Wasser braucht keines mehr aufbewahrt werden, denn in jedem Haus, ja in jedem Zimmer ist Fließwasser kein Luxus mehr. Die Milch kommt in Plastikbehältern oder bestenfalls noch in Glasflaschen. Somit ist die Bidschn nur noch für Dekorationszwecke, als Schirmständer oder ähnliches in Gebrauch.

So wie der Bidschn ist es vielen Wörtern ergangen, und viele werden noch folgen. Leider halten sich die „Neuerfindungen" in Grenzen.

Betrunkensein hat viele Namen

Wenn man davon ausgeht, daß jene Menschen viel, gern und oft trinken, die für diese „Tätigkeit" unzählige Namen erfunden haben, dann müßte es sich bei den Tirolern glatt um ein Volk von Alkoholikern handeln. In der Heimat von „Branntwein" und „Kalterersee" findet man nämlich unzählige Umschreibungen des Wortes oder besser gesagt des Zustandes „Rausch", wobei sich viele davon wiederum durch Art und Stärke unterscheiden. Wie im Hochdeutschen, hat auch der Tiroler manchmal einen „Rausch". Er kann aber auch eine „fan(e)", „an dampes", „hieb", „hiebes", „dampf", „sturm" und „dusel" haben. Warum mit „aff'" ausgerechnet ein liebevoller Urwaldbewohner herhalten muß, ist ebenso verwunderlich wie die Bezeichnung „sabel", die man als Säbel eher in einem alten Kriegsroman vermutet. Hingegen kann man sich mit den Worten „tschagkele", „tschögkele" und „stibes" schon eher etwas aus der Tiroler Mundart vorstellen. Ganz zu schweigen vom Rausch-Ausdruck „schwindel", der den Zustand nach fünf Gläschen Schnaps und einem Liter Kalterersee ganz gut umschreibt. Wenn man im Rausch manchmal spitze Bemerkungen macht, dann erinnert man sich dabei auch beim Mundartausdruck „spitz" für Rausch, hingegen braucht es schon manche Nachforschungen, um festzustellen, was sich der Erfinder des Dialektwortes „harbeutel" gedacht, als er es dem hochdeutschen Rausch zuteilte. Im Südtiroler Etschland kann sich der Rausch inkognito unter den Bezeichnungen „much", „vetter", „stobax", „taml", „sportele" und „habemus" in den Wirtshäusern frei bewegen. Als „kamerad" hingegen dürften ihn nur die Berufstrinker sehen. So, das wäre sozusagen ein Auszug aus der Tiroler „Flaschenpost" gewesen. Neben den Substantiven gibt es natürlich auch eine Wortgattung, die den Zustand beschreibt, und da hat sich der Tiroler auch so manches ausgedacht. So unterscheidet er nicht zuletzt zwischen „ganz berauscht" und „zum Teil berauscht". Wenn jemand am nächsten Tag nicht mehr weiß, was er wo in welchem Ausmaß getrunken hat, dann kann man ihn als „horn-, stotzen-, blitz-, stern- oder hagelvoll" bezeichnen. Weiß er aber zumindest noch, wo, was oder warum er so viel getrunken hat, dann war er wohl nur zum Teil berauscht und demnach rein „dialektisch" gesehen maximal „zue, dekt, zueg'luckt, ang'schossen, benebelt, anbrennt, anzunden, nicht richtig, geladen, au'glegt" oder er hat „zu tief ins Glas geschaut", hat „über die Schnur gehaut", oder er hatte einfach nur „sein Teil". Zu bedenken ist jedoch, daß der „Almrausch" – auch wenn man im Tiroler Dialekt unter „alm" neben Alpe auch „immer" versteht – wörtlich übersetzt nicht heißt „immer einen Rausch" zu haben. Vielmehr handelt es sich beim „Almrausch" um die Alpenrose (rhododendron). In diesem Sinne: „Proscht!"

Tuifl – Teifl – Toifl

So wie der Rausch, hat auch der Teufel in Tirol viele Gesichter und deshalb auch viele Namen. Demnach trinken die Tiroler nicht nur gern, sie haben vermutlich auch eine besondere Beziehung zum Höllenfürsten, was angesichts der Bezeichnung „Heiliges Land Tirol" besonders verwunderlich ist. In Tirol findet man deshalb auch Teufelssteine, Teufelsbrücken, Teufelskanzeln usw. in Hülle und Fülle. Fast jeder Ort hat seine Sage, in der Satan und Luzifer die Hauptrolle spielen. In den jahrhundertealten Nikolausspielen ist er ebensowenig wegzudenken wie beim Fluchen und Kartenspielen. Vorerst ist „tuifel" gewöhnlicher als „teufel". Verkappt nennt man den Bockfüßigen „teigl, teixl, teikert, teifter" usw. Schon im 19. Jahrhundert nannte man in Tirol folgende Umschreibungen: Tuifl, Deixl, der Böse, böser Feind, Schuberl (was nichts mit Schubert zu tun hat); tschad'rwarschtl, Zweihörndler, Jankerl, Gottseibeiuns, Tschangl, Tschuggau, Graunzl, Schall- oder Gschnalljuchzer, Alber oder Alberer. Damit aber nicht genug, denn man kennt ihn auch unter den Namen Bettel, Gugker, Bock, Gamsjackl, Ganggerl bzw. Gangkerl, Tschuffert, Klaubauf, der Schwarze und der Jäger. Wer sich also mit dem Teufel einlassen will, hat in Tirol ungeahnte Möglichkeiten.

Ein „tierischer" Dialekt

Allgemein könnte man annehmen, daß die Tiere eigentlich den Menschen voraus sind und seit Erschaffung der Welt alle dieselbe Sprache sprechen, doch das ist anders. Anscheinend haben sie nämlich überall eine andere Sprache. Und nicht nur das – auch überall einen eigenen Dialekt. Das könnte man zumindest dann meinen, wenn man hört, wie die lieben Tierchen von ihren menschlichen „Sklaventreibern" herbeigelockt werden. So lockt man die Kühe in Tirol – je nach Gegend – entweder mit „Küele(le)!", „Tscha, tscha, tscha!" oder „Kös, kös!" Der Ochs – von derselben Rasse – scheint jedoch eine andere Sprache zu sprechen und wird mit „He, hi!", „He, he!" oder „Tschoula, he! He!" zu Gang gebracht. Nachdem die Kinder bekanntlich auch bei den

Nesträuber

Menschen ihre eigene Babysprache haben, ist das verständlicherweise bei den Kälbern ebenfalls der Brauch. Sie werden liebevoll mit „Higerle! Ge, ge, ge!" gelockt. Den Schafen ruft man „Rrr! Tschütt, tschütt, tschütt!" zu, worin das romanische „tschutt" (= Lamm) noch vorhanden ist. Im Sarntal sagt man hingegen „Rrr! Tschoff, tschoff, tschoff!" und anderswo gar „Legga, legga!". Den Ziegen reicht ein „Tscha! Ges, ges, ges!", damit sie herbeikommen, im Sarntal scheinen sie diesen Lockruf jedoch nicht zu verstehen, weshalb man dort „Rrr! Za, za, za!" zuruft, und im Pustertal hört man „Gusile! Ge, ge, ge! Gus, gus, gus!" oder „Pscha! Pscha!". Während man den Fohlen zuruft: „Füllile! Zech, zech, zech!", lockt man deren Eltern mit „Rossile, psche, psche!". „Natsch(ele), natsch, natsch!" bewirkt bei den Schweinen fast das gleiche wie „Tschu, tschu, tschu!" Ganz wichtig ist es bei den Hennen, sie richtig „anzusprechen", denn von ihnen als tägliche Eierlieferanten ist man mehr oder weniger abhängig. Da heißt es dann „Pulli, pulli, pulli!" oder „Pullele, pul, pul, pul!" Natürlich geht auch „Pulla, pi, pi! Pulla, pi!" Bleiben also noch Hund und Katz. Ersteren lockt man mit „De, de! Da, da!", letztere mit „Muitz, muitz, muitz", „Mui, mui, mui!" oder mit „Mutz, mutz!" bzw. „Hazi, has!" Ganz schön anstrengend, dieser tierische Dialekt – oder?

Nomen ist Omen

Was den Namen betrifft, so unterscheiden die Tiroler zwischen „Taf-, Scheib-, Zue-, Spitz- und Übernamen". Vor allem früher wurden die Personen auf dem Land nach dem Taufnamen in Verbindung mit einer von dem Wohnort bzw. dem Namen der Eltern, wie auch von irgendeiner hervorstechenden körperlichen Eigenschaft oder Beschäftigung geschöpften Begriff benannt. Die Benennung nach dem Hausnamen hat sich teilweise bis heute erhalten. So heißt der Mathias vom Eggerhof auch heute noch vielfach „Eggerhias". Auf Benennungen im Zusammenhang mit körperlichen Eigenschaften verzichtet man heute – zumindest in Anwesenheit der betreffenden Person. Welche Frau möchte auch schon gerne „Krumplies" genannt werden, wenn sie den Namen Elisabeth trägt und ein bißchen hinkt („krump is").

Ebenso ergeht es der „Schea-Lies", die stets daherstolziert und von sich selber glaubt, die Schönste zu sein, was jedoch dem Schönheitsideal der gesamten anderen Bevölkerung ihrer Heimatgemeinde nicht entspricht.

Was man unter „Pircher-Tomele-Bua" versteht, wollen Sie wissen? Ganz einfach: das ist der Sohn des Thomas vom Pircherhof. Ebenso ergeht es dem „Garber-Simele" (Gärber Simon) und der „Schneider-Christl". In Ulten sind bzw. waren solche Zusammensetzungen besonders häufig: der „Heisnjagglhies" (Mathias, Sohn Jakobs und Enkel des Matthäus); die „Wieserjörgandl" (Anna, Tochter des Georg vom Wieserhof); „Michalemuch" (Michael, Sohn des kleinen Michael); „Baidelebue" (Sohn der Maria) oder die „Maides'n-maida" (Maria, Tochter der Maria). Solche Zusammensetzungen ganz eigentümlicher Art finden sich auch heute noch in vielen Gemeinden, am meisten in der bäuerlichen Bevölkerung. In einigen Orten gibt es überdies kaum einen Menschen, der nicht seinen Spitz- oder Übernamen hat und nur unter diesem bekannt ist. Dabei hat man sich natürlich etwas gedacht, denn früher hatte man beim Aussuchen der Taufnamen nicht eine solche „Schneid" wie heute. Da wurden die geläufigen Namen genommen, auch wenn es im Ort dann zehn Hans und Franz gegeben hat. Deshalb unterscheidet man heute noch nach Berufsbezeichnungen oder Hausnamen. So kennt man die „Tonis" in der Heimatgemeinde des Autors als „Kramer Toni", weil er ein Geschäft (Krämerei) betreibt, als „Mesner Toni", weil er den Mesnerdienst verrichtet, als „Hausbichl Toni", weil sie (Antonia) vom Hof Unterhausbichl stammt, die „Landhaus Toni", weil sie vom Gasthof Landhaus stammt, und den „Kammerlander Toni", weil er mit Familiennamen wirklich so heißt.

Bemerkenswert war bzw. ist die Anwendung von Taufnamen im Pustertal, wo sie adjektivisch mit darauffolgendem „bue" oder „gitsche" gebraucht werden: „Seppeleterbui" (Josef), „Hansleterbui" (Johann), „Tresletegitsche" (Therese) oder „Maidletegitsche" (Maria).

Auf verschiedene Personennamen haben die Tiroler schon vor Jahrhunderten Neckreime erfunden, hier ein paar Beispiele:

Annai, Pfannei, Schüsseibodn,
Was 's Annai sagt, is als derlogn.

Mei Diandl hoaßt Nannei,
hat schneeweiße Zahnei.

Annamirl, Zuckerschnürl,
Geh mit mir in' Keller,
Um a Weindl, um a Bierl,
Um an Muskateller.

Toni is a schöner Nam,
Toni mecht i heißen,
Toni wohnt in Afrika,
Wo die Affen beißen.

Trude, Trude, druck mi nit,
Anna, Anna schluck mi nit.

Johann von Nepomuk
Is auffigstiegn, hat awaguckt.

Johannes der Täufer,
Der Brennsuppensäufer,
Der Buttermilchtrinka
Und der Rührkübelstinka.

Peter und Paul
Haun einander auf's Maul,
Peter mit'n Schlüss'l
Haut den Paul a bissl,
Paul nimmt's Schwert
Und haut den Peter, bis er plärrt.

I hoaß Peter, du hoaßt Paul,
I bin fleißig, du bist faul.

Haniörgei (Hansjörg), Biarkriagei,
lustiga Bua,
leg a ruats Hösei u'
und tanz mit der Kuah.

Hans hoaßt a jeda Schwanz,
Sepp hoaßt a jeda Tepp,
Aba Peda hoaßt nit a jeda.

Franz, pack d' Kuah bein Schwanz!
Rudl, magst a Nudl?

Jenewein, treib di Hennen ein!
Burgl, i nimm di bei da Gurgl.
Thresl, i hau di mit'n Besl.
Da Peda macht Huttn und Leda.
Jaggl, du bist a Daggl.
Franzi, beißn di d' Wanzi?
Fritz, mach keine Witz.
Wast, hock di nieda und rast!
Da Lois, dea reascht a pois.
Naz, magst an Äpfibaz (Apfelmus)?

Von Froschmaggern und Stieglhupfern

Wie auf dem Land der Volkswitz fast jeder Person ihren Spitznamen erteilt und den Geizigen, Faulen, Stolzen, Dummen, Großsprecher, Geschwätzigen, Unfriedsamen usw. oft recht treffend bezeichnet, so erhielten auch ganze Ortschaften ihren Spottnamen. Einige der markantesten und lustigsten seien im folgenden angeführt. Die „Virger Drahle (Wortverdreher)" in Osttirol sollen aufgrund ihrer Schlitzohrigkeit zu diesem Namen gekommen sein, und die Iseltaler hat man einfach in Eseltaler umbenannt. Die Matreier müssen sich Stierschädeln, Mattiger Fackn und Kälber gefallen lassen, und einem Oberlienzer Ortsteil gab man den Namen Sauwinkel. Der Spottname Tristacher Plentafresser (Polentaesser) zielt auf deren Liebe zu Maismehl hin, während man in Osttirol ein nicht allzu üppiges Essen als „villgraterisch" bezeichnet. In der Außervillgrater Gemeindefraktion Unterwalden sind die Bewohner die Kiachlberger, was ihrer Vorliebe für Kiachl entgegenkommt.

Da die Bauern im Pustertal von jeher gute Viehzüchter waren, haben ihnen die Meraner den Namen Pusterer-Ochsen verliehen. Die Innicher nennen die Winnebacher Windische, weil hier einmal die slawisch-bajuwarische Grenze verlief. Die Innichberger werden hingegen spotthaft Toochn (Dohlen) genannt. Natürlich kommt im Gegenzug auch Innichen zum Handkuß, und zwar mit dem Übernamen Suppnburga (Suppenbürger). Die Sextner Leichnhüetr (Leichenhüter) sind unter dem Namen Hörler (hörl = Härchen) bekannt. Hier laufen einem auch die Mooser Kro-

bott'n (Kroaten) über den Weg. Der Name Toblacher Judensäck
(Geldsäcke) ist eher ein Ausdruck des Neides. Die Oberrasener
mußten von den Antholzern den Spitznamen Rasner Moosfrösch
hinnehmen, dafür „bedankten" sie sich bei ihnen mit der Bezeichnung Antholzer Bloufozzatn (Blaumünder), weil diese so
viele Moosbeeren (Heidelbeeren) essen sollen. In Pfunders stoßen wir auf die Pfundra Stößa, weil die dortigen Bewohner gerne
rauften und stießen. In Rodeneck finden sich die Ronegga
Firschtaschnaiza, weil sie sich gerne in die Schürze schneuzten.

Da die Natzer Bauern besonders viel am Feld arbeiteten, wurden sie neben Schinder auch Storzenrutscher (Storzen = leerge-
droschene Strohgarbe) genannt. Nicht so ehrsam ist hingegen der
Beiname Natzner Pfuritzer (Falschbläser). In der Fraktion Huben
findet man das jodarme Kropfland. Die Bezeichnung Lissna
Kniaschiewa (Lüsener Knieschieber) dürfte auf den weitausho-
lenden Gang zurückgeführt werden. Die Bewohner der Bischof-
stadt Brixen erhielten den braven Namen Bischofskinder oder
Brixner Lampelen (Lämmer). Unter den Brixner Lauben hausten
die Blaugassler und nicht weit von Brixen die Albiser Floignt-
tschischern (Albeinser Fliegenverbrenner). In Feldthurns sitzen
die Feldthurna Päpst und Löfflschelm. Die Villnösser galten als
krummbeinig und wurden die Krumpn genannt. Weiters sagt
man: Die Rittner Tscherker, die Barbianer Merker, die Villande-
rer Birnbeißer, die Klausner Hosenscheißer. Letztere dürfen sich
überdies noch Klausner Läus nennen lassen. Die Lajener sind die
Schmirber (Schmierer), die Grödner natürlich Herrgottschnitzler,
und in St. Ulrich leben die Heuschrecken. Manch einer war
schon bei den Kastelruther Bohrern bzw. Kirchenschiebern zu
Gast, ehe er die Völser Kliaber (Spalter) traf und sich im Tierser
Tal mit den Tierscher Hundschindern unterhielt. So wie dieser
letztere Name sind auch jene der Steinegger – Wadlspanner und
Kolärsch – nicht geklärt. Gleich fünf Übernamen findet man bei
den Aldeinern: die Wüatign (Wütigen) und die Norrn (Narren),
die Kruckn (Holzschuber zum Glutreste-Entfernen aus dem
Backofen), die Ofnkruckn und die Kehrer.

Die Bewohner von Südtirols Landeshauptstadt Bozen heißen
Laschenzangger (sozusagen „Hurenzieher") und Kloanz, die ein-
gemeindeten Grieser Lagreinschädl. Allgemein sagt man auch
heute noch in ganz Tirol „Bist a Bozner?", wenn sich einer allein
an einen Tisch setzt. Weil die Sarner allzu oft das Schimpfwort

„Donne huere" verwenden, haben sie sich den Namen Donner-
huerer eingeheimst. Die Auerer Grogglen haben den Namen von
dem einstigen Krötenreichtum in ihren Sümpfen. Die Montaner
werden von ihnen Knödldrahner (Knödeldreher), Bucheledruk-
ker (Buchelen = Brotsorte) und Plentenschlucker (vom vielen
Polentaessen) genannt. Die Kalterer Furgler schimpft man auch
Kreuzwegjudn und die Bewohner der Fraktion St. Michael in der
Gemeinde Eppan Ratigschwänz (Rettichschwänze). In Andrian
kehren wir noch kurz bei den Stroahsacklern ein, um dann weiter
zu den Soletgritnern (Salatschreitern) zu Lana und den Zigoriste-
chern (Zigori = Löwenzahn) in Tisens zu gelangen. Meran ist für
die Dörfer des Burggrafenamtes die Goaßgogl-(Ziegenkot)- und
Kranewitt-(Wacholder-)Stadt gewesen, überdies noch Schuhver-
lierer. Der Spottname Obermoaser Bettstattschwoaßer ist nicht
zu ergründen. Die Algunder essen anscheinend so gerne, daß sie
Wampenschieber heißen. Die Vinschgauer von der Töll bis zum
Reschen heißen Vinschger Lugnbaitl (Lügner), die Plauser haben
es mit Sumpfbewohnern zu tun: Plauser Frösch, Plauser Quak-
Quak, Krotnlackler oder Froschviertler. Kurz vor dem Reschenpaß finden wir noch die Obergrauner Banklhocker und die Unter-
grauner Knödlschlucker. Am Reschen selbst sind die Kuglgiaßer
und Flachsdrescher zu Hause. So und jetzt hinüber übers Joch ins
Oberinntal, vorbei an den Nauderer Kälbern, die gemeinsam mit
den Bewohnern von Spiß, Pfunds, Landeck und Imst als Saltnui-
ter angesprochen werden, weil sie oft die Wörter salt (selbst) und
nuit (nichts) verwenden. Also weiter zu den Pfunder Singesla-
brunzern (Singesla = Kuhschelle), den Tösner Fackentreibern,
den Rieder Singvögeln und Roßbollensiedern, den Serfauser
Biersaufern, den Schönegger Wasserköpfn, den Fauserfelder
Froschhaxn, den Fisser Knödllaufspießern und Viarerkliabern
(Spaltern) sowie den Lader Katzenbadern, den Prutzer Turafur-
zern und den Segesndenglern (Sensendenglern) in Fendels. Die
Fließer Karraziacher (Karrenzieher) sind ebenso bekannt wie die
Falpauser Schnapssaufer. Die Piller Strebmais (Mäuse in der
Streu) können dem Landecker Boxelevolk ebenso die Hand rei-
chen wie den Zammer Houngga (Haken). Die Grinner Zuntern-
hakker haben ihren Namen vom Legföhren hacken, die Quadrat-
scher Dröcktatscher von ihrer Liebe zum Dreck, die Seaber
Kröpf (See im Paznaun) von ihren Kröpfen und die Pettneuer
Gealruabeler von den Möhren. Deshalb heißen die St. Antoner

auch Buaneler (Bohnen). Innabwärts, Richtung Imst, finden wir die Schönwieser Meahleler, die Milser Gatter, Imsterberg als Hennennest und schließlich die Imster Suppenburger bzw. Marender. Da die Tarrenzer Bauern fast nur Wiesen haben, heißen sie Waseler, die Obertarrenzer Pfetscheler, weil sie fast ganz von Wald umschlossen sind. Vom herrlichen Lärchenwald leiten die Obsteiger Larchgugger ihren Übernamen her, während sich die Obermieminger über Salatsoacher ärgern.

So jetzt springen wir noch hinüber ins Außerfern. Die Biberwierer unmittelbar hinter dem Fernpaß haben gleich fünf Übernamen. Sie heißen Biberwierer Küblschmierer, die Katzajagr, Schtökatragr, Roßschintr und Kübalabintr. Die Lermooser werden Sunnaluahner (Sonnenlehner) und Zipflkappa genannt, die Bichlbacher sind die Schtögschtricker (Stegstricker) und die Heiterwanger Ösl-Eiläutr (Eseleinläuter). Die Reuttener nennt man Staubsauger – vielleicht wegen der vielbefahrenen Straße, man kennt sie aber auch als Nadltschupfer, so wie die Lechaschauer und Wängler. Im oberen Lechtal findet man die Schrulle (grobe, wunderliche Menschen). Wängler und Höfener sind Nebelschiaber, die Tannheimer Kiachlfresser, die Bschlaber Ofentürler und die Jungholzer wegen der Dreiecksform des Gemeindegebietes Spitztiroler. So, raus aus dem alemannischen Außerfern und wieder hinab ins Inntal Richtung Pitz- und Ötztal. In Arzl breiten sich die Ofenschliefer und Walder Türkennudelfresser aus. Die Leiner sind die Goasgaglbreiner und die Wenner die Amusabrenner (das reimt sich sogar!). Die Karreler Hapatscher (Heu schmatzend kauen) sollen beim Heukauf das Heu selbst probiert haben. Im Ötztal sagt man von den Bewohnern der wichtigsten Gemeinden: Die Ötzer vertoatenmahlelen (vertun das Geld mit Totenmählern), die Längenfelder verprozessieren (vertun das Geld durch Prozesse), die Söldner verhoachzeitn (vertun durch Hochzeiten), die Umhauser verleitköife (durch Ratenkäufe zugrunde gehen).

Die Sautner tragen den Übernamen Longgalabiera (Längliche Birnen), in Umhausen sind die Rotzkengl (Nasenschleim) zu Hause, in Längenfeld die Bulla (Hennen) und in Huben die Nudln. Die Huaminger Muastoaler (Haiminger Musteiler) haben anscheinend ihren Namen ebenso verdient wie die Silzer Toatnuhänger und Grealigfocher (Goldammerfänger). In Telfs finden wir die Schrofnrodler (Felsenrodler), Buttermilchbettler und

Unterinntaler Pärchen

Zillertaler Pärchen

Krotnmelcher (Krötenmelker). Als Edelmannder, Buchelebettler und Umesnhexn (Ameisenhexen) kennt man die Seefelder. Bekannt sind auch die Zirler Goaßer, die Pfaffenhofener Pfoatsoacher und die Oberhofer Rüabeler bzw. Rabenscheißer. Inzinger Fülleleschinder (Fohlenschinder), Unterperfer Scherfocher (Unterperfußer Maulwurffänger). Rangger Leit'nkriecher, Sellroaner Toatnblatterer (Sellrainer Totenklopfer) und Natterer Eslschützen sind in der Innsbrucker Gegend ebenso zu finden wie die Axamer Böcke, Schönberger Turmfresser, Fulpmer Ölblutta (blutta = Bauch), Schmirner Rappn, Aldringer Schimmelfärber, Arzler Krautscheißer und Lanser Katzenschlögler. In der Tiroler Landeshauptstadt selbst sind die Innsbrucker Karpfen zu Hause. Zu ihnen gesellen sich im Stadtteil St. Nikolaus die Koatlackler und die Höttinger Nudlsetzer, Goaßmanzer sowie die Wiltener Judenhänger.

Über die Rumer Roßkäfer, Thaurer Loabelen und Absamer Lappen gelangen wir zu den Haller Kübeln, weiter zu den Milser Grampen (alter Ackergaul), den Fritzner Muasbäuchen, Terfer Wespn, Volderer Nissn (Lauseier), Kolsaßer und Weerer Lappen, Vomper Rangger (Maikäfer) in die Silberstadt Schwaz. Schwazer Rappn (Raben), Schwazer Gruschpln (Knorpeln), Schwazer Nussn und Nissn. Am anderen Innufer sind die Staner Fackn beheimatet. Von den Gallzeinern heißt es „Schmatzer – Dreckaukratzer".

Am Eingang des Zillertals beginnt der Spott schon mit den Strasser Froschmaggern und Heuschmeckern und geht weiter mit den Schlitterer Kettn, den Fügener Ampelleckern (Ampel = Ewiges Licht in der Kirche), den Kapfinger Knödeln, den Hinaufholzern in Finsing, den Rieder Bremen (Bremsen) und den Stummer Muggn (Mücken). Die Kaltenbacher werden Füllalschinder (Fohlenschinder) genannt, die Aschauer wie die Strasser Froschmagger und die Zeller – vielleicht damit es sich reimt – Propeller. Ganz hinten im Zillertal verstecken sich die Moarhofner Ruachn, die Brandberger Tresterer (Tanz) und die wilden Tuxer. Fährt man wieder talauswärts, begegnet man den Hachter Schlögln (eigensinnige Harter) und den Bruggerer Öisntriftern (Brucker Elsentrifter).

Die Wiesinger Jager könnten ohne weiteres die Münsterer Druschln (Drosseln) erschießen, wenn sie nicht krumme Büchsen hätten. In ihrer Redeweise etwas derb, wurden sie auch Mün-

sterer Höi-Tuifl genannt, in Kramsach gibt es sowohl die Saurei-
ter als auch die Brennsuppnesser, drinnen in Brandenberg finden
sich die Kniaschiaber. Auf der anderen Innseite lärmen die Brix-
legger Schlackendrescher, einen Ort weiter springen die Reither
Stieglhupfer über die Zäune, und im Europadorf Alpbach sieht
man die Oiböcka Schärpa (altes, rostiges Messer). Die Rattenber-
ger nennt man in der Gegend, wenn man gut aufgelegt ist, Stad-
ler, ansonsten Ratzn. Über die Radfelder Frösch gelangt man zu
den Kundler Lappenbachern oder Kundler Öfn, gegenüber liegt
Breitenbach mit seinen Gruifachern (Grillenfängern), ein paar
Kilometer weiter sitzen die Wörgler Bruggnhocker. Die Wild-
schönauer hören auf Widschnauer Koda (Kater), die Oberauer
auf Katzntaffer (Katzentäufer) und Häuserwascher, die Thierba-
cher auf Weggalfresser (Weckenfresser) und Toatnschädlsiader
und die Niederauer auf Edelmarder.

Die Hopfgartner Lacknpatscher (Pfützen) nennt man noch Zia-
gaklachö (Ziegerklachl), die Westendorfer Würst und die Brixner
Fix (Füchse).

Söller Eiszapfnbrenner, Scheffauer Küehferchtenziacher
(Nachgeburtzieher), Ellmauer Meahlfäustling und Goinger
Doibbn (Diebe) sowie Goinger Küblscheißer (eine Übersetzung
erübrigt sich) finden sich im Söllandl. Am Angerberg sind die
Täublingsmergler (Taubendrücker), in Kirchbichl die Groamat-
bäuch und in Bad Häring die Boastingl (Saubohnenstengel) beheimatet.

Die Schwoicher sind die Nebelschlucker und die Kufsteiner
Pflastertreter. Im nahen Passionsspielort Thiersee trifft man die
Tiaschara Aha, weil die Bewohner das Wörtchen „aha" allzusehr
lieben.

Die Eichelwanger Galgenzimmerer erinnern an die einstige
Richtstätte, die Ebbser Farflesser an eine Suppe mit Teigeinlage,
die Niederndorfer Braunhäutler an ihre Gesichtsfarbe und als
Roßdoibn (Pferdediebe) an kleine Gauner. Die Sparsamkeit der
Erler kommt im Spottnamen Pfennigkliaber zum Ausdruck, die
Walchseer Goasbolleler verweisen auf den einstigen Ziegenbe-
stand und die Kössener Nebelschlucker an das wüste Wetter. So,
jetzt fehlt noch die Kitzbüheler Gegend.

Die Rede ist dort von den Pillerseer Tuschern, den Sänehon-
sern (St. Johannern), den Hochfilzner Sunnaklamperern, den
Fackltaffern (Schweinetäufern = St. Johanner), den Kitzbühler

Klotzenkostern (gedörrte Birnen) und den Puiaseer Kochlecka (Pillerseer Kochlecker), wobei unter letzteren die Fieberbrunner gemeint sind.

So, das war ein kleiner Ausflug in die Spottnamen der Tiroler Orte, wobei hier nur eine Auswahl angeführt wurde. Auf jeden Fall kann man sich ein Bild davon machen, wie sich die Tiroler „wortgewaltig" über ihre Nachbarn lustig machen.

Laut und Bild

Die Vorfahren der Tiroler haben sich für viele Geräusche des täglichen Lebens Wörter geschaffen, die zumindest einigermaßen dem Gehörten entsprechen. Einige Proben solcher mundartlicher Malerei sind beispielsweise: garazen für die knarrende Tür, gwiggazen für die quietschende Tür, schluftern, wenn man in weichen Schuhen „schlürft", und schlarggln, wenn man mit Holzschuhen über Steine schlendert. Geht man hingegen mit schweren Schritten über den Boden, so kann das sumpan, und auf dem Eisen schleifen, klingt wie der Mundartausdruck schliftern. Wenn man in Schuhen voll Wasser geht, tut es soapazen, im Schnee scharren kennt man als schu(r)n, und das Mus auf dem Herd wirft Blasen, die pla(o)ppazen, während draußen die jungen Hühner pfiwazen und die Hennen im schweren Flug floppazen. Hingegen läßt man den Hund nicht bellen, sondern koin und den brüllenden Sturm püin. Zieht man Luft durch die Nase, ist das schniefin, kleines Spucken jedoch spiwazen, und reibt man gar die Zähne aneinander, so gratschlt es. Wenn man jemanden beim Reden nicht versteht, murfelt (murmelt) er vermutlich, und man kann deshalb manchmal sogar pfuchazen (kichern). Wenn einer giggizt (stottert), kann es ebenso gehen. Ist man gut aufgelegt, so zeigt man das durch wispin (pfeifen).

Noch viel stärker äußert sich die sprachschöpferische Kraft der Mundart im Bild. Wenn auch oft derb, so doch immer treffend, faßt man eine Erkenntnis in einem Sprachbild zusammen, das mit einem klaren Blick für das Wirkliche einmal gesehen wurde. Dabei führt gesunder Humor oftmals den Pinsel.

Weibliche Freude am Äußerlichen wird lachend gegeißelt, wenn man von einer Schönen sagt, in ihrem Hut hätte sie ausgesehen „wia a Maus unta da Toagschissl" (wie eine Maus unter der Teigschüssel). Und wiegt sich eine Frau allzusehr in den Hüften, dann „draht sie sich wia a Sau, dö an Hoangascht geht" (wie ein Schwein, das auf Nachbarbesuch geht). Ist der Gang aber zu schwerfällig, dann geht sie „wia a alte Stallkuah". Wenn die Angesprochene wegen solcher Vergleiche verächtlich die Lippen schürzt, „reckt sie an Stiel her, daß drei Schneida drauf tanzn könntn". Oder sie wird so giftig, daß sie „aufdraht wia a Hundsschwoaf" (aufdreht wie ein Hundeschwanz). Von einem guten Mundwerk sagt man, es könne reden, daß der Daumen umgeht.

Es gibt aber auch „Löda, de da Teifl beim Plündern verlorn hat". Einen Bart haben sie „wia an Reischpl", den man bekanntlich zum Reinigen der Töpfe und Pfannen braucht. Reden tun sie, als ob sie den Mund voll Koch (Mus) hätten, und dabei haben sie einen Kopf wie ein Kürbis, Augen wie Pflugradeln, Ohren wie „Krautpfletschen" (Krautblätter), eine Nase wie ein „Kumpf" (Wetzsteinbehälter), einen Mund wie ein Stadeltor, Haxen (Beine) wie Zwirnfäden und Füße wie Bodenläden. Am Sonntag nach dem Kirchen tragen sie vom Wirtshaus Räusche heim, daß sie kugeln wie eine Null. Ist auch kein Wunder, wenn es draußen ein Wetter hat, daß man einen Hund beim „Schwoaf" hereinreißen muß, sitzt es sich eben in der Gaststube besonders gut. Man könnte diese Laut- und Bildmalerei weiterführen und damit ein eigenes Buch schreiben, aber für „Sprechen Sie Tirolerisch?" soll es vorerst reichen.

Maurerfalz – ein Handwerkerdialekt!

In früheren Zeiten wanderten aus dem Paznaun- und Stanzertal, aber auch aus dem übrigen Bezirk Landeck bzw. Oberinntal sowie Pitztal viele Männer und Burschen im Sommer als Bauhandwerker in die Fremde. Als solche waren sie überall geschätzt, ob in Frankreich, dem Rheinland, der Schweiz, Wien und Ungarn. Viele der Männer brachten es in ihrem Gewerbe zu Ansehen und Reichtum. Den Winter über verbrachten die Handwerker in ihren Familien – nicht immer zum Vorteil der Orte, wo sie städtische Mode einführten und teils mit ihrem Geld angaben. Heute hat sich das Blatt gewendet, denn in ganz Tirol werden

Bauarbeiter aus anderen Ländern, vorwiegend aus dem ehemaligen Jugoslawien und der Türkei, eingestellt, weil sich die Einheimischen teils zu gut für solche Arbeiten sind. Ein altes Kinderliedchen aus dem Oberland lautete: „As rögalat, as schneibalat, as geaht a kuahler Wind; Mei Voter ischt im Schweizerland, i waß nit, wenn er kimmt."

Die Maurer aus den angeführten Gegenden bedienten sich einer Reihe hochinteressanter Ausdrücke des alltäglichen Lebens und als Decknamen im gegenseitigen Verkehr, also einer völligen Sprache, welche die Bezeichnung „Maurerfalz" führte und sich vielfach ans Bildhafte anlehnte. Im nachstehenden nun eine Reihe von Beispielen aus dem sogenannten „Maurerfalz", wobei der Großteil davon aus dem Paznaun stammt:

Bischga: Käse; **böscha:** arbeiten; **Bugsen:** Hose; **Flick:** Stubentür; **Frischli:** Schwein; **G(o)aser:** Polier; **Gampen:** Bauplatz; **Gefrorener Kastler:** Protestantischer Pfarrer; **Gerstler:** Bier; **Glagglas:** Uhr; **Glitzner:** Fenster; **Hälsli:** Kragen; **Hangga:** Ziege; **Häusler:** Hund; **Hitzlas:** Ofen; **Hummel:** Meister; **Jodl:** Knabe; **Kastler:** Pfarrer; **Kitz:** Fleisch; **Kloba:** Pfeife; **Klotza:** Kopf; **Knaster:** Tabak; **Knurren:** Stein; **Knurrenpicker:** Hammer; **Krapslibuda:** Kanzlei; **Kuhpech:** Schmalz; **Langater:** Pferd; **Luga:** Schnaps; **Mödriger:** Kartoffel; **Pfisterer:** Koch; **Raggl:** Kuh; **Ratznudla:** Zigarre; **Sanna:** Wasser; **Schattner:** Hut; **Scheat:** Suppe; **Schlarga:** Schuhe; **Schmalfuß:** Katze; **Schnatli:** Holz; **Schneeba:** Milch; **Schnitzer:** Messer; **Schöpf:** Mörtel; **Schöpflöffel:** Mörtelkelle; **Schürba:** Schale; **Schwörz:** Kaffee; **spitzen:** beichten; **Stina:** Mädchen bzw. Frau; **Taja:** Haus; **trapsla:** schreiben; **Turmata:** Bett; **Valtler:** Wein; **Wiarchkittl:** Hemd; **Wohlleber:** Tisch; **Zaggl:** Wurst; **Zontaja:** Wirtshaus; **Zopfa:** Brot; **Zugtaja:** Toilette.

Knödeln, Nocken, Nudeln, Plenten . . .
. . . sind der Tiroler vier Elementen

Die Tiroler würden auf viel verzichten und sogar ihren Freiheitshelden Andreas Hofer verleugnen, nur daß sie ihre Nationalspeisen behalten können: „Knödeln, Nocken, Nudeln,

Plenten – sind der Tiroler vier Elementen" heißt ein weiser alter Spruch. Vor allem die Knödel gehören zu Tirol wie der Eiffelturm zu Paris, die Freiheitsstatue zu Amerika und das Riesenrad zu Wien. „Für sie alleine würde sich ein Krieg lohnen", sagte ein Innsbrucker, und für sie würde er sogar seine Großmutter verkaufen, fügte ein Zillertaler hinzu. Am Dienstag und Donnerstag, die heute noch in manchen Gegenden Tirols „Knödeltag" heißen, gab und gibt es mittags immer Knödel: Speckknödel, Fastenknödel, Leberknödel usw. Aber warum eigentlich nur am Dienstag und Donnerstag, wenn man Knödel jeden Tag essen könnte? Ja, weil man zum Verzehr der anderen „drei Tiroler Elemente" ja auch noch Zeit braucht. Aber nochmal zurück zu den Knödeln. Ausgrabungen zufolge hat man schon vor 3.000 Jahren Knödel gekocht, die älteste bildliche Darstellung findet sich auf einem Fresko aus dem 12. Jahrhundert in Schloß Hocheppan, die erste schriftliche Erwähnung stammt aus dem Ende des 16. Jahrhunderts. Übrigens: Auch wer das Knödelrezept weiß, kann sie deshalb noch lange nicht kochen. Die mißlungenen Versuche reichen von Brei bis zu Kanonenkugeln.

Will man der Haller Stadtchronik Glauben schenken, so wurden die Tiroler Speckknödel in einem Gasthaus der ehemaligen Salinenstadt „erfunden". Als Kaiser Karl V. mit seinem Anhang Richtung Italien zog, kam er auch in die schöne Stadt am Inn. Ein paar hungrige Kerle aus seinem Haufen stürmten das Wirtshaus am Markt und wurden fuchsteufelswild, als der Wirt mit schlotternden Knien erklärte: „I hab nix! Nur Eier, Butter, Milch, Brot und Speck!" – „Mach was draus zum Essen, sonst schlagen wir dir die Stub'n z'samm", war die drohende Antwort der Landsknechte. „A Ruh gebt's", schrie die Wirtin, schob ihren zitternden Mann und die Störenfriede zur Seite und fügte hinzu: „I werd' euch schon was z' Essn machen. Kugeln, für Eure Bäuch'!" Sprach's und verschwand in der Küche. Eine halbe Stunde später kam sie mit den ersten Tiroler Speckknödeln angetanzt. Zur Freude der hungrigen Gefolgsleute Karls V., nicht bewußt, einen Grundstein für Tirols Eßkultur gelegt zu haben. Die Speckknödel haben seither immer Saison.

Nun zum zweiten Tiroler Element, den Nocken. Es handelt sich dabei um flache, meist handgroße, in Schmalz herausgebackene Laibchen. Die Tiroler Nudeln – als drittes Element – haben mit den gekauften „Tagliatelle" nicht viel zu tun. Sie wurden von jeher selbst gemacht und zum Schluß abgeschmalzt. Dafür war die „Nudeldruck" ein nicht wegzudenkendes Gerät. Früher waren die Nudeln ein Gericht für harte Arbeitstage. Der Tiroler kennt aber auch noch andere Nudeln, die mit Spaghetti und Makkaroni nur den Übernamen gemeinsam haben: Dampfnudeln, Rohrnudeln, Bachnudeln usw. sind ebenso oder sogar noch beliebter als ihre Namensvettern. Handelt es sich um Miniaturausgaben, so werden sie in Tirol liebevoll „Nidei" (Nudelchen) genannt.

Das letzte der vier Tiroler „Elementen" ist der Plenten – das reimt sich ja! Plenten ist nichts anderes als Maismehl bzw. -grieß. Er wird in der heutigen Tiroler Küche von allen vier Elementen am wenigsten verwendet.

Es gibt neben diesen vier „Grundspeisen" natürlich noch zahlreiche andere kulinarische Spezialitäten. Man denke nur an das „Tiroler G'röstl", das sich bestens zur Restlverwertung eignet, oder an die Schlutzkrapfen. Aber das ist eine andere Sache, denn schließlich befinden wir uns in einem Mundart-Wörterbuch und nicht in einem Kochbuch. (Das hat der Autor nämlich gerade noch in Arbeit.) Daß man vorwiegend im Fasching richtiggehende „Freßorgien" veranstaltet haben muß, beweisen die überlieferten Namen „Fraßmontag" für den Faschingsmontag (Rosenmontag) und „Speiberchtig" für den Faschingsdienstag. Gegessen wurde in Tirol aber zu allen Jahreszeiten recht gerne, und es ist nicht verwunderlich, daß früher ein Hochzeitsmahl aus nicht weniger denn zehn Gängen bestand. Daß es sich die Tiroler immer schon gutgehen ließen, beweist der „Tiroler Landreim" von Georg Rösch aus dem Jahr 1558. In ihm finden sich Erbsen aus dem Stubai ebenso wie Spargel und Artischocken aus den südlichen Landesteilen, Zitronen und Orangen aus der Gegend um den Gardasee, Nüsse aus dem Passeier, Äpfel aus Brixen, Birnen aus Lienz, Käse aus Virgen und Vals, Zieger aus Jochberg und Fische aus dem Heiterwanger See. Besondere Beachtung verdienten seiner Meinung nach die „Setzküchl" und Nudeln aus dem Pustertal. Die Erwähnung verschiedenster Getränke im Tiroler Landreim zeigt nicht nur die damalige Sprache, sondern auch den Reichtum an „Flüssignahrung" im „Land im Gebirge":

Traminer Wein, Eppaner, und guter Lagrein,
Leitacher, Kalterer, Girlaner, Missianer und Montainier,
Planitziger, Riederer und Grieser Wein,

Alpbacher Tracht

Akpfeifferer- und Sankt Gotthardswasser.
Schreckbühler und Rotten Yserer
sind an der Etsch weitaus die besten,
vorzusetzen Inländern und Gästen.
Neben diesen muß man fein loben viel edle Kräuterwein
von Rosmarin und Hirschzungen Krannebittbeeren, Schlehn,
Tamarisken,
von Alant, Salbei, Nagerln und Zitwer und des Wermuts
lieblichen Bitter;
auch andre gute Kräuterweine mehr,
die belustigen den Menschen sehr.

Ein Loblied auf das Kraut läßt Hyppolitus Guarinoni in seinem Buch aus dem 17. Jahrhundert von einer verwitweten Bäuerin vortragen:

Ich hab das Holtz bei der Wend
Und das Kraut in der Brendt (Krautfaß).
Darzu eine feiste Sau geschlagen
Und mein alten Mann vergraben.
Erst will ich mit eim jungen ein guten Winter haben.

Vom Giggerigi zum Katzenwaudei

Der Unterinntaler Ort Brandenberg ist auch heute noch vielen durch die berühmte Erzherzog-Johann-Klause bekannt. Hier befand sich bis in die Zeit um 1970 die größte Holztrift Europas. Nachdem sich die Höfe und Häuser des 900 m hoch gelegenen Ortes bis in 1.200 Meter Meereshöhe erstrecken, kann man die dortigen Schüler ruhig als „Hochschüler" bezeichnen. Nach den Namen der einheimischen Pflanzen befragt, erfährt man allerlei Wissenswertes. So zum Beispiel, daß sich hinter dem Goaßglöggei ein zartes Buschwindröschen verbirgt, und der Waldstinker steht mit roten und blauen Blüten als Lungenkraut im dunklen Grund. Wohl seines roten Rockes wegen heißt der Sauerampfer Franzos. Neben ihm prangt hell wie sein Name Giggerigi der Hahnenfuß. Im tiefsten Blau leuchtet das Schuasternagei, der Frühlingsenzian. Das Schweizerl aber duckt sich als bescheidenes Gänseblümchen zwischen seine Nachbarn, während neben ihm das Himmelbrot als nickendes Perlgras schwankt. Viel gebraucht wird der Milchbüschl, der Löwenzahn. Flinke Mädchenfinger flochten früher aus seinen Stengeln die längsten Ketten. Heute verwendet man im Frühjahr seine schmackhaften Blätter zur Salatbereitung, und aus den Blüten macht man den Löwenzahnhonig – im Winter eine wirkungsvolle Medizin bei Bronchialleiden.

Fast vergessen hat man schon, den saftigen Süßen Sauranzen, bekannt auch als Fuchspeda, zu naschen, gemeint ist damit der Wiesenbocksbart. Weil sein Geruch Kopfschmerzen verursachen kann, heißt er auch noch Kopfwehbleami. Besonders am sandigen Rain reckt sich die Königskerze stolz empor. Sie trägt den Namen Himmelbrand. Von ihrem Blütenstand will man die Schneehöhe des kommenden Winters ablesen können. Neben ihr blüht still die Christbaumkerze, der kriechende Günsel.

Auf moorigem Boden wartet das Fettkraut auf Beute. Hungerleider und Fleischfresser muß es sich schelten lassen, weil es sogar mit Fliegen vorliebnimmt. Seidig weht im Winde das schimmernde Haar des Torfwollgrases. Der Volksmund hat es Katzenwaudei getauft. Weil die Soldanelle ihr feines Köpfchen über die frühlingsfeuchte Erde hebt, steht ihr der Name Eis- oder Almglöggei so gut. Höher droben, auf den Bergschrofen, lockt dann bald das Stoableami, ebenso wie woanders das Platenigl. Wer aber das duftende Jochbräundei will, die Brunelle, muß später noch höher auf die Alm. Viel näher dem Tal als seinen edlen Namensvetter treffen wir das wilde Edelweiß, die Felsbirne, mit ihren flaumigen Blättern.

Die Glan, die Poasselbeeren und Kratzbeeren (Preiselbeere, Berberitze und Himbeere) sind vielgeliebte Kinder des Spätsommers und Herbstes. Und aus den Korallenfrüchten des Pfarreroder Pfaffenkappels läßt sich der schönste Blumenschmuck fertigen – der natürlich nicht allzu lange hält.

Übrigens: das stachelige Waxlab – die Stechpalme – wurde, bis man sie unter Naturschutz stellte, von den Burschen für ihre Palmbuschen verwendet.

Ja, ja, man könnte noch lange fortfahren, aber was nützt's, wenn man sich ohnehin immer mehr der „hochdeutschen Pflanzennamen" bedient? Trotzdem sind mir Katzenwaudei und Giggerigi immer noch lieber als Orchideen und Pfauenaugen!

Tiroler Pflanzen im Volksmund – eine Auswahl

Antlaßgitschn: Wucherblume (Chrisanthemum leucantemum)
Beißwurmleitern: Farne (Aspidium filix mas)
Berggulle: Türkenbund (Lilium martagon)
Bocksbart: Dreispaltige Simse (Junkus trifidus)
Butterplätschn: Alpenampfer (Rumex Alpina)
Eggemar: Steifer Bürstling (Nardus stricta)
Gramillen: Kamille (Matricaria chamomilla L.)
Grammelen: Glockenblume (Campanula rotundifolia L.)
Große Schweizer: Wucherblume (Chrysanthemum Leucanthemum L.
Gute Beere: Einbeere (Paris quadrifolia L.)
Haselmunnich: Haselwurz (Asarum europaeum L.)
Hasenohrwaschel: Löwenzahn (Taraxacum officinale Weber)
Hauswurz: Steinbruch (Saxifraga Aizoon L.)
Heckenkraut: Ruprechtskraut (Geranium Robertianum L.)
Heinerkraut: Gänsefuß, guter Heinrich (Chenopodium Bonus Henricus L.)
Herbsthatzelen: Augentrost (Euphrasia spec.)
Herrnschuh: Hufeisenklee (Hippocrepis comosa L.)
Himmelbrand: Vollkraut (Verbascum spec.)
Himmelsschuh: Kreuzblume (Polygala Chamaebuxus L.)
Hirschwurzel: Engelwurz (Angelica silvestris L.)
Hoader: Heidekraut (Erica carnea L.), Hornklee (Lotus corniculatus L.)
Humperle: Bachbeerdiktenwurz (Geum rivale L.)
Hundebeeren: Knotenfuß (Streptopus amplexifolius L.)
Hutpletschen: Huflattich (Tussilago Farfara L.)
Jochengel: Schwefelgelbe Anemone (Anemone sulphurea L.)
Josefikraut: Narzisse (Narcissus Pseudonarcissus L.)
Jungfernblume: Wucherblume (Chrysanthemum Leucanthemum L.)
Jungfrauzart: Steinrösel (Daphne striata)
Karwendel: Thymian (Thymus spec.)
Karwengel: Frühlingsanemone (Anemone vernalis L.)
Katzenschwanzel: Breitwegerich (Plantago major L.)
Kemach: Kamille (Matricaria Chamomilla L.)

Edelweißpflückerinnen

50

Kikerikiblume: Taglichtnelke (Melandryum rubrum)
Kitzkraut: Marbel (Luzula augustifolia)
Kleiner Frauenschuh: Kreuzblume (Polygala Chamaebuxus L.)
Kleiner Löwenzahn: Wundklee (Anthyllis Vulneraria L.)
Kletzenpfannen, Klitzenpfannen: Hahnenfuß (Ranunculus acer L.)
Königskerze: Günsel (Ajuga repens L.)
Kriechkraut, Krotenkraut: Klebkraut (Galium Aparine L.)
Krotenmilch: Wolfsmilch (Euphorbia Cyparissias L.)
Krotenpfandl(e)n: Hahnenfuß (Ranunculus acer L.)
Kuckucksklee: Sauerklee (Oxalis Acetosella L.)
Kukerikubleamal: Taglichtnelke (Melandryum rubrum)
Langesrosen: Dotterblume (Caltha palustris L.)
Lausblumen: Hahnenfuß (Ranunculus acer L.)
Löwenzahn: Wundklee (Anthyllis Vulneraria L.)
Lugnerkraut: Breitwegerich (Plantago major L.)
Marienstern: Wucherblume (Chrysanthemum Leucanthemum L.)
Märzblume: Narzisse (Narcissus Pseudonarcissus L.)
Maukkraut: Minze (Mentha spec.)
Mausholz: Seidelbast (Daphne Mezereum L.)
Mauskraut: Sonnenwendige Wolfsmilch (Euphorbia
   helioscopia L.), Zypressenblättrige Wolfsmilch (Euphorbia
   Cyparissias L.)
Mehlbeere: Mehlbeerbaum (Sorbus Aria L.)
Melchersuppen: Löwenzahn (Taraxacum officinale L.)
Melcherzollen: Rapunzel (Phyteuma spec.)
Mettau: Mutterwurz (Meum mutellina)
Milchblume: Wiesen-Löwenzahn (Leontodon hastilis L.)
Milchfresser: Kerbel (Athriscus silvestris L.)
Milchschüssele: Hahnenfuß (Ranunculus acer L.)
Moltenkraut: Quendelblättriger Ehrenpreis (Veronica
   serpyllifolia L.)
Moosbeere: Schwarze Heidelbeere (Vaccinium Myrtillus L.)
Moosbüschel: Sumpfdotterblume (Caltha plaustris L.)
Moosdistel: Wiesenkohl, Kohldistel (Cirsium oleraceum L.)
Muldenkraut: Hirtentäschchen (Capsella Bursa pastoris L.)
Muttergottesstern: Sternlieb, Bergmaßlieb (Bellidiastrum
   Michelii L.)
Nachtschatten: Vielfarbiges Veilchen (Viola polychroma L.)
Naeglen: Nelken (Dianthus silvester)
Osterveigerl: Märzenveilchen (Viola odorata L.)

Paterknospen: Hahnenfuß (Ranuculus acer L.)

Petersbart: Frühlingswindröschen (Anemone vernalis L.)

Pranken: Bärenklau (Heracleum Sphondylium L.)

Purzelklee: Kriechender Klee (Trifolium repens L.)

Raßnagelblüh: Flieder (Syringa vulgaris L.)

Roda, Rote Kornblume: Kornrade (Agrostemma Githago L.)

Rüschele: Brunelle (Nigritella nigra L.)

Sandrose: Gemeine Flockenblume (Centaurea Jacea L.)

Saublume: Löwenzahn (Taraxacum officinale)

Saurampen, Saurampfel: Sauerampfer (Rumex Acetosa L.)

Schafgarbe: Wucherblume (Chrysanthemum Leucanthemum L.)

Schafkraut: Minze (Mentha spec.)

Schafskröpfel: Blasiges Leimkraut (Silene vulgaris)

Scharling: Geißfuß (Aegopodium Podagraria L.), Kerbel (Anthriscus silvestris L.)

Schinderlatschen: Behaarte Alpenrose (Rhododendron hirsutum L.)

Schmalzblume: Sumpfdotterblume (Caltha palustris L.)

Schmalzkachele, Schmalzpfandlen: Hahnenfuß (Ranunculus acer L.)

Schnallkraut: Blasiges Leimkraut (Silene vulgaris)

Schneiderblume: Glockenblume (Campanula patula L.)

Schneller(le): Blasiges Leimkraut (Silene vulgaris)

Schröfenblüml: Aurikel, „Platenigl" (Primula Auricula L.)

Schusternagele: Frühlingsenzian (Gentiana verna L.)

Schwalbenkraut: Schwalbenwurz, Hundswürger (Cynachum Vincetoxicum L.)

Schwarzwurz: Beinwell (Symphytum officinale) L.)

Schweizer (Blümele): Gänseblümchen (Bellis perennis L.)

Schwerblüte: Buschwindröschen (Anemone nemorosa L.)

Schwoicher Scharling: Bärenklau (Heracleum Sphonfylium L.)

Seifenblume: Geflecktes Knabenkraut (Orchis maculata L.)

Sonnwendbleaml(blume): Wucherblume (Chrysanthemum Leucanthemum L.)

Speik: Klebrige Schlüsselblume (Primula glutinosa)

Steinblume: Gemeine Flockenblume (Centaurea Jacea L.), Stinkender Storchschnabel, Ruprechtskraut (Geranium Robertianum L.)

Steinblüml: Aurikel (Primula Auricula L.)

Steinkraut: Vatterkopf (Echium vulgare L.)

Steinrocken: Scharfer Mauerpfeffer (Sedum acre L.)

Stiefkindl: Vielfarbiges Veilchen (Viola polychroma)

Stupper: Wollgras (Eriophorum spec.)
Sumpfrösel: Mehlprimel (Primula farinosa L.)
Teufelskrallen: Rapunzel (Phyteuma spec.)
Teufelsmilch: Zypressenwolfsmilch (Euphorbia Cyparissias L.)
Teufelszahnd: Witwenblume (Knautia arvensis L.)
Totenblume: Wiesenbocksbart (Tragopogon pratensis L.)
Tuen, Tuner: Hanfnessel, Hohlzahn (Galeopsis Tetrahit L.)
Uhrschlüssel: Pippau (Crepis biennis L.)
Vermutkraut: Minze (Mentha spec.)
Vesikatorkraut: Buschwindröschen (Anemone nemorosa L.)
Vezelen: Leberblümchen (Anemone Hepatica L.)
Vogelerbse: Vogelwicke (Vicia Cracca L.)
Vogelwurstel: Breitwegerich (Plantago major L.)
Wachsblätter: Stechlaub (Ilex Aquifolium L.)
Warzkraut: Scharfer Mauerpfeffer (Sedum acre L.)
Weißblüh: Wilder Schneeball (Viburnum Opulus L.)
Wermutskraut: Wasserminze (Mentha aquatica L.)
Wiesengrind: Gemeiner Augentrost (Euphrasia offizinalis)
Wiesenkönig: Hahnenfuß (Ranunculus acer L.)
Wilde Arnika: Bocksbart (Tragopogon pratensis L.)
Wilde Brennessel: Weiße Taubnessel (Lamium album L.)
Wolfeswurzl: Eisenhut (Aconitum napellus)
Wollrösel: Wollgras (Eriophorum spec.)
Wunderrübe: Weißes Labkraut (Galium Mollugo L.)
Zetten: Zwergkiefer (Pinus Pumilio)

Volkstümliche Tiroler Vogelnamen

Wie bei den Spaniern die Stiere im Mittelpunkt des Volkslebens stehen, so haben sich in Tirol nicht zuletzt durch ihre Sangesfreudigkeit die Vögel in die Herzen der Bewohner eingenistet. Bekannt sind auch heute noch die unzähligen Vogelhändler, besonders jene aus der Imster Gegend, denen sogar in der bekannten Operette „Der Vogelhändler" ein Denkmal gesetzt wurde. Wie gesagt, der Tiroler hatte immer schon eine Liebe zu den Singvögeln. Es ist daher nicht verwunderlich, wenn das Tiroler Volk auch bei der Namensgebung der gefiederten Freunde viel Einfallsreichtum und Phantasie zutage gebracht hat. Während bei der einen Art irgendeine Lebensbedingung, bei der anderen Gesang oder Lockruf, bei wieder einer anderen der Aufenthalt, Nahrung oder eine besondere Eigenheit des Benehmens als Grund der volkstümlichen Bezeichnung hergenommen wurde, finden wir bei einzelnen Arten Namen, deren Ursprung unerforschlich scheint. So erhebt die nachfolgende Aufzählung von Tiroler Vogelnamen keinen Anspruch auf Vollständigkeit. Es soll vielmehr ein Überblick über Ausdrücke sein, die das Volk erfunden hat.

Alpenbraunelle, Alpenflürvogel (Brunella collaris Seop): Almlarch, Jochbrunelln, Jochlispl, Jochscholderer, Jochschörkl, Jochschorkl, Jochlispele, Schneelerchl, Bergspatz, Berggrötschele, Spabiauser, Stadltatscher

Alpendohle (Pyrrhocorax graculus): Jochdohln, Jochkroje, Schneedohln, Steindohln, Bergdohln, Winddohln, Dachtei, Dachl, Tafl (jeweils mit den vorgesetzten Wörtern)

Alpenmauerläufer (Tichodrama muraria): Mauerkletterer, Mauerkreffler, Mauerspecht, Steinspecht, Schrofnspecht, Wandshopper

Alpensegler (Apus melba): Almspeier, Jochspeier, Steinschwalbe (selten)

Amsel (Turdus merula): Amstl, Kohlamstl, Stockamstl (selten)

Auerhahn (Tetrao uragallus): Großer Hahn, Oarhahn, Bramhenne, Bleckarsch (Pustertal)

Bachstelze weiß (Motacilla alba): Herdalle, Kardolm, Dorfgrallele, Röllele, Haröei, Bauvogl

Baumläufer: Bamkreffler, Pechmoasn, Kletterspachtl (selten), Bamkrebsle, Bamlaffer, Boumpicker, Boumpickel

Baumpieper: Lispn, Lispl, Bamlarchl

Bergfink (Fringilla montifringilla): Gaggezer, Gagötzer, Jochfink, Jochpappler, Jäken, Jäker

Berghänfling (Linota flavirostris): Gwigger (selten)

Birken- oder Leinzeisig: Rotplattl, Meerzeisele, Zischerle, Blattzeisele

Birkhuhn (Tetrao tetria): Kleiner Hahn, Spielhahn

Blaukehlchen (Luscinia svecica): Blaubrüstl, Blaukröpfl, Wassernachtigall

Blaumeise (Parus caerulens): Blaumeasl, Blobmoasn

Blaumerle (Monticola solitarius): Blauamsel, Passerl, Pascherle, einsamer Spatz (selten)

Blauracke, Mandelkrähe: Galgenvogel, Meergratsch (Bozen)

Bussard: Mauser

Dorngrasmücke (Sylvia communis): großer Müller

Eichelhäher (Garrulus glandarius): Gratschn, Nußgratsch, Nußknackl, Heher, Hecher, Hatz, Hatzl, Hetz, Boangratsch, Bunhaxn

Eisvogel (Alcedo atthis ispida): Eisvogel, Eishocker, Eisprophet, Spanische Bachstelze (spanisch = fremd, unbekannt)

Elster (Pica picca): Alster, Galster (selten), Stamserin (scherzhaft nach Stamser Zisterzienser)

Erlenzeisig (Chrysomitris spinus): Zeisig, Zeisele, Zeisai, Paingerl (Kosename)

Eulen (alle Arten, auch Käuze): Nachteulen, Habergoas, Nachtvogel, Totenvogel, Todansager, Leichenbettler, Tschaffit, Tschaffig, Schlif, Schluf, Schufi, Dutsch (selten), Bögl (selten), Buhin, Auf, Schuhu, Uhu, Zwergkäuzl (Sperlingskauz)

Feldlerche (Alauda arvensis): Larchn

Felsenschwalbe (Clivicola rupestris): Steinschwalbe, Schrof'nspeier

Fitislaubsänger (Phyloscopus trochilus): Wuitele

Fliegenschnäpper: Fluignschnapper, Fluignstecher (selten)

Gartengrasmücke (Sylvia borin): Staudenfahrer

Gartenrotschwanz (Phoenicurus phoenicurus): Brantele, Rotschwafl, Roatschwanzl, Muttergottesvögele, Saulocker (selten)

Gebirgsstelze: Bachstelze

Geier und Greife: Raubvogel, Geier

Gimpel: Gimp(e)l, Staudengimp(e)l, Protzvogel (selten)

Girlitz (Serinus canarius serinus): Hirngrillele, Gartengschößle

Goldammer (Emberiza citrinella): Ammerling, Emmerling, Gilbling, Grünling, Gschtruaber, Goiler, Gealer

Goldamsel oder Pirol (Oriolus galbulus): Choleravogel

Goldhähnchen (Regulus regulus): Goldhahnl, Goldele, Goldplattl (selten), Goldmeasl

Graugans und Saatgans: Schneegans

Großer Säger (Mergus merganser): Fastnant'n

Grünling (Chloris chloris): Wörgl, Gilbling

Grünspecht (Picus viridis): Gelber Bamhackl, Grasspecht, Gießer, Gießvogel, Regenvogel

Habicht (Accipiter gentilis): Hennengeier, Hühnerstoaßer, Hennenstoaßer, Stoßgeier, Stoaßer

Wildheuerinnen

Hänfling (Linota cannabia): Fornelln, Haniferl, Hanfling, Hanfmeasl, Zibeber (selten), Bluetgschößle

Haubenlerche (Galerida cristata): Schopflarchn, Tschopflarchn, Tschaumptlarchn

Haubenmeise (Parus cristatus): Schopfmeasl, Tschaumpmeasl, Tschaumper, Schaupmeasl, Tschaipelesmeasl

Haus- und Feldsperling: Spatz

Hausrotschwanz (Phoenicurus ochrurus gibraltariensis): Jochbrantele, Almbrantele, Brandrötl, Rötele, Brantele, Hausreatele

Heckenbraunelle (Prunella Accentor modularis): Brunelln, Lispl, Rußvogl, Waldspatz, Grawele, Grawegschößle

Heidelerche (Lullula arborea): Stoanlarchn

Heuschreckenschwirl (Locustella naevia Bodd): Grillfocher

Hohltaube (Columba oenas): (kleine) Wildtaube

Kleiber (Sitta europaea): Spechtmoasn, Blauspecht, Schmalzbettler

Kohlmeise (Parus major): Spiegelmoasn, Pfannenholz

Kolkrabe (Corvus corax): Aaser, Jochrapp, Aasrapp, großer Krah, großer Rapp (selten), Krapp

Kreuzschnabel (Laxia): Krumpschnabl, Herrgottsvogel (selten); nach dem Lockton unterscheidet man Schnaggler, Helle, Klingler, Schepperer, Wist, Doppler, Trippler, Tschapfer, Dengler und Lispler

Krick- und Knäckente: Viertel- oder Halbant'n

Kuckuck: Brandvogel

Mauersegler (Apus apus): Speir, Turmspeir, Turmschwalbe, Surrer, Surmer

Mehlschwalbe (Delichon urbica): Stadtschwalbe, Marienvogel, Bleckarsch (selten)

Misteldrossel (Turdus viscivorus L.): Schnarrer, Schnarzer, Schnarrötzer, Zurr, Zurren, Zarer, Zagl, Zitl (alt)

Mönchsgrasmücke (Sylvia atricapilla): Schwarzplattl, Plattele, Schwarzkopf (selten), Kohlangst (selten)

Moor- und Tafelente: Kapuzinerant'n

Müller- oder Zaungrasmücke (Sylvia curruca): Müllerchen, kleiner Müller

Nebelkrähe (Corvus cornix): Graurabe, Graurapp, weißer Rabe (selten)

Pfeifente (Anas penelope): Wisplant'n

Pirol oder Goldamsel (Oriolus galbulus): Choleravogel

Rabenkrähe (Corvus corone): Rabe, Rapp, Krah, Kroje

Raubwürger (Lanius excubitor): Moasnkönig, Spanische Moasn, Sperlelster

Rauchschwalbe (Hirundo rustica): Dorfschwalbe, Dorfschwalm, Marienvogel, Spießer (selten)

Rauhfußbussard: Schneegeier, Nebelgeier

Ringdrossel, Ringamsel (Turdus torquatus): Almamsel, Kragenamsel, Kranzamsel, Jochkoppn, Jochköppl, Jochklöppl

Ringeltaube (Columba palumbus): (große) Wildtaube

Rohrammer (Emberiza schoeniclus): Rohrspatz, Rohrantl

Rohrsänger (Acrocephalus Naum): Bimser, Rohrdrossel, Rohrspatz, Sumpfspötter, Grasspötter (selten)

Rotkehlchen (Erithacus rubecula L.): Rotkropf, Rotkröpfl, Fluigenstöcher

Rotrückiger Würger (Lanius collurio): Dorndreher, Neuntöter, Doarndraher, Doarndral, Doarnral, Staudendral, Staud'ntratzer und Totengräuel (selten)

Schneefink (Montifringilla nivalis): Jochfink, Schneefink, Schneevogel, Weißschwanz, Alpenfink, Steinfink

Schwanzmeise (Aegithalos candatus): Landschweif, Pfannenstiel, Schneemoasn, Totenköpfl

Schwarzspecht (Dryocopus martius): schwarzer Bamhackl, Bambeckl, Bambickl, Hohlkrah, Hohlkrag'n, Totenvogel, Hollerkragen, Waldhahnl, Zimmermann

Seidenschwanz (Ampelis garrula): Pest-, Pestilenz-, Kreuz- oder Sterbevogel

Singdrossel (Turdus philomelos Brehm): Droaschtl, Droastl, Zipp (selten)

Spechte (alle Arten): Bamhackl(er), Bampecker, Ha(n)le

Sperber (Accipiter ausus): Stoaßerl, Stoaßgeierl, Finkenhabicht (selten)

Spießente (Anas acuta): Schwalmant'

Sprosser (Luscinia luscinia): Polnische Nachtigall (Nordtirol), Bastardnachtigall (Südtirol)

Steinhuhn (Caccabis saxatilis): Stoanhiandl, Stoanplattl

Steinrötl (Monticola saxatilis): Stoareatl

Steinschmätzer (Saxicola oenanthe): Weißbrüstl, Weißschwanz

Stockente (Anas boscas): Wildant'n, Blaukopf

Sumpfmeise (in verschiedenen Unterarten): Gengmoasl, Zizigenggele, Bitzigengger, Pfutschigenggele, Pfutschigengger, Kotmeasl, Dreckpatzl, Zizigeigei, Spitzigenger

Tannenhäher (Nucifraga cargyocatactes): Zirmgratsch, Zirmgrätsch, Zirblgratsch, Nußhahn (selten), Zirmkragn, Graugratsch

Tannenmeise (Parus ater): Measl, Tannenmoasn, Waldmeasl

Teichhuhn: Rohrhendl

Turmfalke (Falco timunculus): Rüttelfalk, Rüttelgeierl, Mauserl

Wacholderdrossel (Turdus pilaris L.): Kranawitter, Kranawöttvogel, Kramatsvogl, Kramater

Wachtelkönig, Wiesenralle (Crex pratensis): Strohschneider, Gsoatschneider

Waldlaubsänger (Phyloscopus sibilatrix): Wuitele

Wasserhuhn: Rohrhendl, Bläßhuhn, Blaßl, Plärer

Wasserläufer: Strand-, Wasser- oder Uferläufer

Wasserpieper: Lispn, Lispl, Jochlispl, Steinlispl, Stoanlarch

Wasserstar (Cinchus aquatiens Becht): Wasseramsel, Bachgansl, Wasserschmätzer (selten), Bachantl, Tuckantl, Bachamsl

Weidenlaubsänger oder Zilpzalp (Phyloscopus collybita): Wuitele

Wendehals (lynx torquilla): Natter- oder Otterfink, Windatter

Wespenbussard: Bienenfalk, Beinfalk

Wiedehopf (Upupa epops): Hitt-Hott, Wisthott, Fuhrmann, Gigges-Gagges, Dreckstöcher, Schopfvogel

Wiesenpieper: Lispn, Lispl

Wiesenschmätzer (Pranticola rubetra): Grasmuckn, Grasmüggele, Grasmichele

Zaun- oder Müllergrasmücke (Sylvia curruca): Müllerchen, kleiner Müller

Zaunkönig (Troglodytes troglodytes L.): Künigl, Kinigl, Pfutscher, Zaungergger, Zaunschnipfl, Zaunnergl, Zaungreggn, Zaunschliefer, Zaunschlüpfer, Reiserkönig

Ziegenmelker oder Nachtschwalbe (Caaprimulgus europaens): Nachtmelcher, Kuahduttler (Dutte = Zitze), Habergoas (selten)

Zilpzalp oder Weidenlaubsänger (Phyloscopus collybita): Wuitele

Zitronenzeisig, -fink (Linota citrinella): Zitrindl, Zitrinela, Zitröndl, Tra(n)le

Zwergsteißfuß: Tuckantl

Unterinntaler Tiernamen

Die Unterinntaler haben ihren „Mitbewohnern" teils recht einfallsreiche, teils aber auch recht verwunderliche Namen gegeben. Im folgenden findet sich eine Auswahl dieser „Fremd wörter" aus dem Unterländer Sprachschatz.

Aibecka: kleine graue Bremsen; **Bamhackl:** Specht; **Beißwurm:** (giftige) Schlange; **Bermessn:** große Ameisen; **Brachkefal:** Juni-, Johanniskäfer; **Brandreatl:** Rotschwänzchen; **Brantai:** Rotschwänzchen; **Brehma:** Bremsen; **Brei(n)doib:** Drohne; **Buga:** altes, schlechtes Pferd; **Fleach:** Flöhe; **Fleimuatta:** Schmetterling; **Fluach:** Floh; **Gafn:** Blattwanzen; **Goikefa:** Blattwanzen; **Gratschn:** Eichelhäher; **Heihupfa:** Heuschrecke; **Hoadadaxl:** Eidechse; **Höppin:** Kröte; **Howagoas:** Eule bzw. Uhu; **Imb:** Biene; **Krah:** Krähe; **Kumlate Hudl:** hornlose Geiß; **Nachtvogl:** Kauz, Käuzchen; **Oachkatzl:** Eichhörnchen; **Öb:** Mutterschaf; **Pfeichmuatta:** Schmetterling; **Rapp:** Rabe; **Rongga:** Maikäfer; **Ruatkröpfi:** Rotkehlchen; **Scheawedakefa, Schmied:** Saatschnellkäfer; **Schneidagsöi:** langbeinige Mücke, Gelse; **Stanzen:** Stechmücken; **Su(n)wendkefal:** Glühwürmchen; **Tuatnvogl:** Kauz, Käuzchen; **Umess(e)n:** (kleine) Ameisen; **Webaknecht:** Siebenfußspinne, Weberknecht; **Wegnar:** Feuersalamander; **Weps:** Wespe; **Woidhenai:** Schwarzspecht.

Romanisches in den Tiroler Mundarten

Viele Wörter der Tiroler Mundarten sind romanischen Ursprungs. Manche davon als „urwüchsige Tiroler Dialektausdrücke" längst nicht mehr wegzudenken, sind also nichts anderes als eingewanderte Fremdlinge, die man im „Herz der Alpen" so liebgewonnen hat, daß man sie gar nicht mehr hergeben möchte. Ja mehr noch: man behauptet sogar stolz und steif, sie selbst „erfunden" zu haben.

abtschappieren: (U) sich drücken, davonlaufen, von franz.
= échapper

Agen: (U) Tannen- oder Fichtennadeln, Abfall beim Brecheln, von lat. = acus

alle marsch: (U) marsch vorwärts!, von franz. = allez marcher

alle Pud: (U) immer wieder, alle Augenblicke, von franz. = à tout bout

Amalett: (U) Anhängsel, von franz. amulette (omelette = Eierkuchen)

aper: schneefrei, von lat. aperire = sichtbar werden bzw. apertus = frei, offen

Archen: (U) Wasserwehren aus Holz, von rom. = arca (Kasten)

Bagasch: (U) Gesindel, von franz. bagage = Gepäck, Troß

Balleh: (U) Spielball aus Gummi für Kinder, von franz. balle

Bitschei: (U) Semmel, Doppelsemmel, von ital. piccia = Zeilenbrot

Buger: (U) schlechtes (altes) Pferd, von franz. bougre = Schuft

Cepin: (O) siehe Zappin

deschperat: (U) verzagt, von franz. désespérer = verzweifeln

extrig: (U) abgesondert, zu Fleiß, justament, von lat. extra = besonders

Faschtl: (U) Fatschenkind, Heubündel, Wickelkind, von ital. fascio, fastella = Bündel, Pack

Fazanetle: (O) Taschentuch, von ital. fazzoletto

Ferkel: (U) Tragbild, von lat. ferculum = Trage

Gazze: (U) Schöpflöffel, von ital. cazza = Pfanne, Kelle

Golter: (U) gesteppte Bettdecke, von ital. coltre

Gottlegkeit: (O) ...als ob jemand sagen wollte, von. lat. quod aliquid dicat = was jemand sagen könnte

Gusta: (U) Lust, Gelust, Verlangen nach etwas, von lat. gustus bzw. ital. gusto = Geschmack

Kalfakter: (U) Schlingel, alter Schulausdruck für Schüler, die strafweise zum Einheizen, Reinigen usw. bestimmt waren, von lat. cale-factor = Warmmacher

kamod: (U) bequem, leutselig, gemütlich, von lat. commodus = geeignet, brauchbar

Kapare: (O) Handgeld, ital. caparra

Karafindl: (U) Tischgerät mit Essig- und Ölbehälter, von ital. caraffina = Fläschchen

karassieren: (U) verliebt tun, von franz. caresser = liebkosen

Karmenadl: (U) gebackenes Kalbfleisch, von ital. carbonata = auf Rost gebratenes Fleisch

Karreh: (U) „in einem Karreh" = in einem Lauf, von ital. cavvo = Fuhrwerk, Wagen

karwatschen: (U) verhauen, verprügeln, von franz. cravache = Peitsche

Kaser: (U) Almhütte, von ital. casa = Haus

Katzlmacher: (U) Pfannenflicker, Schimpfwort für Italiener, von ital. cazza = Pfanne

Kawis: (U) Krautkopf, von lat. caput = Kopf

Keit: (S) Ruhe – „Laß mih in Keit!" = Laß mich in Ruhe, von lat. quies, quietis = Ruhe

Kor: (U) Gesindel, von franz. corps

kujonieren: (U) quälen, peinigen, von Kujon = Schuft, franz. couillon

laut: (U) klar, rein – der Mond scheint laut, die Blume schmeckt laut, von lat. lautus = prächtig, glänzend, kräftig

Lawinett: (U) früher eine Art Kegelspiel, von franz. la fenêtre = Fenster

laxieren: (U) Durchfall haben, von lat. laxare, öffnen

len: (O) weich, von lat. lenis = weich – „Eier len siadn" = Eier weichkochen

Loschie: (U) Wohnung, Übernachtungsmöglichkeit, von frz. logis

loschieren: (U) wohnen

maggen: (U) drücken, von ital. maccare = quetschen

Marend: Nachmittagsjause, Vesperbrot, von ital. merenda

Mariaschen: (U) Kartenspiel, von franz. mariage = Heirat

Merde: (O) Dreck, Kot, Schlamm, von ital. merda

mortialisch: (U) kriegerisch, herausfordernd, vom römischen Kriegsgott Mars

Öb: (U) Mutterschaf, von lat. ovis = Schaf

Ombrell: Regen- oder Sonnenschirm, von ital. ombrello = Schattenspender

Panadlsuppe: (U) Brotsuppe, ital. panata

panieren: einbröseln (z. B. Schnitzel), von lat. panis = Brot

Paraplü: Regenschirm, franz. paraplui

Parasol: Regenschirm, von ital. parasole = Sonnenschirm

Paura: (O) Furcht, Angst – „I han kua Paura." = Ich habe keine Angst. Von ital. paura = Furcht

Pize: (O) Pfütze, Wasserlache, von lat. puteus = Brunnen, Wasseransammlung

Pois: eine Weile, Pause, Zeitweile, von lat. pausa = Abstand

Prattik: Hauskalender, von franz. pratique bzw. ital. pratica
= Gebrauch

pressieren: eilen, von franz. se presser = sich beeilen

pulli, pulli, pulli: Hennenlockruf, von lat. pullus = Hühnchen, bzw.
franz. poule = Huhn

Pulte: (O) alte Oberinntaler Speise aus Maismehl, von lat. puls,
pultis = Brei

Qua(r)tier: Unterkunft, Wohnung, von ital. quartiere

quiere: (O) jammern, stöhnen, von lat. queror = klagen

Rakaun: (O) Werkzeug zum Zerkleinern von Ästen, von ital.
roncare = ausreißen

rar: selten, ungewöhnlich, von lat. rarus

res(ch)onisch: (U) vernünftig, von franz. raison = Vernunft

rewellisch: (U) zornig, aufbegehrlich, von franz. rebelle und ital.
rebellis = aufrührerisch

Riepe: (O) steiniger Abhang, von lat. rupes = Fels, daher auch
der Ortsname Roppen

Rufelen: (O) Masern, von ital. rosolia = Masern

Se!: (O) Siehe da! – „Se! Da hasch es!" = Schau! Da hast du es!
(quasi: jetzt ist es passiert!) Von lat. ecce bzw. ital. ecco =
siehe da!

Sechter: (U) Melkeimer, von ital. secchia = Eimer

Sekten: (U) Launen, Besonderheiten, von lat. secta = Partei

Spagat: Bindfaden, von ital. spaghetto

Spale: (O) Schulter (der Tiere), von ital. spalla

Spazi: (U) Zwischenraum, von lat. spatium = Abstand

spekulieren: schauen, spekulieren, vermuten, von lat. speculari =
umherspähen

Spendasch(i): Geschenk

spendieren: schenken, einen ausgeben, von ital. spendere
= ausgeben

Spergamentln: „koane Spergamentln machn" = „keine Umstände
machen", von lat. spergimenta = Bewegungen des Priesters
mit dem Weihwedel

Spezi: Busenfreund, Freunderl, besonderer Freund, von lat.
specialis = besonders

Spezial: besserer Wein

stampern: (U) wegjagen, von ital. stampare = stoßen

Stanze: (O) Beine – „Tua deine Stanze weck!" – Gib deine Füße
weg! Von ital. stinco = Schienbein, Unterschenkel

Defreggerin

Star: altes Hohlmaß, von lat. sextarius

Stidanz: (U) Entfernung, Distanz, von lat. distantia = Abstand

Stipfel: (O) Pfahl, von lat. stipes

takt: (U) tüchtig, fleißig, strebsam, von lat. tango = sich rühren

tasig: schweigsam, auch: (gesundheitlich) angeschlagen, von lat. tacere = schweigen

traktieren: (U) quälen, freihalten, von lat. tractare = bearbeiten

tribulieren: überreden wollen, von ital. tribulare = plagen

Tschigg, Tschick: früher für Kautabak, heute für Zigarette, von ital. cica = Mundvoll

u'gaschiern: (U) engagieren, anstellen, in Dienst nehmen, franz. engager

wiff: schlau, flink, lebendig, von lat. vivus = lebendig

zappa: Hacke

Zappin, Zeppin: Holzknechtpickel, von lat. capio = fassen

Zuzzel: Sauger, Schnuller

zuzzeln: saugen, aussaugen, von ital. succhiare = saugen

Ein paar Beispiele

Der Tiroler Dichter Carl von Lutterotti hat 1854 erstmals „Gedichte im Tiroler Dialecte" herausgegeben. Ein paar Auszüge sollen zum Verständnis der verschiedenen Mundarträume beitragen.

Zillertal:

Ich gang amöel ge Zell dürchö
(Ich ging einmal nach Zell hinunter)
An Sünntach ain darch Früe.
(Am Sonntag in der Früh)
Dö warchn schoan viel Loite dö,
(Da waren schon viele Menschen dort)
Dachtmach woes thüen dön düe.
(Dachte mir, was tun denn die)

Innsbrucker Gegend:

Liabar Gott! s' hot olls sein Wintar,
(Lieber Gott! Jeder hat seinen Winter)
Neamats Langas s' gonzi Johr,
(Niemand Frühling das ganze Jahr)
Sein jo olli seine Kindar,
(Sind ja alle seine Kinder)
S' Leidn weard ban olli gor.
(Das Leiden hört bei allen auf)

Imst:

Söpp Ontonag! Sigst wia d' Heara,
(Josef Anton! Siehst du wie die Herren)
Wider toll spotziara gian,
(Wiederum stolz spazierengehen)
Olla Bötlar that mar weara,
(Alle Bettler würde man verwehren)
Wötta mar wia d' Heara thian.
(Wollten wir wie die Herren tun)

Außerfern:

In Wintar magst ausrasta gar,
(Im Winter kannst du ausrasten)
Do aff dar Ofa-Bank
(Dort auf der Ofenbank)
Wönnd duß münscht räggara s' ganza Jahr,
(Wenn du das ganze Jahr arbeiten mußt)
Nümm, müascht ja wöara krank.
(Dann mußt du ja krank werden)

Meraner Gegend:

Hexa Zoch, riaft in Zorn her
(Du dummer Kerl, ruft im Zorn her)
Der Totl, döns schiach verdroßn.
(Der Dumme, den es sehr verdrossen hat)
Darschlogn hon jo i n Bär,
(Erschlagen habe ja ich den Bären)
Du host n ley toadter gschoßn.
(Du hast ihn nur schon tot erschossen)

Abkürzungen

(A)	=	Außerfern	(S)	=	Südtirol
(B)	=	Brixental	(T)	=	Tuxertal
(L)	=	Lienz/Osttirol	(U)	=	Unterinntal
(M)	=	Mittleres Inntal	(W)	=	Wipptal
(O)	=	Oberinntal	(Z)	=	Zillertal

Ist nichts angegeben, gilt das Wort für den Großteil Tirols

Aussprache und Schreibweise

Bei der Schreibweise wird zur Gänze auf Sonderzeichen verzichtet, da dies nur zu Unübersichtlichkeit und Verwirrung führen würde. Wer sich für Lautschrift usw. interessiert sei auf die einschlägige Literatur verwiesen. Es wurde versucht, alle Wörter so zu schreiben, wie sie gesprochen werden. Handelt es sich um nicht darstellbare Zwischenlaute, so wird deren Aussprache annähernd dargestellt.

A

a: ach, wohl nicht – A gea! Ach geh; ah, Ausdruck der Befriedigung, z. B. beim Hinsetzen

a bois: kleine Zeit oder Strecke

a na!: Aber doch! Ausdruck des Staunens

a'farbn: abfärben

a'leib'm: ableben, sterben

abbringen: etwas abschaffen, außer Übung bringen

abdörren: dürr werden lassen, Holz trocknen

abessn: von einer Speise soviel essen, daß sie nicht mehr schmeckt

abetzen: abweiden

abfaim: Abfaum; Auswurf

abfurch: Grenzfurche

abgnaggn, abgnagken: das Genick brechen, umbringen

ablass: der kirchliche Ablaß, Buße

ablausen: jemandem das Geld abspielen; entlausen

ableichen: von jemandem etwas entlehnen

abluchsen: jemandem etwas abspähen

abnt: Abend

abort: Klo, WC, Toilette

abtschappieren: sich drücken, davonlaufen, franz. échapper

abzwacken: mit List abjagen

achagrissn: heruntergerissen, wie abgemalt, aus dem Gesicht geschnitten – Er is vu sein Vata achagrissn! Er ist seinem Vater wie aus dem Gesicht geschnitten!

achalkraut: Schafgarbe

ache: Bach

achetzn: seufzen, stöhnen – Er achetzt wia ban hiwean! Er stöhnt wie beim Sterben!

achling: siehe aschling

achtn: auf etwas achten, beachten, Ahd. ahton

ackern: umackern, hart arbeiten

adamsgabl: Daumen und Zeigefinger zum Speisen anfassen

adamsputz: vorstehender Schildknorpel des Kehlkopfs

adiam: ab und zu, manchmal – Adiam bin i dahoam! Ab und zu bin ich zuhause!

adl: Adelsstand

adruk: gerade noch, im äußersten, im letzten Augenblick; Er is im letztn adruk kemmen! – Er ist im letzten Augenblick gekommen!

aessn: abessen, so viel von einer Speise essen, daß man sie nicht mehr mag

aetzn: abweiden lassen

afall: Abfall, Müll, Überbleibsel

afarn: mit jemandem abfahren, jemanden sanft entmachten bzw. rauswerfen, mit dem Vieh von der Alm heimfahren

afeign: Milch entrahmen

aff: Affe, Idiot, Rausch – Er hat an Affn hoamzogn! Er ist betrunken nach Hause gekommen!

afiern: abführen, verhaften

afischn: ein Gewässer abfischen, fischleer machen

aft: dann, nachher, später

agarwetet: abgearbeitet, abgerackert, erschöpft (durch Arbeit)

agelzn: abprallen, abgleiten (Hacke, Gewehrkugel)

agfrearn: abfrieren

agnat: abgenäht

agreggn: absterben, verfallen

agschloapft: wenn der Rücken beim Rind absinkend ist

agschmach: widerwärtig, unsympathisch, blöd redend,

agsl: Schulter, Achsel

agstein: Bernstein, Ahd. agatstein

agwigst: verschlagen

agwinnen: gutes Neujahr wünschen, beim Spielen jemanden etwas abgewinnen

ahoarn: Ahorn

ahornen: Hörner verlieren

ai: Ei

aia: Eier

aid: Eid

aigl(e)n: blinzelnd schauen, schauen, äugeln

aimar: Eimer

ainsinn: Eigensinn

ainsinnig: eigensinnig

aisant: alle zusammen, gemeinsam

aitmudisch: altmodisch

akasn: Brautgeschenke zurückgeben

akemmen: abkommen, etwas verliert sich, etwas vergeht

akrat: genau – Akrat hun i 's troffn! Genau habe ich es getroffen!

alapplen: hinterhältig etwas abknöpfen, übertölpeln

alassn: erschöpfen, ermüden

alausn: ablausen, etwas völlig leeren (Obstbaum)

alber: Sagengestalt, Teufel in Vogelgestalt, feuriges Gespenst, Sternschnuppe

Alber(er): Umschreibung für Teufel

albm: siehe alm

a'leib'm: ableben, sterben

alengen: Baumstämme gleich lang abschneiden

alla wanti: (S) vorwärts! von Ital. allo avanti

alle bot (but): alle Augenblicke, bald, sogleich; „Er muaß alle bot da sein" = Er muß bald kommen

alle marsch: marsch, vorwärts! Franz. allez marcher

alle pud: immer wieder, alle Augenblicke, Franz. à tout bout

allerhailign: Allerheiligen

allerloa: allerlei

allersealn: Allerseelen

allgmoan: allgemein, im Allgemeinen

alm: immer; Weidegebiet im
Gebirge, Alm, Alpe

almraut: eine Edelrautenart

aloamig: schlapp, kraftlos

aloan: alleine, einsam

alpeltarisch: altertümlich

alpnant: alle zusammen, alle
miteinander

alste'n: lärmen

alt: Altstimme im Gesang

altelen: alt werden, Spuren des
Alterns zeigen, schwächlich
werden

altfrankisch: altmodisch

altor: Altar, teilweise auch für
Herrgottswinkel

altreis: Flicker, Schuhflicker

alwer: Zitterpappel, schwarze
Pappel

alzait: immer, jedesmal, allzeit

amachn: etwas vereinbaren,
einen Teig anmachen

amalett: Anhängsel, Franz.
amulette

amaln: kopieren, abmalen

amea(s)cht: früher, vorher –
Amea(s)cht was bessa! Früher war es besser

ammass(n): Ameise(n)

ammassnkinig: Ameisenkönig

amurgsn: umbringen, quälend
töten, auch: wenn ein Motor
abstirbt

anebnen: eben machen, einen
Hügel einebnen

anemmen: abnehmen, der
Mond nimmt ab, abmagern

angassen: jemanden anhetzen,
antreiben

anlernen: anleiten

anpak'n: wörtlich oder tatsäch-
lich jemanden angreifen

antlasstag: heute der Fronleichnamstag, früher der Gründonnerstag

aper: schneefrei, Lat. aperire =
sichtbar werden, apertus =
frei, offen

aperln: Beeren vom Geäst ab-
klauben, abbeeren

apfent: Advent

apfentsunntag: Adventsonntag

apfitschn: abflitzen, entwischen

apintn: abbinden, Fachwort der
Zimmerleute, wenn sie einen
Dachstuhl zur Probe aufstellen, um die Balken abzumes-
sen, früher auch für Widder
kastrieren

apiss: Schälschaden bei jungen
Bäumen durch Wild oder Vieh

aprennt: abgebrannt, kein Geld
mehr haben

aprinnen: abbrennen

apruch: kirchliches Fasten, Bau-
schutt nach Abbrecharbeiten

apsatz: Schuhabsatz

aptrit: Klo, WC, Toilette

arichtn: dressieren, abrichten

aroatn: abrechnen

asaite: Abseite, Schattenseite
eines Tales oder Waldes

asaumen: jemanden von etwas
abhalten, aufhalten, einem
hinderlich sein

aschiabm: jemanden abschie-
ben, sich davon machen

aschlagn: erschlagen, Vieh
   schlachten, abstechen
aschling: rückwärts – Er geaht
   aschling! Er geht rückwärts!
aschloch: Schimpfwort, Arsch-
   loch
aschmiern: bestechen, auch: mit
   Schlägen züchtigen
aschraufa: abschraubbares Gewehr, Abschraubstutzen
aschreckn: abschrecken, zu hei-
   ßes Getränk etwas kühlen
aschtig: wild, hart, wagemutig
asekkön: auf die Socken machen, verschwinden, abgehen
asiadn: abkochen, sieden, über-
   brühen, überschütten
asichtlach: absichtlich
assig: Appetit habend
astechn: abstechen, Vieh
   schlachten
astroafer: Türvorleger zum
   Abstreifen der Schuhe
atachtln: Ohrfeigen geben
ateatn: Ungeziefer töten
atrinnig: abtrünnig
au(f)redn: im Schlaf reden
au(f)riegln: auflockern
aufbarzen: gewaltsam hervor-
   ragen machen
aufbla'n: großtun, aufblähen
aufdekn: den Tisch decken
aufffarttag: Christi Himmel-
   fahrtstag
aufffesten: zum Festtag die
   Kirche zieren
aufmandln: trotzig wehren,
   gegen etwas auftreten
aufschnelln: emporschnellen,
   abwirtschaften

auf und auf läut'n: alle Glocken,
   von der kleinsten angefangen
   einzeln läuten
aufziachn: jemanden zum
   Besten haben bzw. halten
aug'nlückl: Augenlid
augnglasl: Brille
aus und eben: ganz ähnlich
   (z. B. Vater und Sohn)
ausdingen: ausbedingen
ausebnen: gleichmachen
ausegkelen: sorgfältig über-
   denken, genau berechnen
ausfatschen: Wickelband abnehmen
ausgeistern: sterben, den Geist
   aufgeben
auslassn: Butter oder Fett aus-
   schmelzen
ausläutn: zum letzten Mal, zum
   Grabe läuten
auslüft(e)n: ein Zimmer lüften,
   ein Tuch oder Bettzeug in
   die Luft hängen
auswalgn: Teig austreiben (mit
   Nudelholz), auskneten
auswartn: Kranke pflegen
auswoad(ne)n: Eingeweide her-
   ausnehmen
ausziachn: die Wohnung verlassen, entkleiden
auter: Euter
awagroamad: zweites Heu
awaisn: von der Musik abwei-
   sen, falsch singen oder spielen
awaus: fort, rasch hinaus
aweaschts: abwärts
awech: verkehrt, unrichtig,
   falsche Seite
awek: hinweg fort, weg

aweraut: Schafgarbe, Edelraute
awerglabn: Aberglaube
awerts: abwärts, hinunter
awurf: Abwurf

axt, axthab: Axt, Hacke, Ahd.
acchus = Axtstiel
azwakkn: etwas wegnehmen,
abknöpfen

B

Im Gegensatz zu anderen Dialektbüchern wird in diesem Buch
zwischen B und P unterschieden (soweit dies möglich ist), auch
wenn phonetisch gesehen kaum ein Unterschied besteht.

bachant: fahrender Schüler;
roher, ungesitteter Mensch;
von Lat. bachari

bacheln: urinieren (Kindersprache); auch „a bachele
machen"

bachen: geräucherte oder zum
Räuchern bestimmte Speck-
seite des Schweines

bachlienl: dummer, unbeholfener Mensch

bachn: backen

bachten: (S) sprechen, sich
unterreden

bachtig: (O) stolz, hochfahrend

bad: Bad, Kuranstalt

bader: Wundarzt

badiot: Bewohner von Abtei
(Badia)

badstub'n: worin der Flachs
geröstet wurde

baf'n: geifern, den Speichel
aus dem Mund fliessen lassen (wie Kinder), von Ital.
bava

baffn: rauchen (scherzhaft)

bagen: (S) keifen, murren,
greinen

bain, boan: Knochen, Bein

baindlkramer: magerer Mensch;
der Tod

bainfrisch: gesund und frisch

Bair, Boar: Bayer, Bewohner
von Bayern

baissen, boazen: beizen, mürbe
machen, pökeln; hetzen

baisslbeer: Preiselbeere

baiten, boatn: warten

baiz, boaz: Beize; drückende, un-
angenehme Lage; Blut (derb)

balbier'n, barbier'n: rasieren

bald, ball: bald; sobald, wann,
wenn – „Bald i kimm" =
Wenn ich komme

baldrian: Pflanze

balfen: überhängender Fels

balgen: herumziehen, übel
behandeln, sich raufen

balk(e)n: Balken, Fenster

bam, bom: Baum

bambeker: Specht

bamgart: Baumgarten, Obst-
anger

bamhakl: Art Hautübel; Frostbeulen; Specht

ban: bähen

band: Faßreif, Weidengerte zum Aufbinden der Reben

bandi: Bande, Musikband

bandteln: mit Bändern zu tun haben; kleinliche Intrigen anstiften

baner: (S) im Kartenspiel der Zehner

bangenet: Bajonett

banjakl: (S, L) Tod

bankazettl: Banknote

bankert, pongker: Schelte, gleichbedeutend mit Hurenkind

bankl: Bank

bann: Gebot und Verbot; Aufgebot; Gebiet; Botmäßigkeit

bannen: böse Geister durch Exorzismus bezwingen; auf solche Weise sie nötigen, Gestohlenes wiederzubringen; durch Zaubermittel schädlichen Tieren die Kraft zu schaden nehmen

bar: Bahre; entblößt

bar(r)n: Krippe, Futtertrog

barbl: Barbara

barga: (O) Halskrawatte

barm: (Z) Krippe, Futtertrog

bärntatzen: (Z) Wundklee (anthyllis vulneraria)

bart: Bart, das Kinn

barte: Beil

barzen: hervordrängen; „sich barzen" = sich brüsten

baschgeln, baschtln: kleine Arbeiten machen, schnitzeln, basteln usw.

basel: Base

baslguem: Basilikum

bass: besser, mehr

bassl: (S) kleine Feldrübe

bassl't: (S) welk

bastard, wastard: (O) Pflanzen ohne Frucht

battelt: (S) schmutzig, voll Kot

batz: weiche, klebrige Materie; Blut

batz(e)nhäusl: kleines Wirtshaus

batzen: in schmutzigen Dingen herumwühlen; beim Essen kleckern; mit dem Stock auf die flache Hand schlagen (frühere Schulstrafe); Münze; Klumpen von weicher, teigiger Materie

batzerei: unsaubere Arbeit, unsauber essen

batzet: klumpig, klebrig, teigig

bau'n, baud'n: bauen, Acker bebauen

baude, boade: (O) Leibschaden

bäurisch: ländlich, aus dem Bauernstand kommend, trachtig

bauschen: wulstartig ausdehnen

bauschn: jede Wulst, Geschwulst, lindes Kissen, zusammengelegte Leinwand oder Watte auf Wunden

bauvogl: Bachstelze

bax(l): (S) stattlicher, rüstiger Bursche; kleine, gedrungene Person

beamtnforelln: Knackwurst (scherzhaft)

bearig: nach dem Eber verlangend; toll – „Schifahrn is bearig" = Skifahren ist toll

beas, bös: böse, schlimm, untauglich

befflen: (U) geifern

beg, beig: ein der Bahre ähnliches Werkzeug zum Tragen von Holz, Dünger usw.

begern: fordern

begg'l: (U) Siechtum

begklen: kränkeln, aus angegriffener Lunge hüsteln, dahinsiechen

beheimer: Art Apfel (von „Böhme")

bei, beie: Biene

beichl: Beil

beicht(e)n: beichten; aber auch im Sinne die Beichte anhören

beidl, beutl: Beutel, scherzhaft für Penis bzw. Hodensack

beiss(e)n: beißen, „An einer Sache zu beißen haben" = große Mühe damit haben

beißwurm: jede Natter und Viper, auch Kreuzotter

beiten, boatn: warten; „Boat a bissl" = Warte ein Weilchen

beitln, beuteln: schütteln, rütteln

bek: Bäcker

beken: (U) sauer werden; hüsteln

bekez'n: winseln, wimmern

beleg, bleg, blech: Unterlage zu den Enden eines Kleidungsstückes

belfern: bellen; knurren, immerfort zanken

bell, pöll: Auswuchs, Geschwulst an der Ferse

benedizieren: kirchlich segnen

benn', bendl: Korb, Wagenkorb, Sitz auf dem Schlitten

benzen: drängen, durch Bitten lästig fallen

ber, bear: Bär, Eber

berchta: Sagengestalt, Frau Holle, Perchte

berg: Berg, das Gebirge

bergl: Hügel; Weihnachtskrippe

bergspectiv: Fernrohr

bern: Fischernetz

berner: altes Geld

Bertl: Lambert

bes(e)n: Besen, Attribut der Hexen; scherzhaft für häßliche Frau

besser: meist im Sinne von mehr gebraucht

best: Preis beim Scheibenschießen, Kegeln usw.

besti: Tier

bet('n): der Rosenkranz

betläut(e)n: zum Angelus läuten (um 6 Uhr früh und 6 Uhr abends)

betn: beten

betnatz: Betschwester (verächtlich)

betsch, beatsch: männliches Schwein, von Ahd. pacho

bettbrunzer: Bettnässer (vulgär)

bettelleutvögler: (S) gröbstes Schimpfwort, das man früher im Eisacktal kannte

bettfetzer: Bettnässer; feiger, furchtsamer Mensch

bettlegerig: krank sein, im Bett bleiben müssen

b'hüetn: behüten

bichl, büchl: Hügel, Bühel

bichlig: hügelig

bicht(n), bürscht(n): Bürste

bidmen, biemen: beben, rütteln

bierbrui: Bräuer

bierzapfn: scherzhaft für Biersäufer

bies, biss: Biß, Gebiß

biesele: Huhn, Küken

biessen: weißer Mangold (beta cicla L.)

biest: erste Milch nach dem Kälbern

bieten: beim Kartenspiel quasi anbieten, daß jemand paßt oder aufgibt

bietzen: (O) flicken, ausbessern

bildstöckl: Marterl, Bildsäule

bilg-ai: Ei, das man im Nest zurückläßt

billen: bellen, brüllen

bilsling, bülstling: Löcherpilz

bimss(e)n, bimess'n: Binse, Schilfrohr

binggl: Beule; scherzhaft für gedrungene Person

binten: binden

binter: Faßbinder, Böttcher

bir': Birne

birchaug': Auge mit weißlichter Pupille

birg: Gebirge

birschl, bürschal: Bursche, meist im Zorn usw. gebraucht; „Dös Birschal pack i ma" = Diesen Burschen fasse ich mir

bis: bis auf, bis an

bis stadl: sei still!

bischgotn: Biskuit, Biskotten

bischtn, bürschtn: bürsten, ausbürsten, reinigen, glänzend machen

bisen: mit dem Schneebesen einrühren

bissl, bissele: wenig, ein Bißchen, kleine Menge; „Gib ma a bissl Kaffee" = Gib mir ein wenig Kaffee; „Koa bissal" = nicht das Geringste

bitrich, bütterich: Gefäß aus Holz, kleines Fäßchen

bittn, bitten: bitten; „Alle bittfürüns" = alle Augenblicke

bitzeln: jucken, brennen; kitzeln

bitzl: wenig, kaum

bizent, bizet: enger Weg zwischen zwei Zäunen, Hecken oder Mauern

blach(n), bloch(n): Plache, große Decke, Plane

blaich, bloach: bleich, kreideweiß, krankhaftes Aussehen

blaike: (U) Erdabsitzung, Muhre, Erdrutsch

bla'n: blähen, aufdunsen

blangen: sehnsüchtig verlangen

blangig: lüstern, naschhaft

blangige Eva: scherzhaft für naschhafte, neugierige Frau

blasche: (O) jede Hülsenfrucht, besonders die große Bohne

blasengel: fettes, aufgedunsenes Kind

Blasig: Blasius

blass: weißer Fleck an der Stirn von Tieren

blast: Blähung, Sturmwind

blater, bloder: Blase, Ausschlag

blatermasig: pockennarbig

blatt(l): Blatt eines Buches, einer Pflanze, kleiner flacher Teller, die Spielkarte

blattlen: blättrig schneiden; scherzhaft für versohlen

blattlen: Mehlspeise aus Kartoffeln und Mehl, im Fett herausgebacken, mit Sauerkraut gefüllt bzw. gegessen

blauge: (Z) schüchtern, furchtsam

blaw: blau; scherzhaft am Tag nach einer Zecherei (blauer Montag); „Blaw machn" = nicht arbeiten, zu Hause bleiben

blaws aug: Veilchen nach Raufhandel

blech: scherzhaft für Geld

blechn: scherzhaft für bezahlen, zahlen

bleffen: weinen

blekarsch: Mehlschwalbe

bleken: blitzen, sehen lassen, entblößen

blekern, blegkazn: blöken, heulen

blekezn, blenkezn, blekern: blitzen, wetterleuchten

blekfüesset: barfuß, mit bloßen Füßen gehen

blesche: Schlag, Verwundung, Kratzer, Wunde

bleschen, plöschen: schlagen, daß es schallt

blessen: (U) muhen (Kühe); plärren

bletsch(n): großes breites Blatt (Pflanzen), scherzhaft für große Zunge oder untere Mundpartie; „Die bletschn abahänga" = mißmutig oder traurig dreinschauen

bliatn, blüeten: bluten

blindfink: Kurzsichtiger

blitzblaw: Verstärkung von blau

blitzen, blitzgen, blikizen: blitzen; scherzhaft auch wenn man ein Trinkgelage hat

blorfen: (S) in schlotternden Schuhen einhergehen; laut weinen, von Lat. plorare

bloscha: (A) aufgedunsenes Gesicht

bloss, bloass: bloß, lauter, nur

bluat, bluet: Blut; „heiliger bluetstag" = Fronleichnamstag

bluatschink: (A) Sagengestalt, bekanntes Tiroler Musikduo

blue, blüe: Blüte, Blütezeit

blüedlweiß: reinweiß, ganz weiß

blüeml: Blümchen

blüen, blüedn: blühen

bluien: bläuen, schlagen, früher für nasse Wäsche klopfen

blunz(e)n: Blutwurst; aufgedunsene, plumpe Person

blunzet: dick, plump

blutt: bloß, geldlos

bluttern: (S) im Wasser plätschern; den Wein mit Wasser vermengen; aufwallen, brodeln

bluttnaket: ganz nackt

bluz'n: (L, S) aufgedunsene Wange

bnaferle: Geifertuch der Kinder

boa'l, boandl: Fisole oder Erbse

boan, boandl: Bein, Knochen

boan, bone: Bohne

boarkirch': Empore in der Kirche

boasn: heftig klagen
Boaz'n, Boz'n: Stadt Bozen, Landeshauptstadt von Südtirol
bod(e)n: Boden, Ebene, Talsohle
bodenwein: Wein, der in der Ebene wächst
bodern: (L) dumpf rollen, krachen
bög(e)ln: bügeln, glätten
bogen: Treiben des Wildes (Jägersprache)
bögl: (U) Nachteule
bögleis(e)n: Bügeleisen
boi: Fußfessel
boien: binden, fesseln
bois(e): ein wenig
boisnweis: (U) von Zeit zu Zeit, zeitweise, truppweise
böitl: (L) Band, Litze
bok: Bock, Fehler, nicht stechbares Blatt beim Kartenspiel, Holz- oder Eisengestell bei Bauarbeiten (Schragen); in Zusammensetzungen heißt bok soviel wie hartnäckig oder fest: bokstarr, bokboanig usw.
boken: herumspringen, wie junge Böcke; nach dem Bock verlangen
bölendig: (A) jammerhaft, wehmütig
bollen: Kügelchen
böller: Mörser, Böller
böllern: knallen, krachen machen
bolz(n): Stütze, Stützbalken, Bolzen

bolzen: stützen
bor, boar: oberer Raum, Höhe
boren, boarn: bohren
borsten: aneinander grenzen
bosen, boassen: sich wegen eines Übels heftig äußern; zornig werden
bossen, boassen: schlagen, stoßen, klopfen
bössl: Bundstiefel
bot: Bote, Kurier
bottig, botting: Bottich, großes Holzgefäß
boxele: kleine geräucherte Hauswurst, Bockshörnchen, Frucht
bra: Augenbraue
brachen: einen Acker nach der Ernte wieder umpflügen
bracher, brachmonet: Juni
brachs, brax(e): großes Messer nach Art einer Hippe; Messer zum Kleinhacken von Ästchen oder Gesträuch
bracht: Lärm, besonders von vielem, lauten Reden
bracht'n, brachten: schwätzen, reden
brachter: Großsprecher, Prahlhans
brait, broat: breit
braiten: Dünger auf dem Feld ausbreiten, Mist anstreuen
braitwegerich: Blattwegerich
bram: Rand, Einfassung an Kleidern
brampei: Schnaps
brand: brennendes Holzscheit, glühende Kohle; Feuersbrunst, Brand, Feuer

branntwei: Schnaps

brantig, brantalan: nach Angebranntem riechen, schmekken; brenzelig; entzündet

brantsch: (L) Angebranntes bei Speisen

brat: das Fleisch ohne Knochen, das Fleischige

brater: Vorrichtung zum Braten; scherzhaft für schlechte Taschenuhr

bratig: fleischig ohne Sehnen und Knochenbratl: der Braten; (L) jedes Fleisch das auf den Tisch kommt

bratsch: Elle; breiter, unförmlicher Mund; dicke, unförmliche Weibsperson; von Ital. braccio

bratschen: Abfälle von Getreide, Obst, Bäumen usw.; von Lat. brace

bratschen: enthülsen

brauch: Gewohnheit, Sitte

breag'n, breankn, briangga: zum Weinen verzerrter Mund

breat'n: die Breite

breatl: kleines Brot

brecheln: den Flachs brechen

brefe: Amulett mit geweihten Sachen (wurde früher den Kindern umgehängt)

breglen, breagl(e)n: langsam sieden, zerrinnen machen; scherzhaft: um den heißen Brei herumreden, murren

brei(n): Brei, Mus

brem(m): Bremse

brem(m)ig: wenn viele Bremsen herumschwirren

bremmen, brimmen: surren, rauschen

bremseln: (U) bei leichtem Feuer rösten

brennen: Branntwein herstellen

brennig, brennla, inbrennle: eingebranntes Mehl, Mehlschwitze

brent': eine weite Suppenschüssel

brenz: (A) Branntwein

breseln: bröseln; die Brosamen wegfallen lassen

bresten: brechen

bretlhemmet: (L) Jacke

bretsch('n): Gesicht, Mund (verächtlich)

bretschen: (L) laut krachen, einen grellen Ton geben

brett: Brett, Laden, Leichenbrett

brettlhupfer: Bedienter

bretz(e)n, bretzl: Bretze (Gebäck)

brief: Urkunde; bemaltes oder unbemaltes Papier, Gemälde oder Stiche, Päckchen

brieftrager: heute Postbote; früher: hausierender Bilderhändler

briegken: (O) den Mund zum Weinen verzerren

briel, brül: Pfütze, Sumpf, von Ital. broglio

briemen: scherzen, spielen (Kinder)

briesche': (O) laut weinen

brietsch('n): Mund (verächtlich); finster, weinerlich aussehendes Gesicht

brimmen: surren, leise rauschen; brünstig sein (bei Schweinen); Buhlschaft treiben

bringhen, bringa: bringen, überbringen, Junges werfen (bei Kühen)

brinn: als Verstärkung vor vielen Wörtern, z. B. brinnrot (brennrot = vollkommen rot), brinngelb (ganz gelb), brinnhoaß (ganz heiß)

brinnen: in Brand stehen, angezündet sein, von Ahd. prinnan

brinte: (O) Talnebel; von Ital. brinata = Reif

brintschen, brinz(e)n: Angebranntes an Speisen (eßbar, sehr begehrt zum Essen)

britsch(e), brietsch(e): flaches Scheit zum Plattschlagen; überhaupt jedes Werkzeug, das klatschend auffällt; offene Ladefläche auf einem (Klein-)LKW

britscheln: (U) waschen, netzen; beim Waschen mit dem Wasser über das Becken hinausspritzen

brittl: Brettchen

brodlen, broglen: sich rühmen, prahlen; von Ital. brogliarsi = sich erheben

brodlerin: Name jener Almkuh, die allen anderen vorangeht und die größte Schelle (Glokke) trägt (Moar- oder Mairkuh, Robblerin)

broglar: Prahlhans

broken: Brocken, scherzhaft für gut genährten Menschen

broken: pflücken

broket: Blumenstrauß; gepflücktes grünes Laub zum Füttern oder Streuen

brökl: kleiner Brocken, scherzhaft für gut genährtes Kind

brosen, bresl: Brösel, Brosamen

brosen, brosmen: Brosamen, Krümel, Brösel

bross: zarter Sproß, Knospe

brost, brosch': Brosche, Stecknadel mit Zierat

brot, broad: Brot

broz('n): zweirädriger, niederer Karren

bruch: Gebrechen, die Bruchstelle; Sumpf, stehendes Gewässer; Einbruch (Diebstahl); gepflückter Baumzweig bei erfolgreicher Jagd (Jägersprache)

bruchhalfter: (U) Hosenträger

bruech: Beinkleid, Hosen

brueder: Bruder, Mitglied einer Bruderschaft

brües(l): Brustdrüse, das Brüstchen, weißes Fleisch an Lunge oder Hals (Küchensprache)

bruet: Brutzeit; Holzanflug im Wald

brufen: (S) kleine Schneeflokken werfen

brugk': Brücke; Lager aus Brettern am oder über dem Stubenofen

brui: der Bräuer

bruien, bruid'n: brauen

brummel, brummelbär: Person, die immer zankt und murrt

brummeln: brummen; murren, knurren

bründl: Brünnchen

brunn': Brunnen

brunst: Brand, Feuer (nicht von Menschenhand entstanden)

brunzen: urinieren (vulgär)

brusen, brusmen: Brosamen, Krümel, Brösel

brustfleck: Weste

brustig: Brustlatz; Mieder

b'scheissn: übers Ohr hauen, betrügen

bua, bue, bui: Knabe, Bub, Kind männlichen Geschlechts; jüngster Knecht, Geliebter; „Bua sein" = ledig, unverheiratet sein; oft als Interjektiv gebraucht, im Sinne von „Potz! Mensch!" – „Bua, dös war a Lebn" = Mensch, das wäre ein Leben!

bubenkraut: Fünffingerkraut, Stendelwurz

buchl, buchtl: Fackel (von Holzspänen); Pechfackel

büchs, büchsen: Büchse, Flinte

bucht(e)l: Germteiggebäck (Rohrnudel); scherzhaft für dicke Frau

buebnfattlerin: (S) Mädchen, das gern bei Buben ist

buebntratzer: Busenflor der Mädchen

buech: Buch

buchstab, bugstamm: Buchstabe

bueg: Gelenk, Schenkel

büegl: Schenkel der Vögel, Vorderschenkel kleinerer Tiere

buff: Stoß, Schlag; Freudenhaus

buffa, buffer: allgemein für Waffe, Messer

buffen: stossen, schlagen, besonders mit der Faust

bug(k)er: Schimpf auf mageres, altes Vieh, schlechte Pferde und Esel; auch auf Personen; (O) Klaubauf, Schreckgespenst für Kinder von Franz. bougre

buganz'n: (S) Frostbeulen, von Ital. buganze

buggl, bugkl: Rücken, Höcker, Hügel, Anhöhe

bugglat, bugkelt: höckerig, bucklig

bugglkraxn: auf dem Rücken tragen, Huckepack tragen

buggln, bugkln: schwer arbeiten

bugkenagk'n: auf dem Rücken tragen (Kindersprache)

bugstabiern: buchstabieren

buhin, buhizer: Uhu, Nachteule

buk(e)n: bücken und biegen, verneigen

bukerle: Verneigung, Kompliment

bulge: lederner Sack

bumbl: (S) Hornisse, von Lat. bombus

bün': Oberboden in Stuben und Scheunen

bün(e): Bühne, erhöhter Fußboden

bundl: rundes Geschirr

bünggl, büngkel: Bündel, zusammengebundene Masse

bungker, pungger: Gehilfe in Geschäften; Unterschlupf in Kriegszeit; Punker

bunzen: (U) Auswuchs; plumpe, runde Figur; kurze, dicke Person

bunzet: bauchig, rund, dick

buren, burr'n: in Unordnung bringen; Papier, Kleidung, Bett durch schonungslosen Gebrauch zerknittern, in Falten bringen

Burgl, Bürgal: Nothburga, bekannteste Tiroler Bauernheilige; Walburga

bürling, bürli': (O) Schober aus zehn zusammengestellten Korngarben

bursch: Bursche, Knabe, lediger Mann

bürschling, bürstling: kurzes Alpenheu

bürschpulver: Jagdpulver im Gegensatz zu Scheibenpulver (früher)

burz(e)ln: fallen, purzeln, stürzen

burzigaugeler: (Z) Frühlingssafran

busche: (O) Schneegestöber

buschn: Blumenstrauß, Zierstrauch

buschnschenk: Weinschenke, die mit einem Nadelbaumzweig geschmückt ist

buschzigagl, burzigagl: Purzelbaum

buschzigagln, burzigagln: Purzelbaum schlagen

buss(a)l, busserl: Kuss

buss(e)n: küssen; von Lat. basiare

butta, buda, butter: Butter

buttern: Butter machen, rühren (wie beim Buttern)

butz(e)n: reinigen, putzen; Bäume, Hecken beschneiden

butzele: Baby; kleiner, anmutiger Gegenstand

butzen: wegzuputzender Teil am Obst, Samengehäuse usw.; Übrigbleibsel bei Äpfel und Birnen; „Er hat'n mit butz und stingl g'fressn" = Er hat ihn vollkommen aufgegessen

butzer: Verweis, Rüge; Branntwein

butzig: (O) klein, winzig; herzig (Kind)

bu(u)r: (O) Bürde, Last

bux: Buchs (Strauch, Lat. buxus)

buxbamig: vom Buchsbaum; stark, fest, widerstandsfähig

C

In den Tiroler Mundarten wird kein C verwendet – siehe unter K!

D

dä , dä!: (U) Ausruf der Kinder beim Erblicken eines schönen Gegenstandes

da, dau, dada: da, hier, eben da

dab: taub, matt, abgemüdet, schlaff; von Lat. tabidus „A dabs weda" = ein regnerisches Wetter

dabe', daba: (L) mit Gesträuch bewachsener Fleck, steil angrenzend an einen Bach

daber mensch: stiller, dabei geistloser Mensch

dabernitze: (S, L) Sauerbeere

dach: Dach, Hausdach

dach(t)e, dacht(l), tacht(l): Dohle, Turmkrähe, Alpendohle

dachl: kleines Dach; „'s guldne Dachl" = das Goldene Dachl in der Innsbrucker Altstadt

dachschadn: Dachschaden; wenn jemand nicht richtig im Kopf ist, hat er einen „dachschadn"

dachseln: krummbeinig gehen (vom Dachs)

dachsen, daxen: (S) stehlen

dachsen, daxn: Fichten- und Tannenzweige bzw. überhaupt von Nadelholz

dacht: Docht

dacht(e)ln, tachtl'n: einen Schlag auf den Kopf versetzen; eine Ohrfeige geben

dachtl, tachtl: Schlag auf den Kopf, ins Gesicht, Ohrfeige

dädal: (U) schönes Ding; besonders kleines, glänzendes Metallbild

dahoam: zuhause

daien: saugen (Tiere)

daig, dasig: hiesig, von hier

dalfer: (O) Ohrfeige, Schlag auf den Kopf

dalfern: Worte schlecht aussprechen, unverständlich reden

dalggn, dalgken: Schmutzfleck, Klex, besonders auf Papier; teigige, klebrige Materie; ungeschickter Mensch

dalgken: kneten, in weichen Dingen herumarbeiten

dalgket: ungeschickt, talgig

damisch: betäubt, taumelnd; verrückt von Mhd. toum = Dunst

dammen: einem zusetzen, scharf zurechtweisen

dammern: klopfen, hämmern

dampf, dampes: Betrunkenheit, Rausch

dampfl: Vorteig für Germteiggebäck; Räuschchen

dangl: mit dem Dengelhammer oder auf dem Dengelstock hervorgebrachte Schärfe der Sense oder Sichel

dankbar: guten Willen erzeugend, nutzbringend sein

dankdergott!: Dankeschön!

dankschea: Dankeschön

dantes: Rechenpfennig oder Spielmarke, Jeton, von Lat. tantos

där, dear: (U) matt, abgeschlagen

daren: in Gegenständen, besonders flüssigen, tändeln, spielen

darkel: weiche, zusammengedrückte Masse, teigiger Brei

darpel: Mehlspeise, weiches Koch

daseln: sanft regnen

dasig: kleinlaut, still, gelassen, zahm, wetterfühlig, gesundheitlich angeschlagen

dasigen, dasing: zähmen, zum Schweigen bringen

datscheln: weich schlagen, scherzhafte Ohrfeige (liebevoll)

datschen: im Weichen tändeln, mit der Hand auf weiche Dinge tändelnd schlagen; Wolle durch die Hechel zausen

datscher, datschiesser: Schnellkügelchen zum Spielen

dattermandl: Erdsalamander, Molch (atra salamandra); alter, gebrechlicher bzw. zittriger Mann

dattern: zittern

daum, doam: Dampf, Qualm, Dunst

däumling: Daumenschraube; Daumschuh, Fingerhut

dax: Dachs

dechat, dechet: Dekan

decht(er), dechter(s)t: doch, dennoch, trotzdem

dechteln: einweichen (wie Wäsche)

dein: (U) gedeihen, wachsen, zunehmen

deitsch: deutsch; klar, verständlich; dem Volk gehörig

dek': Decke

deken: decken

deknen, deaknen, deaklen, dechteln: im Wasser anschwellen, befeuchten, einweichen

delfen: (S) lallen, unartikuliert reden

demmelen: nach dumpfiger, eingesperrter Luft riechen; schimmelig riechen

demmen: dämpfen, zähmen, dämmen

dempfen: schwitzen; warm im Bett liegen

dendlros: Alpenrose

denfter: (L) die erste Masse einer niederstürzenden Lawine

dengeln: eine Sense oder Sichel schärfen

dengg, denk, dengk: links, link, verkehrt, falsch; „A da denggn seit" = Auf der falschen Seite

denggaseit: links

denglmandl: Sagengestalt – Alpenkobold

denkn: denken

denne, dengen, dengerst: dennoch

depfen: (im Scherz) trinken, besonders wenig aber oft

der: Präfix meist für er oder zer gebraucht: derwuzln = zerknüllen; derschlagn = erschlagen

derf(e)n: dürfen; manchmal im Sinn von müssen: „Du derfst stad sein" = Du mußt still sein

derbreseln: zerbröseln; scherzhaft wenn einer einen Unfall hat

derfäulen: in Fäulnis bringen

derfind'n: entdecken, aufdekken, erdichten, empfinden

derfrear'n: erfrieren

dergratschen: erwischen, erhaschen, mit Mühe ausfindig machen

dergremmen: jemanden mißmutig, scheu machen

dergrinden: räudig werden

derkele, derggele: Zwerg (Sagengestalt)

derlattert: nicht fest, schlotternd, wankend

derlegen: Wild schießen, jemanden erliegen machen

derluchsen: erspähen

derlumpt: zerfetzt, zerrissen

derndreck: Lakritze

derp: dürr, trocken; „A derps Maul" = Mund ohne Feuchtigkeit

derpak'n: zustande kommen, vermögend sein, etwas zu tun

derstunken und derlogen: gänzlich unwahr sein

dertoobn: jemanden zornig machen

derwuzln: zusammenknüllen

dest'n: das in einem Reindl Gebackene; das Eingesottene von Früchten; das zu einem Quark Zusammengedrückte

detsch sein: erdrückt, tot sein

detsch: ungeschickte Person

deut(e)n: Gebärden machen, Anweisungen geben, deuten

deuter: Wink, Zeichen

dian, diern': Dienstmagd, Dirne

diandl, diendl, dien'l, dea'l, dianal: Mädchen, Geliebte, Tochter; auch für trachtenähnliches Kleid

diech: Dickbein, Schenkel

dienen, dünen: (S) widerhallen; Echo geben

diesl, düsel: Krankheit, Seuche

dik: dicht, gedrängt; dick, schwanger

diknen: dick machen oder dicht, überhaupt ergiebig sein

dill': Diele, dickes Brett

ding: Ding; häufig in die Rede eingeschoben zur Bezeichnung von Gegenständen, deren eigentlicher Name nicht gleich einfällt; auch für Vagina

dingen: festsetzen, bestimmen

dinster: düster, dämmerig

dinzeltag: Tag, an welchem eine Zunftgenossenschaft ihre feierliche Zusammenkunft hält und Angelegenheiten der Zunft bespricht; er schließt bzw. schloß mit Mahl und Tanz

dirkeln: (U) töten, umbringen; von Kelt. dirk = Dolch

dischkriern: vertraulich reden

dischkurs: Gespräch, Diskurs

diskel, dischkel, döschgk'l: einfältiger Mensch, Narr

disöl, farsöl: Fisole

dittrich: Nachschlüssel

doan: (Z) Frauenhaar, Tetrahit (galeopsis tetrahit L.)

doas, dos: ermüdendes Getöse, Lärm; langweiliges Gerede; langsamer, langweiliger Mensch

dober: (B) brav, gut

dodl, dotl: Blödsinniger, ungeschickter Mensch

doekzen: klopfen, hämmern

dogke: ungeschickte, alberne Weibsperson; kindisch geziertes Frauenzimmer; Spielpuppe

dogket, tagket: ungeschickt, albern

doib, duib, dieb, deub: Dieb

dokter: Arzt, Doktor

doktern: die Praxis als Arzt ausüben; selbst Medizin einnehmen

dolb'n, dolm, tolm: Kaulquappe (cottus, gobbio); ungeschickter, dummer Mensch

dolch, dollich: Dolchdole

dollfuess: Dickfuß, Fuß mit bleibender Geschwulst

dolzen: (S) schmerzen (vor allem bei Quetschungen)

doppeln: mit neuen Sohlen versehen, besohlen; würfeln

doppelt: zweifach; berauscht (scherzhaft)

doppl, duppl: Zweier im Würfelspiel

dörcher: herumziehendes Volk wie die Zigeuner

dorf, doarf: Dorf, Ortschaft, größerer Weiler

dorgkes, dorges: (U) Tölpel

dorn, doarn: Dorn, Dornstrauch

dörr: (S) Abteilung im Stadel zum Dörren und Trocknen; Hängebalken mit Brettern über dem Ofen

dörrsucht, dürrsucht: Schwindsucht

dorstig: (A) Donnerstag; „der gumpige dorstig" = Faschings-Donnerstag

doscht, dört('n), dött, det: dort, daselbst, damals; von Ahd. tharôt

dosen: schlummern, schlafen

dost(l): (L) unweltläufige Person, Tölpel; auch: Blödsinniger

dottern: (O) ahnen, im voraus fühlen, sich undeutlich erinnern; stottern

doz'n: kurzer, dicker Kreisel, der von den Kindern in schwirrende Bewegung gebracht wird; (U) kurzer, dicker Holzschuhnagel; kurzer, dicker Mensch

dra'dl, drandl: Vorrichtung zum Drehen bzw. Umdrehen; Winde im Sprechzimmer bestimmter Klöster; Spiel, bei dem man eine Kugel durch einen spindelartigen Gang herabrollen läßt; jedes Ding zum Umdrehen

dra(a)n, dranen: drehen

drachseln, draxln: drechseln

drak: Drache

dral: (S) einmalige Drehung, Dreher

drang: enge, gedrängt, fest an-
liegend

draschig: naß, weich (Boden)

draschlen, dratschl'n, dri-
aschl'n: schwätzen, plaudern,
besonders Unnützes reden

drass'l: (O) Gurgel, Kehle,
Schlund

drat, drot: Draht

dratschlerei: Geschwätz, üble
Nachrederei

draxler: Drechsler

drei: drei, im Dialekt wird meist
ein a vorangesetzt „a drei"

dreier(le): Groschen

dreifalter: (S) Schmetterling

dreiss'g: dreißig

dreit: (O) flach, eben

drek: Dreck, Kot; „Oan im
drek stecknlassn" = jemanden im Stich lassen; „Mit
drek und spek" = ganz und
gar, mit Haut und Haar

drekelen: nach Dreck riechen

drengen: drängen, nötigen,
zwingen

dreschen: dreschen (Korn),
schlagen, ohrfeigen, versohlen, prügeln

dri: in Zusammensetzungen
oft für drei: z. B. drifach
(dreifach)

driaschl'n: (U) hin und her reden

driascht: (U) Unfrieden stiften-
des Geplauder

drillen: (U) einen schlimm
behandeln, plagen

drillich: Einsatzanzug bei Feuer-
wehr, Rettung, Bundesheer
usw.

drischagken, drischakn: schlagen,
prügeln, quälen; vermutlich
von Ital. i tre sciacchi

drischl: Dreschflegel

drischübl, drischiebl: Türschwelle,
von Mhd. drischûvel

drisigen: (U) quälen, ermüden

drist: (S) aufgerichteter Haufen von Streu, Heu oder
Getreide

dritzig: dreifach

droi: drei Uhr; „Um a droi
gemma marendn" = Um drei
Uhr nachmittags jausnen wir

dros, drous: Hefe, Schaum der
gesottenen Butter

drostl, droastl: Drossel

dröwen: (S) drohen

drucken: drücken, lasten; auch:
hart arbeiten, mühsam zu-
stande bringen

druckwein: letzter, schlechtester
Wein

drüess'ln: einen beim Schlund,
Hals nehmen bzw. würgen

du: gewöhnliche Anredeform
der Tiroler, auch gegenüber
höhergestellten Personen;
teils auch in Vertretung von
man benutzt: „Wenn dei zu-
igl a bissl earli banond hast,
na' kimt der bach und ver-
tragter alls z'samm". = Wenn
man das Seinige ehrlich bei-
sammen hat, dann kommt
der Bach und zerstört alles

duam: (U) Daumen

dübl, düpel: Klotz, Zapfen zum
Einfügen; Behelfsmittel für
den besseren Halt von

Schrauben in der Wand; Beule, Geschwür (seltener)

duckmauser: den heimlichen
Schalk hinter den Ohren hat;
jemand der jeder Gefahr aus
dem Wege geht

dudeln: trinken; auf einem
Blasinstrument langweilig
blasen

dudlerei: langweilige Musik

duem, duime: Dom, große
Kirche

duk'n: sich niederdrücken,
bücken, beugen, schmiegen;
von Ahd. dûhjan

dükseln, düxeln: leise auf den
Zehen heranschleichen

dult: Jahrmarkt, Fest, Feier
(selten)

dumherr: Domherr

dumm: dumm, blöd, ungeschickt; stumpf, dumpf, betäubt, hörlos

dummen: düngen, dungen

dummian: Schelte auf einen
dummen Menschen

dümper, dimper: düster, dumpf
tönend

dumpf: vom Wasser selbst ge-
bildete Tiefe, Grube mit
stehendem Wasser

dümpfel, dümmel: Wassergrube,
Schlucht

dun, duhn: voll, berauscht

dunder: Donner

dundern, dondern: donnern

dunen: Daunen, Flaumfedern

dunst: feiner Schrot zum Vö-
gelschießen (Jägersprache)

dunsten: dünsten, leicht
schwitzen

dur(r), dier, dirr: dürr, mager,
getrocknet

durathe, durl: Dorothea; Benennung einer trunksüchtigen
Person

durch die bank: immerfort

durchaus: stets, unentwegt,
durchgehend

durchbringen: verschwenden

dürchel, dürchele, dürchling: (S) zerrissen, löchrig, fadenscheinig

dürchköll: siebartiger Löffel
zum Durchseihen

durre: dürrer Baum

durt, dursch: Trespe (bromus
secalinus)

dus('n), dos('n): Dose, Tabak-
dose, Steckdose

duseln: (U) züchtigen, schlagen, mit dem Begriff des
Betäubtmachens

düseln, döseln, deiseln: sanft
regnen

dusig, düsig, diesig: dämmerig,
still, matt, halb entschlum-
mert, leicht nebelig

dutsch: Eule

dutschen: schlummern, im Bett-
chen liegen (Kinder)

dutt'n: Zitze bei Tieren,
Brust und Penis (vulgär);
Schimpfbenennung für
Männer

duttln, duttlen: an der Brust oder
Zitze saugen

duzen, duchezn: dutzen, Du
sagen

E

*Alleine um die verschiedenen E-Laute in den Tiroler Mundarten
darstellen zu können bräuchte es an die zehn verschiedene Lautzeichen. Dieser Vokal ist in den verschiedenen Gegenden Tirols
mannigfacher Wandlungen ausgesetzt. Im Oberinntal zwischen
Telfs und Imst wird er beinahe wie A gesprochen (fald, gald). Im
Unterinntal wird die Flexion des Singular und Plural bei Adjekti-
ven hingegen gerne wie i gesprochen (kloani, scheani). Das mit-
telhochdeutsche ê (hochdeutsch eh oder ce) wird im Dialekt zu
ea, eo (klea, sea, zeach), welchen Laut auch folgendes R und L
hervorbringt (bear, meal). In diesem Buch wird E je nach Aussprache mit E, I, Ä oder Ö dargestellt (ös = ihr).*

e, ea, eh': Ehe, Heirat

e-e: ä-ä! Ausdruck des Ab-
scheuens und Ekels bei Kindern

ea: ehe; „ea-zeitn" = vor Zeiten

e(a)chtig: (O) gefällig, anmutig

ead: abgeschmackt, fade; „A
eada Mensch" = ein unsym-
pathischer, fader Mensch

ead: öde, schlecht, nicht gut;
„Mei is mia ead" = Ach, geht
es mir schlecht

ead, öd: öde, unangebaut,
verwildert, leer

eadem: ehedem, vormals,
vorher

e(a)las: (S) abgeschmackt,
ungesalzen

eank, renk: Wendung, Krüm-
mung; Umtrieb, listiger
Streich

earn, ehr(e)n: dem Hochzeits-
paar oder Primizianten Geld
geben

eaverl: Kosename für Eva

e(a)wig: ewig, immer, ohne
Pause, lange (zeitlich)

e(a)zeitn: (U) vor Zeiten

eb, öw('n): Mutterschaf; das
weibliche Lamm

ebam, eabam: Efeu

eben: eben, gerade (bei Zahlen), glatt

ebenweichtag: Neujahrstag

ebnachten: (S): Fest der Ver-
kündigung Mariens

ebne, ebnet: Landebene,
Talsohle

egen, egnen: eggen, mit der
Egge über den Acker oder
das Feld fahren

egerechs: Eidechse

egert, eagert: öder oder für
Weidezwecke ungepflügt
gelassener Grund

egg, eck: Ecke, das Eck;
länglicher Berggipfel, Berg-
vorsprung, Kante; beim
Kegelspiel der zuvorderst
stehende Kegel

eggoas: (A) Eidechse

egkelen: mit einem zanken, wortwechseln

egket, eggat: eckig; eigensinnig (selten)

egn, egg'n: Egge

ehrbar, erberl: schüchtern, schamhaft, züchtig

ei: im Unterinntal heißt dieser Ausdruck Nein, im Oberinntal drückt er hingegen eine Bejahung aus

ei'frischn: Blumen ins Wasser stellen

eich': Eiche

eicherl: Eichhörnchen

eichtel: eine kleine Weile

eidaxl: Eidechse

eiel(e)n, eiele machen: liebkosen

eifern: eifersüchtig sein

einblasign: kirchliche Zeremonie gegen Halsleiden am Blasiustag

einbroken: in einer Sache, dabei verlieren

eindosen, eindusen: einschlafen, einschlummern

eingraben: begraben

einmerken: ein Blatt im Buch durch umbiegen der Seite anmerken

einpappeln: Kindern den Brei in den Mund streichen; jemanden pflegen, warm zudecken

eis(e)n: Eisen, Bande, Fesseln, Bügeleisen, Fußeisen

eis, ais: Eis

eisblater: erhöhte, besonders glatte eisige Stelle (meist wo Wasser über einen Weg rinnt)

eisgall'n: (U) Stelle, an der sich Eis bildet

eisschiel'n: Eisscholle

eiszag(k)el: Eiszapfen, herabhängendes Eis

eitel: eitel; bloß, nur; blöd, schwach im Magen; „Mir is eitel" = Mir ist nicht gut im Magen

elbschaf: Schaf mit gelblicher Farbe

elf, oa'lf, oandlf, uandlf, eilf: elf

ell'n, ell': Elle, von Lat. ulna

elle, ella: (U) hurtig, geschwind

ellendig: erbärmlich, elendig

els, öls: (Z) Unrat, Kehricht; Gras, Streu

ellet: (S) sehr, außerordentlich

ellet: elend, jammervoll, krank

ellet, öllet: Elend, Jammerzustand

elsbeth: Elisabeth

elsenba(u)m: Traubenkirschenbaum (prunus padus L.)

emer, emper: Eimer, Gefäß für Flüssigkeiten überhaupt, Faß; von Lat. amphora

ench, enk, önk: euch

end', ent: Ende, Ort, Lebensende

endtl: Rest von einem Stück Stoff, Band usw.

engel: (Z) Narzisse

engel des herrn: das Ave Maria (Gebet)

engel, engl: Engel; verstorbenes Kind, braves Kind, von Lat. angelus

engelamt: Rorate in der Adventzeit (Frühmesse)

engelsteinl: Frühlingssafran, gemeiner Schwertl

engerling: Raupe des Maikäfers
unter der Erde

engl, engei: Engelbert, Engel-
hart

englischer gruaß: Ave Maria
(Gebet)

enichl, änichl: Enkel(in)

enk(e)l: Knöchel am Fuß

enker, encher: euer

ent, ent'n: drüben, jenseits

entabei: jenseits

enterhalb, d'renten: jenseits,
drüben

entivi, antivi: Endiviensalat

entriger: jemand von drüben

enzala: Schnaps aus Enzian-
wurzeln

epper: jemand, irgendeiner

eppes: etwas

er, ear: Ehre, Verehrung,
Ansehen, Ruhm

erchtag, erchti, erti: Dienstag
(Donnerstag)

erd'n, ea(r)n: Erde; „Auf die
ean stelln" = auf den Boden
stellen

erdepfl: Kartoffel

erdepflpatz: Kartoffelpürree

erdhammerl: (U) Holzwurm,
der wie eine Uhr häm-
mert

erdpied'n: Erdbeben

erdra, erdre, erdrich: Grund und
Boden, Erdreich

erken: (U) scheu, schüchtern
sein etwas zu nehmen

erla, erle, erlich: ehrlich; ziemlich, sehr

erntag: Ehrentag (Hochzeit,
Primiz, runder Geburtstag)

erper, erpe', erdber: Erdbeere

erpfig, erpfen: (S) erdfarbig

erst, earst, eascht: erst

es, ös: ihr

esch(e)n: Esche (fraxinus
excelsior L.)

eschak, easchok: (U) Sack,
Tasche (in Kleidern)

espele, öspoele: Mispel
(mespilus germanica L.)

ess'n: essen

ess, öss: Esse; offene Feuer-
stelle auf der Alm

est, öst: Nest, Lager, scherzhaft für Bett

estrich: früher: Lehmdecke auf
dem Boden über einer Stube
und der Raum zwischen diesem Boden und dem Dach;
heute: zweite Betonlage

et, it, öt: nicht

etliche, öttliche, öttlane, öttle: einige, manche

Etsch: Fluß in Südtirol, von
Lat. Athesis

etschländer: Bewohner des
Etschlandes; Südtiroler Wein-
gattung

ett, ött: Füllwort für: doch,
denn, etwa, doch wohl, halt

etter: der durchflochtene Zaun

etzen: das Vieh weiden

eva, eaverl: Bezeichnung für einen naschhaften Menschen,
Kosename Evelyne

ewigs liacht: Ewiges Licht in
der Kirche vorm Altar

extra: besonderes, extra

F

F wird teilweise für B verwendet. Dies zeigt sich beispielsweise in knofl (Knoblauch, zwiefl (Zwiebel), schraufn (Schrauben) usw. In vielen Wörtern findet sich ein Übergang von F auf ch: fuchzen (fünfzehn), fuchzg (fünfzig). Im Auslaut fällt F oft weg: au(f), drau(f). Eine scharfe Aussprache des F findet sich beispielsweise in harpf, scharpf, schlaipfn, ein verkapptes F in teigl, teixl, teikert usw. für Teufel.

fab'lhannes: lustiger Spaßmacher, Plauderer; von Lat. fabulo

fabes-, fobes-, foibespletzen: Blätter des Alpenampfers

fabritt('n): Fabrik

fabrittler: Fabriksarbeiter

fachen: fangen

facher, fachzand: hervorstehender Eckzahn

fachtag: Glückstag

fa(c)k: Schwein, Ferkel; unsauberer Mensch

fa(c)klsau: trächtige Sau

fad(e)n: Faden

faig: feig; böse (selten)

faim, foam: Schaum

faisch, foasch: Blut, Schweiß (in der Jägersprache)

faist, foast: feist, fett, stämmig, gut gebaut

fakeler: unreiner oder unsittlicher Mensch

fakisch: schweinisch, unsauber (redend)

faklen: ferkeln, Junge werfen

fal: fehl, irr(e), falsch; „Dös is fal" = Das ist gefehlt

fal, fail, foal: feil

falb, falch, falwild: der Steinbock

falch(et), fahl: von weißlicher Farbe

fald, feld: Feld

falen: fehlen

falk: Benennung für ein altes Geschütz, das 75 Pfund Eisen schoß

fäll', föll': Deckel, Falltüre; Öffnung, wodurch man in den oberen oder unteren Raum gelangt

fällen, fellen: zu Fall bringen; im Ringen zu Boden bringen

falsch: falsch; unwillig, böse; links, verkehrt; „Falsch anlegen" = das Kleid verkehrt anziehen

falset: Hochstimme

falt'n: Falte

faltl, faltele: Fältchen

faltln: in kleine Falten legen, falten, zusammenlegen

falzboden: Boden mit überfalzten Brettern

falzen: (A) mit Begierde nach etwas schauen und es zu erhalten streben

fan, fu', fo': Fahne; scherzhaft für Alkoholfahne, Rausch

fandl, fa'l: Fähnchen, Wimpel

fanellen: der Hänfling (fringilla cannabina)

fangga: (O) Sagengestalt, Hexe, Unholdin

fangken, fangkez'n: funkeln, leuchten

fangkerer: Rädelsführer, Anfänger

fangkern: (L) anfangen, veranlassen

fanzig: galant, sauber

farb' bekennen: eingestehen

farb': Farbe; Aussehen, äußere Form; Blatt im Kartenspiel

farbelen: ein gewisses Kartenspiel; ein Kinderspiel, bei dem Farben erraten werden müssen

farch(e): (O) Forelle

faren, far'n: fahren; gehen, ziehen, sich begeben

farfelsupp'n: Suppe mit zerriebenem Teig und Eiern

fart: Fahrt

fartl, faschtl: (Z, U) Heuballen zum am Rücken tragen

farzen: rösten, bähen

fa(r)sch, faschiert: kleingehacktes Fleisch für Fülle

fasching, fasnacht: Zeit von Dreikönig bis Aschermittwoch, Narrenzeit

faseln: (U) einzeln auflesen

fäsig: (A) selten, wenig, dünnstehend

fass: als Geschirr und altes Maß

fassen: fassen; beladen, belasten; bemalen

fasser, fassmaler: Anstreicher, hauptsächlich von Figuren und anderen Kunstgegenständen

fast: fast, beinahe; sehr, stark

fastiedi: Verdruß; Lärm, Unruhe

fatsch, fatsch'n: Wickelband, Verbandszeug, Maurerausdruck für Hilfe beim Verputzen einer Wand

fatscheln: (S) hinterbringen, aussagen, durch Gerede die Leute hintereinander bringen

fatschen: einwickeln, verbinden

faul: faul, träge, müde, matt, schläfrig

fäul'n: Faulheit, Fäulnis

faulber, faulischbeere: Faulbeere, daraus wird teurer Vogelbeerschnaps gebrannt

faunzen, fauz'n: jemandem Faustschläge ins Gesicht bzw. auf den Mund geben

fausen: Grillen, Einbildungen

fausten, fäust'n: mit Fäusten aufeinander einschlagen

fausthobel: gewisser kurzer, dicker Hobel

faustring: Stoßring, Schlagring

fazenett, fazenetl: Tuch, Taschentuch, Halstuch; von Ital. fazoletto

fea(r)sch'n, fersch: Ferse

feal, fell: Fell, Pelz; Haut; Häutchen auf dem Auge (Star); (A) aufgestossene Hautwunde

feanzen, fenzen: (L, S) einen foppen, auslachen

feart(n), fert: voriges Jahr

feartig, feaschtig: vom vorigen Jahr

feascht: (U) früher, damals, voriges Jahr

fechen: Sommersprossen im Gesicht

fechten: fechten, zanken, streiten

feder: Feder, Schwungfeder, Schweif des Wildes (Jägersprache; federartige Krone gewisser Pflanzen [Maisstengel] usw.)

fegeln: fideln; auf einem Saiteninstrument spielen (abschätzig)

fegkin: (U) Schelte auf eine liederliche Weibsperson

fegler: schlechter Violinspieler

fei'r: Ruhe, Arbeitsunterbrechung, Festlichkeit

fei'rab'nd: Feierabend, Arbeitsschluß

fei'rn: müßig sein, feiern

fei(n): (U) als ja gebraucht; „Gib fei acht" = Gib ja acht

fei(n): fein, angenehm, gefällig, warm (Witterung), gefällig; artig, liebevoll, angenehm im Umgang

feicht(e)n: Fichte

feichtes holz: Fichtenholz

feifalter: (S) Schmetterling

feind: gehässig, feindlich gesinnt

feir'n: (A) mit eiligen Schritten gehen

feirer: Faulenzer

feirte'schlund: Luftröhre

feirum: Feierabend; Ende, Garaus

feitl, feidl: Messer

fel, fechl, föle: (A) Mädchen

felber, feler: Weide

felgn: Felge

felsch(e)n: fälschen

felsch(e)n: Falschheit

fem: (S) Schmalz

fenda'n, fendern: (L) kaufen, verkaufen; von Lat. vendere

fendre: Fähnrich

fenich: Hirse, Fenchel

fensterluck: Fensterladen

fergeln: einem durch Bitten überlästig werden

fergeln an etwas: fegen, reiben, zu schaffen haben; „An oan fergeln" = Einem durch Bitten überlästig werden

ferggl, fergkl, ferkele: Gestell zum Tragen von Heiligenstatuen bei Prozessionen; diese Figuren selbst; Gestell um auf dem Kopf Heu zu tragen; von Lat. ferculum

fert, fört: (O) Heuballen zum am Rücken tragen

fertig, feschtig: fertig

fesch: (L) frisch, munter, gut aufgelegt

feschgen: (S) fegen, sich reiben, wie das Vieh an Baum oder Mauer; langsam tun, herumsuchen ohne recht zu arbeiten, nie mit etwas fertig werden

fesel(e): Balg, Hülse des Getreidekorns; „Kai fesele" = gar nichts, nicht im geringsten

fesen: Dinkelgetreide

fest(n)en: befestigen, bekräftigen

fest, fescht: fest; unverwundbar, kugelfest; als Verstärkung in Zusammensetzungen: „bamfest" = baumstark

festlgrub'n: (U) Aschengrube auf offenen Herden, wo früher die Glut und Asche bis zur nächsten Kochzeit aufbewahrt wurde

fetzalan: nach Urin riechen

fetzeln, fitzeln: in ganz kleine Teile trennen; mit dem Messer an einem Holzstück spielend schneiden; vom Papier kleine Stückchen abreißen

fetzen: Fetzen, abgerissenes Stück Tuch, Putzlappen, Lumpen, Kleidungsstück (verächtlich), Fahne, schlecht gekleidete Frau; scherzhaft für Rausch

fetzen: hauen, schneiden; urinieren

fetzer: kurzer Regenschauer

fetzkachl: Nachttopf; auch als Schimpfwort

fetzl, fetzele, fitzele: ein bißchen, ein klein wenig, kleiner weggeschnittener Teil

feuerstatt: Behausung

fex: Blödsinniger, Spaßvogel, Possenreißer

fexen: (Geld) eintreiben; einfechsen, in die Scheune bringen

fi(e)sch: Fisch; scherzhaft für schüchterne Person

fiassln, fuesslen: füßeln; jemandem den Fuß so hinstellen, daß er darüber fällt; im Gehen eilen

fick'n, ficken: mit der Rute einen kleinen Schlag geben; reiben, fegen; hin und her fahren, rasche Bewegungen hin und her machen; Geschlechtsverkehr (vulgär); (O) jucken, beißen

ficken, figken, figgn: gedörrte Birnen, Feigen, Äpfel (Stücke davon)

fickmühle: wenn man beim Mühlespiel immer eine Mühle öffnen und dabei die andere schließen kann

fiderig: Federn an sich habend

fidli: (A, O) der Hintere

fiedl: Geige, Fiedel; von Lat. fidicula

fiedlen, fiedln, fieglen: auf der Geige spielen, vor allem im lustigen Sinn (nicht Klassik)

fienz(e)n, fea'zn: zum Besten haben, spötteln

figgei: (U) eine Apfel- oder Birnenschnitze, Orangen- oder Mandarinenspalte

figken: (O) falsch spielen

figkeneisl: (M) kleines Ackerfeld

fillen: schinden (das Fell abziehen); geißeln, strafen

filz: Haarboden, Filz

filz(en): Moorgrund; unangebauter, wüster Ort

filzer: weiter Kamm, Filzkamm

filzlaus: Kopflaus; geiziger,

knausriger Mensch; (U) Tier-
fette

filznickel: Geizhals

fimmern, fimmeln: flimmern,
funkeln

finanzer, finanzeler: Finanzbeam-
ter, Finanzwächter

find(e)n: finden; „eppas findn"
= ironisch für stehlen,
mausen

findel: Fallhölzchen zum Mäu-
sefangen, kleine Falle

findig: erfinderisch, spitzfindig

finessen: Streiche, Ränke,
Launen

fingerle: Fingerring

fingerlen: heimlich nehmen,
mausen; masturbieren

finnig, pfinnig: geil, unlauter;
brünstig

finster, finstre: Dunkelheit,
Finsternis

fippern: zittern, sich schnell
bewegen

firbling: (S) abgefallene,
unreife Baumfrucht

firm: (S) Abwurf bei Tier-
geburten

firmen: Firmung spenden;
sanft auf die Wange schlagen, wie der Bischof bei der
Firmung; beschneiden
(Reben)

firmes: (T) Monstranz

firstel: (U) Last, die jemand
trägt

fiseln: enthülsen; mit dem Och-
senziemer schlagen, daher:
züchtigen, schlagen

fispern: stilles Geräusch mit
stillem Reden machen;
flüstern; von Ital. fischiare

fitzele: ein klein wenig

fitzeln: kleine Stücke wegschneiden oder wegreißen,
schnitzeln

flachel: flatterndes Kleidungsstück; Person mit nachlässig
losem Gewand

flachs: Flachs; blondes Haupt-
haar der Mädchen

flachsen, flaxen: Sehnen im gekochten oder gebratenen
Fleisch

flachsig, flaxig: sehnig, mit Sehnen durchzogen, zäh

flader, floder: Maser im Holz

flaggisch, flakisch: unsauber,
unflätig, schweinisch

flaisch: Fleisch

flakn: liegen, daliegen

flamm', flamme: Flamme;
scherzhaft für neue Lieb-
schaft

flandern: hin- und herbewegen

flang(k)ier(e)n: nachlässig
gehen, herumstreichen wie
in Lumpen; an der Seite von
jemandem gehen

flarren, pflarren, pflerren: etwas
Plattgedrücktes, Zer-
quetschtes; breiter Schmutz-
fleck; breites Stück Brot,
Fleisch; große Narbe im
Gesicht

flasch('n): Flasche, Schlag, Ohrfeige

flaschen: mit der flachen Hand
jemandem ins Gesicht schlagen, ihn ohrfeigen

flaschet: platt, flach gedrückt oder geschlagen

flatsch: Regenguß

flausen austreiben: dumme Gedanken austreiben

flausen: Launen, Grillen, Sonderlichkeiten

flax(e)n: stehlen, mitgehen lassen

fleach: Flöhe

fleass, fless: seicht, untief; eben, flach; eng, schmal

fleasser: Flößer, Ruderknecht

fleatz: (S) flach, eben; von Ahd. flaz

flechnen, fleachnen: flüchten

fleck: Fleck, Stück Zeuges

fleckat, flecket: mit Flecken, Mackeln versehen; schmutzig; von Ahd. flechot

flecken, flekn: Brett, Bohle

fledern: flattern

flekn legn: Boden legen

flenggn, flengkn: Fetzen, weghängendes Stück (auch bei Wunden)

flenschen: das Gesicht verzerren, mit verzogenem Mund weinen

flessen, flössen: fließend machen, fortspülen, wegschwemmen

fletsch(n), flettn: Blättchen, dünnes Schnittchen von Rüben

fletschen: breit schlagen (Eisen)

fletschn: breiter, unförmlicher Mund (verächtlich)

fletten: Schwingfeder

fletz: Grund, Boden

flicken: flicken, reparieren, schlagen (selten)

fliechen, fluachn: fluchen, fliegen

fliesen: verlieren

flingk: flink; hübsch, sauber

flingken: Flinte

flins: (S) feiner Sand am Bachufer

flins'n: Maulschelle, Ohrfeige

flinseln: flimmern, blinzeln

flinserle: Flitterchen, Flitter

flinsl: kleiner Ohrstecker

flitsch, flitsch'n: der Flügel, die Schwingfeder; Schössel des Rockes, der Arm; die Hülse der Maiskolben; Schelte auf Vagabundin, männernärrisches Weib

flitschen: flattern

flitterl, flotter, flutter(le): kleiner Flitter, Flinder; Schmetterling (Kindersprache)

flo(a)ch: Floh

flo(t)schet: (S) aufgedunsen, dickleibig

floach'n: Flöhe fangen

floder: (U) jäh abstürzendes Gewässer; das von Brunnenröhren abtröpfelnde Wasser

flodern: flattern, lodern

floig(n), fluig(n): Fliege

floignschiß: Fliegenscheiße, scherzhaft für Sommersprossen

floigntatsch: Fliegentatsche

floissen: (L) verlieren

floita: (O) nachlässig gekleidete Weibsperson

flona: die Hefe

Flor(l): Florian

floss, floass: Floß

flu(e)ch(e)n: fluchen

flucht: Fläche, die man an Gegenständen und Gebäuden obenhin übersieht (technischer Ausdruck für Tischler, Maurer, Zimmerleute); Richtung nach der Schnur

fluecher: Fluchwort, derjenige, der flucht

flüg: Flügel; Sturzbrett des Pfluges; weghängendes Stück Gewand, Rockschössel, Ärmel

flums'n: Ohrfeige, Maulschelle

flumsen: einen schlagen, besonders auf den Kopf

flunzen: (L) springen, hüpfen

fluttern: flattern, im Wind zittern

fluttl: (O) Tölpel, ungeschickter Mensch

fo(t)z, foz(e)n: Maul der Tiere, der Mund (verächtlich), Maulschelle, Ohrfeige

foalbiatn: feilbieten, anbieten

foche(n)z: zum Weihen bestimmtes Brot oder Gebäck (Ostern und Weihnachten); (U) jedes schlecht gebackene Brot

födara: (O) siehe feder

foi(e)r, fui(e)r: Feuer

föllax: Axt zum Baumfällen

fön: Südwind, Föhn; von Lat. favonius

foppen: necken, zum Besten haben; prahlen, sich brüsten, angeben

fopper: Prahlhans, Angeber

förch(en), forch(en): Föhre (pinus sylvestris L.)

förchen, forchen: von bzw. aus Föhrenholz

forcht: Furcht

forchthenn': furchtsamer Mensch

förchtig, gförchtig: furchtsam, scheu

forchtsam: furchtsam, furchtbar

forestier: (S) Fremder

formas, formes: Frühstück; Vormittagsjause zwischen dem Frühstück und Mittagessen

fornelle: der Bluthänfling

forss: Kraft, von ital. forza

foset, gfoset: mit wirren, krausen Federn, wie die Vögel wenn sie krank sind

fotzen: jemanden ohrfeigen, schlagen

fotzhob(e)l: Mundharmonika

fotzring: Schlagring

frack: jemand in herrischer Kleidung (verächtlich)

fragker: (S) Feigling, Memme

fraglen: kleine Fragen stellen

fragn: fragen

fraidig, froadig: zornig, unwillig; prahlerisch

frais, froas: krampfhafter Anfall, Epilepsie, Fallsucht

frangka, frankla: wirklich, in der Tat, ganz und gar, von Ital. franco

fransn: zerrissene, weghängende Teile an Kleidern, die losen Fäden

fransn: zerzausen

Franz, Franzei, Franzi, Franzl: Franziskus

franzos: Franzose, Bewohner

von Frankreich, zangenähnli-
ches Werkzeug

fras: Fraß, Vielesserei; das
Essen, schlechtes Essen,
gefräßiger Mensch

fratsch: (S) Mund (verächtlich)

fratschelweib: neugierige Frau

fratschen, fratschln: wiederholt
aus Neugierde fragen,
ausforschen

fratten: (S) leicht spalten (vom
Holz)

fratten: Splitter, kleine Späne

fratz: ungezogenes Kind; kindische Person überhaupt (verächtlich); häßliches Gesicht

fratzerei: kindische Handlungs-
weise

fratzisch, fratzet: ungezogen
kindisch

frauele: kleine Frau

frauenküelen: gewisse rote Käfer

frauenschüechl: Stiefmütter-
chen: (viola tricolor L.)

fräule: Fräulein

frear'n, frer'n, frören: frieren;
durch Kälte, Frost weh tun

fregl'n: betteln, dringend bitten

frei: sehr stark; überhaupt Ausdruck des Bekräftigens, Her-
vorhebens: „frei essn" = viel
essen; „frei arbeitn" = stark
arbeiten; „frei rearn" = unab-
lässig weinen

freie: freier Raum unterm
Himmel

freind, freund, frui(n)d,
froi(n)d: Freund; der Verwandte; gut gesinnter Mensch

freithof: Friedhof, Kirchhof

freli, froeli: fröhlich

fremd': die Fremde, Ausland,
fremdes Land

fremden, fremmen: leutscheu
sein (von Kindern), fremd tun

fress'n: fressen, tüchtig essen

fress('n): Mund, Gesicht
(verächtlich)

fried: Friede

Friedl: Fridolin(e), Friedrich

friedli': friedlich

friegelen: kleine geriebene
Teigmassen

frier'n: frieren

friesen: (U) frieren

frisch: frisch, munter, kühl
(Wetter)

frisch(l)ing: junges Schwein;
Lamm, Mutterschaf

frisch, frist: Sommerfrische,
Landlust der Städter zur
Sommerszeit; die Bozner
waren die ersten Sommer-
frischler am Ritten

fro, froa: froh, guter Laune,
glücklich über etwas

froewen: (O) freuen

froisen: (O) frieren

froschen: Frösche fangen

froschmaul: eine Art Blasebalg;
gewisse Pflanze

frucht: Frucht, Obst, Getreide

früchtl: böser Knabe, Schlitzohr

früe: (U) Uhr (alt)

früe, frue: früh, frühe

früeger: früher

früemess: Frühmesse, Morgen-
messe

fruetig: munter, lebhaft (besonders bei Tieren)

fruetla, fruetli, frueting: gleich, ohne Umstände, endlich

fruindschaft: Freundschaft; auch: Verwandtschaft

frümmen: bestellen

früstel: (U) Traglast

füass, fuess: Füße

fuchs, fux: Fuchs, rothaariges Tier; Person mit rotem Haar oder Bart; listiger Mensch

fuchsen, fuxn: necken, plagen; Zugvieh hart antreiben; heimlich entwenden, stehlen; wenn etwas nicht gelingt, dann „fuxt" es

fuchser: der Geizige

fuchset, fuxet: fuchsfarbig, rotbraun gefärbt; abgestorbene Zweige oder ganze Nadelbäume mit braunen Nadeln

fuchsteuflswild: besonders zornig

fucht(e)ln: nervös mit den Händen herumtändeln

fuchtig: unwillig, zornig

fuchtl: liederliches, herumflankierendes Weib

fuchzn, furzen, fuschz(e)n: einen fahren lassen

fud, fut: Vagina (ordinär); Schimpfwort; (T) der Hintern

fuder, füder(le): hinweg, fort, weg, vorwärts; von Ahd. furdir

fuegsam: (U) bequem, passend

fuer: Fuhre, Ladung; Benehmen, Aufführung (besonders die schlechte); Skandal

fueren: eine Sache handhaben

fuerle: behend, flink, geschickt

fuetrasch(i): Futter, Proviant

fuetter, fuatta: Futter

füettern: füttern

fufz'g, fuchz'g: fünfzig

fufzehn, fuchzehn: fünfzehn

fuir'n: feuern, Feuer geben, Feuer machen; blitzen; heftig losschlagen, schießen; jemanden entlassen, hinauswerfen; (A) eilfertig gehen

fuirabend: Feierabend

fuirig: feurig, glühend, brennend

fuirnöglen: (A) vom Prickeln der Fingernägel, wenn es sehr kalt ist

fümf, fünf: fünf

fund: Fund, Kniff, Ränke

fünferle: Fünf-Groschen-Stück

fungezen, funkez'n: funkeln, schimmern

fünkele: kleiner Funke; ein bißchen

funken: der Funke

für: für (zum Besten); gegen; „Dös kraut is guat für dia krankheit" = Diese Pflanze ist gut gegen diese Krankheit; anstatt, an der Stelle

für: vor, vorbei, vorüber

füreinanderbringen: in Ordnung bringen, schlichten

füress'n: Voressen, Vorspeise

furgl, furkl: Gabelzaun

fürhalten: jemandem etwas vorhalten; weiden, Vieh hüten

furi: Wut, Ausbruch des Zorns, zorniges Weib; von Lat. furia

furm: Aussehen, Anschein

fürpfand: Hypothek, Unterpfand

fürsich, fürschi', fürschling: vor sich hin, vorwärts

furt und furt: immerfort

furt, fu't: fort, weg!

türtig: Fürtuch, Schurz

fürübl haltn: für Übel halten

fürwitz: Neugierde

furz: Darmwind

fürzl: leiser Darmwind

fusel(e)n: klein und unleserlich schreiben

fuseln, fuslen: tändeln, Kleinliches treiben; langsam arbeiten; im Schreiben kleine, unleserliche Züge machen

fuselobst: schlechtes, kleines Obst

fuslwerch: schlechte, nachlässige Arbeit; zwecklos, geschäftiges Handeln

futschen: rutschen, gleiten

futtern: essen, füttern

futze, futze: (S) schnippische Abfertigung, die sich Kinder einander zurufen.

fuxteufelswild: sehr böse, zornig

G

G verschmilzt in Verbindung mit n zu einem nasalen Laut: preding (predigen), deining (deinigen), aber: lieg' n, sag' n, weil hier G noch zur Stammsilbe gehört. Im Unterinntal wird das anlautende G vor L oder N teilweise wie D gesprochen: dnue' (genug), dlei' (gleich) usw. Die Vorsilbe „ge" wird vor anlautendem h meist wie k gesprochen: kalten (gehalten), krecht (gerecht); vor r: kring (gering). Im Auslaut fällt g meist ab. Einige Dialekte (Unterinntal, Zillertal, Stubai) lieben hingegen anlautendes k, ch für g: wea' k (wenig), gnüek (genug) usw.

gab: Gabe, Almosen

gab(e)ln: mit aufgestreckten Fingern schwören; (U) verschiedene Bewegungen machen, besonders mit den Händen

gabel, gab'l: Gabel; hohe, schroffe Spitze

gabele: äußerster, gabelförmiger Schößling an den Reben; Zielvorrichtung am Gewehr

gabich, gabig, gabisch: verkehrt, ungeschickt, launig, eigensinnig, halbverrückt

gach, gachn: Eile, Hast

gach, galing: jäh, hastig, plötzlich, allmählich, schnell, nach und nach, rasch; „Er is gach gstorbn" = er ist rasch gestorben

gachen: eilen

gachwind(n): Schneegestöber, Sturmwind

gad'n, gaden: Gemach, Vorrats-

oder Speisekammer; Nebenraum in der Sennhütte zum Aufbewahren von Erzeugnissen

gadensalz: feineres Kochsalz

gader: Sehne, zäher Strang im Fleisch

gaf(f), gaf'n, gauf'n: die hohle Hand

gaffer: Kampfer; Schaulustiger

gagen, gaklen, goglen, gauglen: gestikulieren, besonders von Kindern, wenn sie mit den Füssen allerlei Bewegungen machen

gagg(e)n, gagk(e)n: koten, seine große Sache verrichten

gagge: (S) einfältig drolliges Weib

gaggelairn: kindisches Spiel treiben; seine Arbeit langsam verrichten

gaggele: Ei (Kindersprache); (L) Schneckenhaus; die leere Eierschale

gaggern, gagg'n: (S) widerwärtig schreien, wie die Henne (besonders von Kindern)

gaggez'n, gackez'n: stammeln, stottern

gaggezer: Bergfink

gagglwerch: wertlose Arbeit

gagkes: Kokos

gagl, gogl: Exkrement kleiner Tiere oder Kinder; Kotknollen; scherzweise für kleinen, zwergartigen Menschen, kleines Kind, kleine Figur

gagzen, gigzen: unartikulierte Töne hervorbringen

gahwinden: unter starkem Wind schneien

gaiffen, goaffen: auseinanderstehen (von Kleidern), nicht gut anliegen, Falten machen

gaiggern: (S) zweifeln, schwanken

gail, goal: geil, fade, abgeschmackt, unangenehm, süßlich

gailn, goal'n, goale: (S) Hund; närrischer, mutwilliger Mensch

gaimen, goamen, goanen, goamezen: gähnen, den Mund aufsperren

gaisel, goassl: Geisel, Peitsche

gaiss, goass: Geiß, Ziege; Weibchen der Gemse, des Rehs; dreifüßiges Gestell; eine Art Bergschlitten

gaisskitz: weibliche junge Ziege

gaissküechl: (Z) Bergweiderich

gaisstrauben: isländische Flechte

gaistaidigen: Fasnachtsspiel im Unterinntal (früher)

gal: (L) Dünger

gal(l): (U) schlüpfrig; gelb

galant: (O) sehr, viel; gut, günstig; hübsch, sauber

gall', gall'n: Galle, Bitteres; von Ahd. galla

gallen: hervorfließende Flüssigkeit

gallen: schallen

gallig: zornig, erbittert

galm: der laute Schall

galsier'n: mit Glasur überziehen

galster: (O) Elster

galt sein: trächtig sein (Kuh)

galt: trocken, keine Milch gebend; unfruchtbar (vom Milchvieh)

galtling: Benennung noch unfruchtbarer, keine Milch gebender Rinder

gambs, games: Gemse

gambsen: lustig hüpfen (wie eine Gemse)

gambsjakl: der Teufel (weil er sich den Jägern als Gemse mit goldenen Hörnern zeigt)

gamen, gamern: (U) das Haus hüten; auf die Kinder acht geben (babysitten)

gamp': lustige Dirne

gampe(r): (O) Platz in der Nähe der Alphütte, wo das Vieh in der Nacht eingesperrt wird

gampeln: scherzen, sich im Scherz herumbalgen

gampen, gampern: lustig springen, hüpfen

gamper: bequem, weich (von Kleidern)

gampig: scherzhaft; verliebt

gamskrickl, gamskrükl: Gemshorn

gan: Funke

gand, gann', ganne: Abhang mit Steingeröll

gandach: Masse übereinandergestürzter Steine

gandig: (S) steinig, rauh

gandl, ga'dl: teigartige Substanz, wie weicher Lehm

gandlen, ga'dlen: im Halbflüssigen (Kot, Brei usw.) herumrühren

gang, gank: Gang, Abtritt

gangeln: mit dem Stachel stechen

gängeln, gangeln: locken

gangge, gannggi: (O) lange, hochgewachsene Person

gangger(l), gangker, gangkerl: Teufel, Krampus, böser Geist; scherzhaft für aufgewecktes oder unartiges Kind

gangkelen: gehend hin und her schwanken

gangklen: (S) zu gehen anfangen, wie die Kinder

gangl: Biene, Wespe

gankl: (L) vermögend zu gehen

gans: Gans; kokettierendes Mädchen

gansen: kokettieren

ganser(er): Gänserich

ganslgel: hellgelb

ganster, glanster: Funke

ganstern: Feuerfunken; von Ahd. ganastra

gant: Verkauf an den Meistbietenden, Versteigerung; von Roman. inquantus

gante'le: (L) Kästchen, Schrank

gantelle: Gemeindewiese, die im Frühling den Schafen, im Herbst den Kühen zur Weide belassen wird

ganter: Unterlage für Fässer, Stände usw.; hölzernes Behältnis für Getreide

gantsch: (S) stolz, trotzig, wild

ganz: ganz; vor Materialsubstantiven, z. B. „Die ganze Milch ist verschüttet"; „Das ganze Geld"

gar: gar; sogar

garben: gärben, gerben

garbo: Ansehen, das man sich zu geben weiß; Mut, Entschlossenheit

gardi, gwardi: Sicherheitswache, Garde

garen: aus Garn gestrickt

garen: in einer Sache; darin herumstöbern, stechen, wühlen

garig: (U, B) langsam, bequem; ohne Umstände

garken, garggen, gargger: (S) Stange, woran man beim Vogelfang die Leimruten steckt

garklen, gorgg'ln: (S) ungeschickt zu Boden fallen

garn: Garn, Faden, Netz

garrez'n: knarren, ächzen, krächzen

garrez(e)n, gurrezen, gerrezn: knarren, wie eine nicht geschmierte Tür

garrezer: Ächzer, Stöhner; kleiner Schreier, Wiegenkind

gart': Gerte, Rute

gart'n: Garten

gartl: Gärtchen

garz': junges Rebschoß

gaschgern: (S) fortjagen, vertreiben

gass: Gasse

gass'nlaffen: die früher übliche militärische Züchtigung; etwas Hartes, Mühevolles unternehmen

gassele: (S) kleines, zweirädriges Wägelchen

gasslen, ins gassl gehn: fensterln

gast: Gast, der Fremde, der Besucher

gast: häßlicher Mensch (Schelte)

gaster: (L) dem Hoden beraubter Bock

gatell: (S) biegsam, weich, elastisch, wie Leder, wie eine Gerte usw.

gatter(n), gadern: Gatter, Gitter, Zauntor, Absperrung

gatz(en): Geschirr aus Metall zum Schöpfen von Flüssigkeiten

gatzen: ätzen, gätzen

gatzig: geschäftig, flink, geschwätzig (vorwiegend bei Mädchen)

gatzl: kleiner Schöpfer

gau'gke: (L) Teufel

gau'z: Mütze von Filz oder Leder, früher die übliche Kopfbedeckung der Unterinntalerinnen

gau, gäu: Gau, Land im Gegensatz zur Stadt oder zum Gebirge; „A's gau geahn" = Auf das Land gehen

gauder: Truthahn

gauderfest: Frühlingsfest am 1. Sonntag im Mai in Zell am Ziller

gaudi: lustige Unterhaltung

gauffe: (U) jedes der hohlen Hand ähnliche Gefäß

gauffeln: mit beiden eine Höhlung bildenden Händen schöpfen, nehmen

gaug(g)e: (Z) Durchfall

gaugken: schreien wie ein Esel, spotten

gaukeln, gau'gkeln: gaukeln

gauzen: kaunzen, bellen

gäuzl: Kätzchen

ge', gen: Richtung nach einem Ort: „Ge' Sprugk" = Nach Innsbruck

ge(a)rn: gern; leicht; ohne Mühe

geada, geadl, geadrat: Gertr(a)ud

geal, gel: gelb

gealsucht: Gelbsucht

geascht: Gerste

geaschtsupp: Gerstensuppe

geb'n: geben

gebes, göbes, göbse: altes, weites, niedriges Milchgeschirr aus Holz zum Abrahmen

gebhart: scherzhaft für jemanden, der ungern gibt

gebnacht, gemmacht, göbnacht: in einigen Gegenden des Oberinntals versteht man darunter Neujahr, ansonsten meist den Vorabend bzw. die Nacht zum Dreikönigstag (6. Jänner); von geben, weil zu dieser Zeit an arme Leute Gaben verteilt wurden

gedeas: Getöse

gefar, g'tar: Gefahr, Hinterlist, böse Absicht

gefert, gfert: Fuhrwerk zu Lande

geffe: Mund (pöbelhaft)

geg'n: gegen

gegagk: unangenehmes Geschrei

gege't: Gegend, Umgebung

gegkn: Possen machen, närrische Sachen tun

gehengen: gestatten

geig'n: geigen, prahlen, angeben

geigen, geig'n: Geige

geislitz: (S) Haferbrei

geist: Geist, Stolz, Selbstwertgefühl

geistern: spuken

geistig sein: stolz sein; munter, lebhaft (von Tieren)

geit: Geiz, Habgier; Lust, Begierde nach etwas

geitkrag(e)n: Geizkragen

gelass, g'lass: Benehmen, Haltung

gelbäuchl: Salamander

g(e)leich: gleich, egal, ähnlich, passend, geziemend, gebührlich

gelf: (S) glatt, schlüpfrig

gellen: schallen

gellern: Nüsse hintereinander fortkollern (Knabenspiel)

gelmen: (S) schreien, laut rufen

gelmezer: (S) Wehruf

gelsen, gelz'n: heulen, schreien

gelt!: Nicht wahr?

gelt, geld: Geld

gelten: entgelten, vergelten, bezahlen

geltsgott: Dankeschön (Vergelte es Gott)

gemach: Wohnung, Stube, Kammer

gemain, g'main, g'moan: gesamt, sämtlich, allen gemeinsam; herablassend, leutselig, populär

gemärbe, g'marw: (U) zerriebene, trockene Masse

gen, gian: gähren, aufgehen

gen, gian, gea: gehen

gen, gie, ge': gehn, im Sinne von also, ja, doch usw. wird es dort eingesetzt, wo der Redende ein zu schroffes Wort mildern will: „Gehn wir gen essn" = Gehen wir also essen; „Seid ge recht brav" = Seid also recht brav

genagk, g'nagg, g'nagk: Genick, Nacken, von Ahd. hnach

gener, giener: Geher

gengen, z'gengen: zergehen, schmelzen; „Die kerz z'gengt" = Die Kerze schmilzt

genlas: (U) Besuch einer Wöchnerin

genössl: (S, L) Vorderteil des weiblichen Wamses

genskragen: (O) Birnensorte in länglicher Form

gensschnaps: scherzhaft für Wasser

genueg, g'nua: genug

gepleff: fortwährendes Weinen und Stöhnen

gerb'n, ger'n: gähren

gerhab: Vormund

germ: Hefe

gernlos, gerndlos: Geschenk, welches im Unterinntal verwandte Frauen beim Besuch der Wöchnerin nach der Taufe des Kindes darbrachten

gerst('n): Gerste

gerstpalle: Gerstenspreu

ges, ges!: Lockruf für Ziegen

geschrott: Hodensack

gester: gestern

gestrig: von gestern; „gestrig sein" = die Folgen des Vortages (Arbeit, Trinken) verspüren

geuden, geudnen: (U) sich rühmen, prahlen

geusche, geuschn: (U) kleine Wohnung, Haus eines Kleinhäuslers

geuschler: Kleinhäusler

geuwen: (S) lüstern sein (besonders nach Speisen)

gewaid, g'woad: Eingeweide, Gedärme (in der Jägersprache)

g'fiarig, g'füerig: bequem, was sich leicht handhaben läßt

g'frag: oft wiederholende Fragerei

g'fras: der Fraß, das Fressen, Gemenge von Speisen, schlechtes Essen

g'fras(s)ig: gefrässig; auch: gut genährt ausschauend; „G'sund und g'fraßig sein" = in bester Verfassung sein

g'fri(e)s: Maul, Gesicht (verächtlich)

g'frier: das Gefrorensein, das Vereiste, das Gefrorene, die Gefrorenheit; Frost

gfrieser schneidn: das Gesicht verzerren, Grimassen

g'haiterer: (Z) der die Luft aufheiternde Westwind

g'halten, kalten: behalten, bewahren

g'hassig: widerlich, aufsässig, feind sein

g'häuss: Gehäuse (Uhr usw.)

g'hear, kear: Gehör; Musikverständnis

g'hearig: leichthörig

g'heng: Nachsicht, Nachgiebigkeit

g'hoam: geheim; traulich, vertraulich

g'hoass: Versprechen, Zusage

gienen, ginitzen: gähnen, den Mund aufreißen

gier: Lust, Begierde, Gier

gießen: bewässern, gießen, stark regnen; Tümpel, länglicher Teich, Kanal, Nebenrinnsal eines Flusses

gieter: (S) Hauptschlüssel, Dietrich

gift: Zorn, Groll

giftig machen: zornig, böse machen

giftla: Drogensüchtiger

Giftnickel: zanksüchtiger Mensch

gigger, gigker, giggeler: Hahn, Gockel

giggesgagges: Wiedehopf

gigidi: Ägidius

gigkeliera: (O) hoher, aber schmaler Körper; „O du himmlische giggelira!" = scherzhafter Ausruf des Staunens

gigkerigki: der Hahn (Kindersprache); Nachahmung seines Rufes

gigkez'n: unartikulierte Töne hervorbringen, stammeln

gigkgagk: Uhr (Kindersprache)

gigkin: (B) After der Henne; sehr beleidigendes Wort gegen Männer

gigl, gigal: (Z) Schaf

gigl, gügl: Füsse (im verächtlichen Sinn); „Die gigl aufreckn" = Die Beine in die Höhe strecken

gilg: Ägidius

gilg('n): Lilie

gilm: (S) Gelbsucht

gipf'l: Gipfel, Bergspitze, Wipfel, Baumwipfel

gipfl, kipfl: Kipferl, gebogenes Gebäck, an beiden Enden in zugespitzter Form

girig: gierig; toll, lustig; „A girigs Auto" = ein tolles Auto

girsten: von bzw. aus Gerste

gispel, gischp'l: unbesonnener, ungeschickter Mensch

gist, gischt, gescht: Geifer, Schaum

gitsch(e): Mädchen, unverheiratete Weibsperson

gitschenpfatler: einer, der sich gerne bei Mädchen aufhält

gitschfattler: männliches Kind, das sich gerne bei Mädchen aufhält

gitschlen: gerne mit Mädchen umgehen

gitzeln: kitzeln, jucken; den Lachkitzel erregen

glab: Glaube

glabi: glaub ich, wie ich meine

glabig, glabisch: gläubig

g'lachter: Gelächter

glagglen: sich langsam schlot-

ternd fortbewegen; hängen,
baumeln

glammer: Steingeschiebe, Stein-
lage

glanen: Preiselbeeren

glangkern, glanggln, glangkln: han-
gend schweben, hin und her
taumeln; trödeln, etwas langsam tun, nicht vorankommen

glanster: sprühender Funke

glara: (S) Schutt, Kies

glasl: Glas, Gläschen

glasmunter: (S) ganz munter
und wach

glast: Glanz, besonders des Eises und Schnees; Schimmer,
Bergfeuer

glatsch: Nässe des Bodens in
Folge der Schnee- oder Eis-
schmelze

glatt: glatt, rein, sauber, pur

glatz(n): Glatze, Kahlkopf

glatzet: kahlköpfig

glauch: (U) hell, glänzend

gleichgar, gleigger: beinahe, fast

gleif: Anhöhe

gleim: fest, dicht, knapp, eng-
verbunden; „Dös Brot is
gleim" = Dieses Brot ist fest
(zäh); genau, heikel, knause-
rig; nahe

gleir: Haselnuß

gleser: Gläser

glick: Glück

glid: Glied, Teil

glidmass: alle Teile des Körpers

glieben, gliebelen: (O) passen,
fügen, sich leicht schicken

gliebig, gliwig: weich, biegsam,
mild, nachgiebig

glifter: Gelichter

glimmig: (A) fertig, gar

glitsche, glütsche: (S) Stallabtei-
lung für das Kleinvieh

glitzen, glitzern, glitz′ln: glänzen,
schimmern, gleißen

glitzlhal: spiegelglatt

glogg, glogk(′n): Glocke; von
Ahd. glocka

glöggl, glögkl: Glöckchen

glosen, glosten: glimmen

glösgk: (L) Erschütterung mit
Krachen

glösken: (L) krachend erschüt-
tern

glotsch: (B) Geliebter

glotten: (S) einen bei den
Haaren reißen

glüenig: glühend; sehr heiß
(Suppe usw.)

gluf(′n): Stecknadel

glüfl: kleine Stecknadel

glufne: (O) atmen

glugkern: schreien (Henne,
bevor sie das Ei legt)

gluner, glunster: (U) Funken

glunggl: (U) kupferne Kuhschelle

glutschhenn′: Bruthenne, Gluck-
henne

g′mach: Hoden

gmaugkezn: schreien wie die
Katze

g′mergelt: dürr, trocken, mager

g′moa, g′mua: Gemeinde

gnagg, gnagk: Genick, Nacken

gnagk: (Z) Gesindel

gnapfezn, gnapsen: vorm Einschlafen den Kopf immerzu
sinken lassen

gnappen: nicken, besonders im Schlummer

gnapper: nickende Bewegung

gneatig: Eile habend, pressierend

gneider: (O) Gönner, Wohltäter

gneis(s)en, dergneis(s)en: wahrnehmen, merken, wittern

gneist: (U) kleingeschnittenes oder geschabtes Zeug

goamezer: Gähner

gockl, gogkl: Gockel, Hahn; der Teufel, Klaubauf

gockstille: (L) Mäusestille

god, godi, gotl: Patin, das Patenkind

goder: Gurgel, Schlund; die fleischige Haut unter dem Kinn

goff: Dummkopf; von Ital. goffo

gögern: (S) herumfuchteln

gogk', gogke: Spitze eines kleinen Geschwürs; kleine Beule, Auge einer Eiterung

gögl: (S) lustig, ausgelassen; eifrig, munter in Geschäften

goldfinger: scherzhaft für Ringfinger

goller: Halskragen von Leinen bei der Frauentracht im Sarntal und im oberen Etschland

göller: öfter vorkommender Bergname; von Lat. collis

golter, gulde', gulter: Bettdecke; von Lat. culcitra

gosch', gosch'n: Mund, Maul (verächtlich); Maulschelle; „Halt di goschn!" = Halt den Mund!

goschen: maulen, zanken, grobe Worte geben, widersprechen

göschl: Mündchen (zärtlich gemeint)

gosen: (S) tändeln, spielen (besonders unter Personen verschiedenen Geschlechts)

goss': (S) traubenverheerendes Insekt

goss', goss'n: Ausschüttkasten in der Mühle

got, göt: männlicher Pate, das Patenkind

gotlbrod: Brot, das die Patenkinder zu Ostern und zu Allerheiligen bekommen

gottlob: Gottseidank!

gottvater: Gottvater; scherzhaft für Löffel

göxen: (U) Lärm, Possen

gra'dl, grandl: bißchen, ein klein wenig; eigentlich: Härchen

grabbeln, grappelen: wimmeln

grabbeln, grappeln: greifen, tasten

grackele, fraggele, fraggei: Getränkemaß, halbes Seidel oder Achtel einer Maß

gradl: gewobenes Leinenzeug mit erhabenen Figuren, besonders Tischleinwand

g'raffl: unbrauchbarer Plunder, Gerümpel, unnützes Zeug

grafflwerch: wertlose Gerätschaften

gragge(le): (S) kleines, hübsches Mädchen, Kind

gragk!: Nachahmung des Kraches beim Zerbrechen eines spröden Dinges

gragke: Spinne

gragkeln, gragk'n: im Gehen krumme Beine machen, gehen (verächtlich); klettern

gragket, ergragket: (U) vor Kälte erstarrt, gefroren

gragoll: (O) Lärm, Krawall

gragollen: lärmen, schreien

graitlen, greatlen, groatlen: schwerfällig gehen, klettern

grall(ei): Kügelchen an der Perlenschnur, am Rosenkranz; Koralle; Bläschen auf einer Flüssigkeit (siedendes Wasser, Schnaps)

gramailen, gramaulen: (O) wiederkäuen

grameisch: Haufen, Gerümpel, Menge unordentlich zusammengeworfener Dinge

gramm(el): Flachsbreche; an einem Brett befestigtes Messer zum Brotschneiden, Tabakschneiden usw.; scherzhaft für das Gebiß; von Ital. gramola

grammeln: die Zähne hörbar übereinander reiben, knirschen, hörbar kauen; brechlen

gramp: Höckerweib, Trödlerin, Obstverkäuferin

grampe: dreizackige Haue, Kralle; von Ital. grapa

grampen: auf einem Platz Obst und andere Kleinigkeiten verkaufen, trödeln

gramsn: klimpern, auf einem Saiteninstrument spielen

grand, grant, gront, granter: gro-

ßer Schrein, Truhe, vor allem zum Aufbewahren von Getreide

granen: Kügelchen des Rosenkranzes; Preiselbeeren

grangeln: Preiselbeeren

grängeln: sonderbares Zeremoniell

graniz: Grenze

granser: (A) Bergschlitten

granten: Preiselbeeren

grantig: übel gelaunt, mürrisch, grämlich, zum Zanken aufgelegt

grappl: (S) Hand, Tatze

gras: (U) Heckerlinge; dürres Reiswerk auf unbewachsenem Boden, in Wäldern

grasausläuten: am Georgitag gehen Burschen mit Glocken läutend über die Felder, um das Gras herauszuläuten

grascheln: beim Zerbeißen eines harten Gegenstandes mit dem Zähnen knirschen; rascheln

grasl: scherzweise für Laub im Kartenspiel

grat: scharfer Rand, Bergrükken

grat'n: geraten, gelingen

grat, gratl: Gräte, Spitze, Granne an den Kornähren

g'raten: gelangen, von ungefähr kommen

gratig: (S) gierig auf etwas

gratsch: Häher, Eichelhäher, Nußhäher

gratschen: (mit ausgebreiteten Armen) greifen, langen

gratt(e)n: Karren, altes Auto

gratteln: auf einem Karren
führen, mit einem Auto
fahren; mühsam arbeiten,
allerlei kleine Arbeiten verrichten; die Füsse auseinan-
derspreizen

gratten: (S) kratzen wie die
Hühner

grattlerisch: mit gespreizten
Beinen; stolz, aufgeblasen

grattlbeg: Schubkarren

grattler: Karrenzieher; veräcnt-
lich für pöbelhaften Men-
schen

graunzl: Umschreibung für
Teufel

graus'n: grausen, Ekel
empfinden, Abscheu
empfinden, Widerwillen
haben

grausam: entsetzlich, abscheulich

grausig: Spuck, Putz, Haus-
geist

grausli': abscheuerregend, Ekel
empfindend

grauwuzl: (Z) Teufel

grauwuzla: scherzhaft für
Pensionisten; Senioren;
Grauhaarige

grawelen: schimmeln; nach
Moder riechen

grawelet: gräulich, graulich

grawen: grämen

grea: (O) fertig

grea: (U) grün

greass'n: die Größe

greastl: Speise – Rösti

greatler: Topfgucker

gred, greade: das an einer Wand
aufgeschichtete Holz

gredlen: Holz aufschichten

gregken, gragken: Fettgraupen;
der Schleim in den Augen-
winkeln

gregker: Person mit triefenden
Augen; kleine, unansehnli-
che Person

gregket, gregkauget: triefäugig

gregori: Tag des hl. Gregor

gregoriwind: Nordwind

greide, grei': zweirädriger
Leiterwagen

greiffen: greifen

greil: Rellmaus, Bilch

greinen: zanken, weinen

greis(s)ler: Krämer, Inhaber
eines kleinen Geschäftes,
Kolonialwarenhändler

greisl, gräusl: ein Körnchen, ein
bißchen, ein wenig

gretl, great, greatl: Margaretha

griaß gott: Grüß Gott

griel: (L) ungemähter schmaler Streifen zwischen den
Feldern (als Grenze)

grieset: greisenhaft

griesgramen: vor Unmut,
Grimm knirschen

griess: grober Sand; Bett der
Wildbäche; Uferland;
flaches, sandiges Ufer; Ort,
an dem das geflötzte Holz
zusammengebracht wird;
Grütze, Griesmehl

griessbeichl: Stange mit eiser-
nem Haken zum Holzfischen

griet, gritt, griet'n: die auseinandergespreizten, eine Gabel

bildenden Schenkel; Vagina (vulgär)

grietlings: rittling, rückwärts

grigkl: (S) Haufen übereinander getürmter Dinge

grillen: (S) im Boden wühlen; Erdäpfel graben

grimmen: Bauchgrimmen, Zwicken in den Gedärmen

grimmen: zwicken, kneipen

grint: Kopf, Schädel; starrköpfiger Mensch

grint machen: schmollen

gripfen: mit den Fingernägeln zwicken

gripp': Grippe, Influenza

gripsen, grapsen: stehlen, mausen; zugreifen

grisch', grischen: die Kleien

grischer(le): Mülleresel; Esel von grauer Farbe

griset, gris'lt: grau, gräulich

griten: schreiten

gritschen: (S) mit schmutzigen Dingen umgehen, sich besudeln

grittela: Schenkelöffnung

groassen: großtun, sich brüsten

groatl: ein großer Schritt; die beiden auseinandergespreizten Beine

groatlerisch: mit ausgespreizten Beinen; stolz, aufgeblasen

grob: grob, stark, sehr, fest; „Er hat sich grob gschnittn" = Er hat sich fest geschnitten; „A grobs wetta" = ein heftiges Gewitter

groiggn, groigkn, gruigken, gruipp'n, gruimp'n: Fettgraupen, ausge-

lassene, geröstete Fetteile vom Schwein

grollen: brummen, murren

gröllen: geschnittene Nudeln

gröllsupp': Nudelsuppe

gronen, grunen, grundl'n: raunen, murren, knurren, grunzen

gronnickel: Murrkopf

groppen: (U) langsam, träg arbeiten

gröpsgen: rülpsen, aufstoßen

grosen: (O) stöhnen, ächzen

gross, groass, grouss: groß

grötschen: langsam, unbehilflich arbeiten, wie alte Leute

grötscher: langsamer Kleinigkeitskrämer

grotze: (S) kleine Grube, wie sie die Buben beim Spielen mit den Schnellkügelchen (Murmeln) machen

grötzel: kleiner Nadelholzsproß; das Herzchen im Salat, Kohl

grotzen: (Z) schlechte Milch, die eine Kuh gibt

gruass, gruess: Gruß

grue'gken: mit krummen Beinen gehen

grüebig, griabig: rührig, flink; „A grüabigs madl" = Ein rühriges Mädchen

gruegk'n: Bein, Fuß (verächtlich)

gruegket: krumme Beine habend; schlecht, kränklich aussehend (von Kindern)

grüen, grea, grei': grün; auch für unreif

gruenen: keimen, sprossen;
gedeihen, zunehmen

gruenmad, grummet, gruemmet: das
nach der ersten Mahd wach-
sende Gras, das zweite Heu

gruenz: grüne Eidechse

grüessgott: Grüß Gott! Guten
Tag!

gruffl: (S) großer, unbehilflicher Körper

grufig: (S) erstarrt vor Kälte

grugeln: mehrere Absätze in
den steilsten Felswänden des
Großglockners werden so
genannt

grugklen, grungglen: (M) donnern

gruglen, grüglen: hart atmen, röcheln; gurren (wie die Tauben)

grund: (U, Z) hinteres Tal;
Zillergrund, Märzengrund
usw.; Erde, Boden

gründl, grundl: Schmerle

gruner, gruntscher: der immer
knurrt

grunnacht: (U) letzte Nacht, die
man mit dem Vieh auf der
Alm verbringt

grusen, gruseln, gruselen: schau-
dern

gruspel, kruspel: der Knorpel

grutz: Ackerfeld mit steinigem
Boden; (S) Schaf

grutzgen: knarren, kratzen,
knirschen (lautmalend)

grüzeln: (U) grauen, ekeln

grwa: grau

g'sasshalfter: Hosenträger

g'schaftler(in): Person, die gerne
das Kommando führt, immer
alles besser weiß

g'schaftlhuber: siehe gschaftler

g'schaftln: sich immerfort mit
kleinlichen Arbeiten abgeben;
kleine Anordnungen treffen
und damit lästig fallen; immer
alles besser wissen

g'schear, g'scherr: Kummer, Mühe, Plagerei, Unannehmlich-
keit

g'schicht: Geschichte, Begeben-
heit, Handel, Gegenstand,
tolle Sache; Monatsblutung;
„Mei, dös essn war a
g'schicht" = Ach, dieses
Essen war super

g'schiedn: geschieden, getrennt

g'schlapper: scherzhaft für
Kaffee

g'schmach: der Geschmack,
Geruch

g'schmackig: schmackhaft

g'schwear: Geschwür

g'schwolln: aufgebläht, ge-
schwollen, stolz

g'sparig: sparsam, knausrig

g'stirn: Gestirn, Himmels-
zeichen

g'suchtig: (U) eigennützig

gu gu; gu la!: Ausruf der Verwunderung

guat, guet: Gut, Anwesen; Ware

guat, guet: gut; ziemlich, echt;
qualitätsvoll

guetding: so ziemlich, wohlge-
messen; „Er hat guetding
zehn Eia gfressn" = Er hat
etwa zehn Eier gegessen

guetele: Naschwerk für
Kinder, Zuckerwerk,
Bonbon

guff, gull: abgestumpfte Seite des Eises

guffen: Eierpecken

gufl: überragender Fels; kleiner Hügel

gugelhupf: Gebäck

gugken: gucken, schauen; neugierig sehen, lauschen, lauern

gugker, gukezer: Kuckuck; Teufel

gugkna'dl: Urgroßmutter

gugkubrot: Sauerklee

gugnen: Urgroßvater

gugu: wenn man die Aufmerksamkeit der Kleinkinder auf sich lenken will, ruft man ihnen „gugu" zu

gular gular: sagt man, wenn man im Zillertal gegen jemanden den Zeigefinger erhebt

güle: (T) Gesicht

gumlet: (Z) ungehörnt, mit stumpfen Hörnern

gümmerle', gümmerling: Gurke

gummiadler: Grillhuhn (scherzhaft)

gump(e)n: kleiner, tiefer Pfuhl, Teich; tiefe Stelle in den Wildbächen

gumpen: hüpfen, springen; für pumpen

gumpest: Sauerkraut von Kohl

gumpet, gumpig: hüpfend, springend; mutwillig

gundel: Gondel

gundl: (S) kupferne Kuhschelle

gundl: (S) Tragbutte, Gefäß zum Tragen auf dem Rücken

gungkeln, gungkern: klopfen (wie der Webstuhl)

gungkl: Kunkel, Rockenstock

gungklleach'n: Weiberlehen

gungklstube: früher jene Stube, in der Frauen und Mädchen zum Spinnen zusammenkamen

gunne: (L, S) Grube, Vertiefung

gunnen: gönnen

gupf: stumpfer, emporstehender Teil eines Gegenstandes; stumpfes Ende des Eies

gupfen, güpfen: anhäufen

guraschi: Courage

guraschiert, graschiert: voll Mut, Entschlossenheit

gurlet: kraus

gurlharet: kraushaarig

gurr': schlechte Stute; altes Weib

gurt, guscht: der Gurt

guschen: schlummern (Kind); sich wärmend unter die Bettdecke bergen; (S) Not leiden, schmal leben

güsse: stromartiger Erguß des Wassers infolge von Regen oder Tauwetter durch eine Niederung; Mure

gutsch('n): Kutsche

gutschen, gutsch'ln: schlummern (Kinder), im Bett liegen; von Ital. cuccia = Bett, Ruhekissen

gutzen: gucken, neugierig schauen

gutzlen, gutscheln, gietzln: kitzeln, jucken machen

g'waan: (U) Schneegestöber

gwagkern: (M) hin und her schwanken, taumeln

gwagkez'n, gwiegkezn: weinen, schluchzen; ächzen, stöhnen, knarren

gwan: durch den Wind aufgehäufter Schnee

g'wand(t), g'wand(t)l: Gewand, Kleidung

g'wantn: gewanden, anziehen, auch: mit Kleidern versorgen

gwardi: Garde, Wache

g'wasch: Klatsch, Gewäsch

gwigketzn, guigitzn: schrillen, knarren

g'winnet: Preis beim Scheibenschießen, Kegeln usw.

g'wölm: Gewölbe

g'wör: Gewehr, Stutzen

H

ha: Frageartikel; was?

ha(a)l: glatt, eisig; schlüpfrig

ha(a)l: Kette und Haken, woran der Kessel über dem offenen Feuer hängt

hab: Vorrichtung zum Halten, Haltpunkt

hab': Habe, Vermögen

habaus: hinweg, hinab

habemus: Rausch (scherzhaft)

haber(n): Hafer

habergoass: Sagengestalt halb Vogel, halb Geist; Kuckuck

habich, habech: Habicht

habig, u(n)habig: anhaltend, festhängend, andauernd

habn, ham, hobn: haben; halten, festhalten

hachl: Hechl; geschwätziges Weib

hachsen, haxen: Kniebug an den Hinterfüßen, besonders der Tiere; die Beine, Schenkel überhaupt

hack(n): Hacke, Axt

hackbrett: Saiteninstrument

haderlump, huderlump: Lumpen-

sammler (früher), Schlitzohr (heute)

hafeler: (I) früherer Name für Bettelstudenten

hafen, hafele: Topf, Hafen; große Kuhschelle

haftelgeld: Haftgeld, Angeld

haftig: arg, schlimm

haftig: heftig, ungestüm, eifrig, emsig bei der Arbeit

haftl: Häftlein, Häcklein; „Aufpassen wie ein haftlmacher" = Besonders gut aufpassen

haftlwein: Mahl nach der standesamtlichen Trauung

hag(n): Hag, Gehege, Einfriedung, Zaun; umzäunter Platz

hageldotsch: Hagedorn

hager: dürr, mager

haggeln, kagkeln, hagklziachn: mit gekrümmten Fingern gegenseitig ziehen und dadurch die Kraft messen; ein- oder aushängen; zanken, streiten, hadern

haggn, hagkn: Haken, Vorrichtung um etwas aufhängen zu können

hagl: Hagel; Unglück

hagmair, hagmoar: der stärkste Bursche, der beste Raufer bzw. Rangler

hagmoarkuah: beste Milchkuh, Leitkuh

hai: Heu

haia, hajapumpeja: Wiege

haid, hoad: der Heide; ein unbebautes Land, flache, trockene Gegend; das Heidekraut (Erika)

haiden, hoadn: (U) schmale, lange Axt der Zimmerleute

haiden, hoadn: Heidekorn, Buchweizen

haien, haielen, ein haiele, haidl machen: liebkosen (Kinder), streicheln, ein Küßchen geben; eigentlich „ei-ei" sagen, wie Kinder bei Liebkosungen

haien, hoien, hoidn, hoading: pflegen, hegen, hüten; bestellen (ein Gut bestellen); säubern, reinigen

haigkl, hoaggl, hoaggli: heikel, wählerisch (beim Essen usw.); mit Zärtlichkeit, Sorgfalt zu behandeln, bedenklich: „Es is a hoaggle wundn" = Es ist eine mit Sorgfalt zu behandelnde Wunde

hail, hoal: heil, ganz

haim, hoam: heim, nach Hause

haimeln, hoamalan: an die Heimat erinnern, wehleidig daran denken

haimet, hoamat: Heimat

haimgart, hoangart: vertrauliche Zusammenkunft

haimgarten, hoangart'n: vertrauliche Unterredung pflegen, schwätzen, plaudern

haimisch, hoamisch: zahm im Gegensatz zu wild (Tiere)

haimlich, hoamli(ch), hoa'li: heimlich; nicht fremd, vertraut, familiaris

Haindl, Hoa(n)dl: Heinrich

hainz, hoa(n)z, hue(n)z: Vorrichtung zum Tragen, Heben; Dreifuß, Gestell

hainzelbank, hoazlbank: Schnitzelbank

haischen: heischen, fordern

haiss, hoass: heiß

haissen, hoass(e)n: heißen, schaffen, befehlen

haiter, hoater: heiter, klar (Wetter)

haitschen, haitsche machen: liebkosend die Wange streichen und dabei „heitscha" sagen (Kinder)

hakern: zanken, wortwechseln

halb: halb; „Um's halb" = um die Hälfte

halbe: halbe Maß, 0,5 Liter

halbweg: Hälfte des Weges

halbwegs: zur Hälfte

halch: (S) schlank und mager

halm: Halm, Stiel

halmaulet: bartlos, mit glattem Kinn

halmele: Hälmchen

halsen: um den Hals nehmen, umarmen

halt(est): meinetwegen, nun
denn, in Gottes Namen;
„Dann gehst halt tanzn" =
Dann gehst du meinetwegen
zum Tanz

hamisch: hämisch, heimlich,
tückisch, listig

hamme, homm': Hinterschenkel
von Tieren

hammel: Hammel; ungehörntes
männliches Schaf; Schimpfwort gegen einen blöden
Menschen

hammerwurz: (Z) Nießwurz

han: Hahn

hand, hant: Hand

handel: Handel, Handlung;
Geschichte

handeln, handlen: händeln; um
Herabsetzung des Preises
feilschen

handfeste: feierliches Ehege-
löbnis und das dabei übliche
Mahl (selten)

handler: Händler, Verkäufer

handlich, handsam: bequem,
geschickt

**handling, hendlich, handschuech,
hantschig:** Handschuh

handschlag: die feierliche Verlo-
bung eines Paares

hanf, hanef, hunef: Hanf (canna-
bis)

hanfen: von bzw. aus Hanf

hans(l), hannes: Johannes; „Was
hansl nit lernt, kann auch der
Hansl nit!"

hant drauf!: Versprechen beim
Handschlag

hantgaul: jenes Pferd, das links

zieht, im Gegensatz zum
Sattelgaul (rechts)

hantieren: Handel treiben; an
etwas Hand anlegen

hantig: bitter schmeckend, wie
Galle, scharf, beißend, mürrisch, widerlich

hantl: Händchen

hantwerch: Handwerk, Gewerbe

hap(vieh): Kleinvieh (Ziegen,
Schafe usw.)

hapel, hapele: (S) Schaf

hapele: kleine ungeschickte
Person

happ: der Fuß am Pflug, woran das Pflugeisen steckt

happ: in der Bedeutung Kopf,
Haupt, der oberste Teil

happbrett: Brett am Ofen als
Kopfunterlage

happern: hinken, nicht fortkom-
men; stecken, ein Hemmnis;
„Da happert's!" = Da fehlt
es; von Ahd. hâpen

heiliger Leib: Skelett (Reliquie)
eines Heiligen

happhirn: einseitiges Kopfweh,
Migräne

har: Haar, Flachs; „Auf's har"
= ganz genau

haradaxl, hagredax, hegredex: Eidechse

harb: herb, scharf; heftig;
rasch beim Arbeiten; (L) böse, unruhig (Kinder); aber
auch: gut, wacker

harbeutl: Rausch

hard: Wald

haren: die Haare verlieren;
zanken, streiten, also gleich-

sam das Haare ausraufen; angestrengt, hart arbeiten; vermutlich aber von Ahd. hâren = schreien

haren, verharen: dingen, verdingen (Dienstboten)

haret: von Haaren, mit Haaren bewachsen

haring: Häring, Hering; magere Person

haringsseel': dünne, schwächliche Person

harl: Härchen

harlinset: Leinsamen

harmele: Wiesel

harnasch: Harnisch

harpf('n): Harfe; überdachte Vorrichtung zum Getreide dörren

harpfen: (M) klettern

harpfenist(in): Harfenist(in)

harposse: Flachsbüschel

harrass: leichtes Gewebe aus Wolle

harre: Dauer

harrer: (U) der letzte Streich oder Schlag beim Dreschen; ausdauern, warten

harrid: andauernd

harsch: gefrorener Schnee

hart: hart, schwer, beschwerlich, ungelehrig (Kopf)

hart tun: sich kümmerlich durchschlagen

Hartl: Leonhard, Bernhard, Eberhard

harwe's hemmet: Leinenhemd

has: Hase

hascher: armer Tropf

hascherl: armes, kränkliches Kind

hascht: schwer, anstrengend

hasel: (U) Füllen

hasel: Haselnuß

haselwurm: Sagengestalt

hasig: (B) glatt, ohne Masern im Gesicht

hasl: Häschen

haspel: Haspel, alberner Mensch

haspele: ganz verzagtes Kind oder Weib

hass: Widerwillen, Abneigung; „Er ist mir hass" = er ist mir feind

hatschen, hatscheln: hätscheln; streichelnd liebkosen; einen schleppenden Gang haben

hattel: Rispe an Hafer und Hirse

hattl, hettl, höd(a)l: Ziege, Bock

hatz: Hetze, Feindseligkeit

hau': Haue

hau'n und bau'n: Grund und Boden bewirtschaften

haub'n: die Haube

hauchen: den Oberkörper vorwärts hängen

haudern: (O) frösteln; kränkeln

hauf'n: Haufen; jede unbestimmte Menge; „Ganze häufn essn" = ganz viel essen

haufen machen: Darmausscheidung (Kindersprache)

haugga: (O) die Hexe

haunzen, hau'zen: finster dreinschauen, eine unwillige Miene machen

hausen: haushalten, wirtschaften; ein Haus bauen

Hauser: (S) Abkürzung für Balthasar

haushabig: haushälterisch

häusl: kleines Haus, Häuschen, Toilette; „Aus dem häusl kommen" = zornig werden, außer Fassung sein

hauslig: brav, folgsam, häuslich

hauswurm: Holzwurm

haut: Haut; arme, gute, ehrliche Person; „Aus der Haut hupfn" = zornig werden, die Fassung verlieren

häuterle: armes, schwächliches Kind

hear(e)n, hean, hie'n: hören

heargabig: gerne schenkend, mildtätig

hearschaug'n: herschauen, aussehen; „S Wetter schaut nit guat her" = Das Wetter schaut nicht gut aus

hearsitzn: müssig sitzen

heaschzklopfer: Herzklopfen

heasser, heißer, heass'n: Hitze

heben: andauern, halten

heber: Hosenträger

hebig: was gut und dauernd hält

hebstecken: Person, auf die man sich in der Not verlassen kann

hecken: stecken; Eier aufeinander schlagen

hedel: Oberkopf; Helm; Hökker

hefamm, hefang: Hebamme

hefel, höfel: Sauerteig, Dampfl für den Germteig, Hefe

hefen: heben, halten, festhalten

heft: scherzhaft für Nase

heien: pflegen, liebkosen

heien, geheien, g'heien, keien: werfen, fallen lassen; kümmern, plagen; „A glas derkeien" = ein Glas zerbrechen

heilig, heili': heilig; gewiß, zweifellos; „Dös is heilig derlogen" = Das ist gewiß erfunden, erlogen

heiliger leib: Skelett (Reliquie) eines Heiligen

heilign zeitn: Feiertage

heilthum, haltum: Heiligtum, Heiltum

heint, hei't: heute

heinz: Heinrich

heiradax!: Ausruf der Freude

heirat, heiret: Heirat, Eheschließung

heiratn, heiretn: heiraten

heisa!: Ausruf der Freude

heitl: (L) bald

hela: (M) Ziege (helle Ziege)

helb, helm, halb, hölp: Stiel einer Axt, Haue oder Picke

helderer, hilderer: Widerhall, Echo

heldern, höldern, hildern: hallen, Echo geben, widerhallen

helf'n: helfen; „Oan helffn" = ihn zurechtweisen

helfenbein: Elfenbein

helffgott: scherzhaft für Nase

helgle: (A) Heiligenbildchen

hell: hell, laut

hellefant: Elefant

helliecht: ganz klar, ganz hell

hemed, hemmet: Hemd, Bluse

hemerling: Tagmahd, kleine Wiese

hemetlenz: Person im bloßen Hemd; Mannsrock

hendl: Hühnchen, Hennlein; furchtsame, schwache Person

hengen: hängen; lassen, zulassen; „einem hengen" = nachgeben

henkel: Schenkel; Stück geräucherten Fleisches, das man aufhängt; von Lat. anca

henken: hängen, hinken

henkermalele: ehemals vor Hinrichtungen üblich

henket: hinkend

henn': Henne; „Derfrorne henn" = Person, die immer zu kalt hat

henn, heits, hend: sind; „Mia henn gestern in kopfstoa gwesn" – Wir sind gestern in Kufstein gewesen

hennasteign: Hühnerkäfig; scherzhaft für Bett

henneler: Feigling

heppn: Ziege

her, hear: Herr, Vorgesetzter

her, hera: her

herberg, herbrig, hörbrig: Herberge, Unterkunft, Wohnung

herbst, hörbst, hörbest, hörg(i)st: Herbst

herbstelen: sich dem Herbst nähern, Herbstwetter haben

herbutzn: umbringen

herd, heard, heascht: Herd

herdschmiedl: Holzwurm

herentabei: diesseits

herentere: der Hiesige

herer, hörer: lässiger, feiger, mutloser, daher überhaupt armseliger Mensch

herobere: der Obige

hert: fest, hart

hert'n: Härte

herten: die Schulterblätter

herter: härter, fester

herter kopf: starrsinniger Kopf

hertigklich: ziemlich hart, schwer

herumdoktern: wenn jemand krank ist und sich selbst zu helfen versucht

herumdörchen: geschäftlos herumziehen

herumflandern: herumschweifen

herumgrabbeln: wie im Finstern herumtasten

heruntere: der Untere

herz, heaschz, heachz: die Brust, das Herz

heschgen, heschezen: schluchzen

hesemandl: Larve der Ameisenjungfer

heubrunzer: feiger Mensch

heugeign: lange, dünne Person

heugen, haigen: heuen, Heu machen

heuschnegk: Heuschrecke

hex': Hexe

hexegögeler: (O) dummer Mensch

hexen: Hexenkünste treiben, zaubern

hi!: Zuruf ans Zugvieh zum Vorwärtsgehen

hias, hiasl, hies, hiesel: Matthias (verkürzt); Benennung eines dummen Menschen

hib: Hieb

hie: hier

hien, hie: hin; tot, kaputt

hieputzen: wegschaffen, umbringen, töten

hieraumen: auf die Seite räumen

hiesig: hier seiend; von hier

hieslen: zum Besten haben,
aufziehen

hiez: jetzt

hifler, stifler: Gestänge zum
Trocknen von Gras bzw. Heu

higga: (S) ängstlich, unwohl
vor Furcht

hilb, g'hilw, kilw: nebelig, von
Wolken eingehüllt

hilflich: was hilft, ergiebig ist

hilge: (S) Geräteschuppen
(Hütte)

himmel: Himmel; Baldachin,
unter welchem bei Prozessionen der Priester schreitet;
Gewölbe in der Kirche

himmelbrand: Königskerze

himmeln, himmelen: dem Himmel
nahe sein, sterben (besonders
von Kindern)

himmelring: Regenbogen

himmelschäflein: glänzendweiße
Wölkchen am Himmel

himmeltati: Gott (Kindersprache)

himmlizen, himlezn, himbliz'n: wetterleuchten, blitzen (ohne folgenden Donner)

himmlmamma: Muttergottes
(Kindersprache)

himmltata, himmltati: Gott in der
Kindersprache

himper, imper: Himbeere

himpern: halblaut klagen

himpfern: (S) vor und nach dem
Weinen schluchzen (Kinder)

hinbaissen: (S) eine Fehlgeburt
machen

hindingen: verdingen

hineinpantsch(e)n: durcheinander
hineinessen

hinsein: tot sein, verloren sein

hint: hinten

hintaus: rückwärts (hinaus)

hinterhebig: (S) ungerne gebend, karg, filzig

hinteri gehn: gebären (Frauen),
nach Hinten gehen

hinterigreiffen: von früherer Zeit
anfangen

hinterschi: rückwärts

hinterstellig: rückständig, zu-
rückgeblieben

hinterwartling: hinterrücks

hintnach: hintendrein, wenn es
zu spät ist

hintrigreifen: auf früheres zurückgreifen (beim Abfragen)

hintrist, hintrigst: zu hinterst, zu
unterst

hirn: Gehirn

hirnholz: Holz nach der Richtung der Holzfasern

hirnrissig: dumm, toll, unsinnig,
kopfzerbrechend, idiotisch

hirsch: Hirsch; Hirse

hitzen: heiß machen

ho!: Antwort auf einen Ruf;
Ausruf plötzlichen Staunens,
quasi: was soll das?

hoachgsechn: stolz, hochnäsig

hoal'n: heilen

hoamatl: Elternhaus, Zuhause

hoamgeigen lassen: mit Spott abziehen

hoamgen: sich zurückziehen; sterben

hoampoppele: Muttersöhnchen

hoamrearer: jemand, der nach Hause will, immer vom Heimgehen redet

hoamsuechen: heimsuchen, besuchen, befallen (Tod, Krankheit)

hob(e)l: Hobel

hoch, hoach, houch: hoch; stolz

höchl: (U) Genick, der Oberkopf

hochleger: Almweideplatz in höheren Regionen

hochzeiter: Bräutigam, Primiziant; Hochzeitsgast

hock(e)n: hocken, sitzen; faul, untätig sein (verächtlich)

hocker, höckerle: Heu- oder Getreidehaufen auf dem Feld bzw. Acker

hof: umschlossener Raum beim Haus; Inbegriff der zu einem Gut gehörenden Baulichkeiten und Grundstücke; Bauernhof; Hof eines Fürsten

höfeln: mit Sauerteig bzw. Germteig anmachen

hofieren: einen Hof, das ist ein Kränzchen, Gastmahl geben oder besuchen

hofierer: ehemals fahrende Musikanten

Hois: Mathäus

hoite: heute, diesen Morgen, heute früh

hol: hohl

höl'n: Höhle, Grotte, Loch; (L) Bohnen- oder Erbsenschote

hold: günstig, geneigt, geliebt, verliebt

holder: (S) Toilette; die Art des Bedürfnisses wird durch den „kloan'" und „groass'n holder" ausgedrückt

holderet: hohl tönend

hol(d)ermandl: aus Holunderbeeren gekochter Brei bzw. Kompott

holdern: hohl tönen

holepfann: mythisches Feuer, das am 1. Fastensonntag im Vinschgau angezündet wurde bzw. wird

holer: Holunder

holerküechl: in Teig gebackene Holunderblüten

holla: Ausruf der Überraschung

hölle, höö', höl': Hölle; der enge Raum zwischen Ofen und Wand in den Bauernstuben

holpe: (S) dummes, ungeschicktes Weib

holzig: gewisses Gemüse wenn es quasi überreif, ausgewachsen ist

hönig, hönik: Honig

hönighafele: süßlich, schmeichelnde Person

hoppen, hoppern: hüpfen, sich auf- und niederbewegen

höppin(g): Kröte; plumpes Weib

hopps: Ausdruck der Lust und Freude

hopps: der Rausch

hopps sein: berauscht; schwanger

hoppsen: hüpfend tanzen; Art Kartenspiel

hörl: (S, L) ein wenig

horla: (A) Zuruf an Schafe

horn, hoarn: Horn; Berg- oder Felsspitze

hörndle, heandle, hiedl: Hörnchen

horniglen, hurniglen: vor Kälte prickeln, brennen

hornvoll: (S) ganz berauscht

hort, horst, hoscht: Schatzgeld der Kinder, das zurückgelegt wird

hörzi: (O) kleines, verkümmertes Stück Vieh

hos', hos'n: Hose, Beinkleid; der Strumpf vom Knöchel bis zum Knie

hos'nkrax: Hosenträger

hos'nlatterer: scherzhaft für lustigen Bauernwalzer, der die Hosen schlottern macht

hos'nlatz: Hosenklappe

hosenlatz: Öffnung an der Lederhose, wo die Hose festgebunden wird

hosennaggler: (Z) ein traditioneller Tanz

hossen: rütteln, stark in Bewegung setzen

hott'l: Kröte; unsaubere Weibsperson

hott-i!: Zuruf an Pferde, wenn sie rechts gehen sollen

hotteln: rütteln, zum Wanken bringen

hottlat: lumpig, zottig

hotzen: finster; mürrisch dreinschauen; den Anschein zu einem Gewitter haben

huat, huet: Hut

hübsch: in Tirol nur in der Bedeutung von ziemlich gebraucht: „Hübsch langsam voran!" = Ziemlich langsam voran

hudeln: etwas übereilt tun

huder: alter, zerrissener Fetzen Leinwand; zerrissenes Kleid; Kleid überhaupt

hueb: Inbegriff von Feldern, Gut, Hufe, Landstück gewissen Ausmaßes

huech: Art Forelle

hüenen, hüen': heulen (vom Hund); laut weinen

huer': Hure, Prostituierte

huestn: Husten

hüeten: hüten, aufpassen auf etwas

hueter: Hutmacher; die Hut, Bewachung; Hirtenstelle, Hirtendienst

hüetl: kleines Bauernanwesen

huff, huft: Hüfte

huftwea: Lendenschmerz

hui: Ausdruck der Freude: „Hui lustig!"

hülzen: von bzw. aus Holz

humlet, umlet: ungehört oder mit stumpfen Hörnern

hundsen, hunzen: hündisch behandeln

hundsföttisch: erbärmlich

hundsfut: Schimpfname für feige, niederträchtige Menschen

hundstössl: Karrenschieber

hungerleider: jemand, der sich nichts gönnt

hüngern: Hunger leiden

hungrig: nach Hunger aussehend, mager, bleich
hunig, hunk: Honig
hunt: kleiner Karren in Berg-
werken
huntertuech: blaues Altar-
tuch in der Fastenzeit
(Kirche)
hupf, hüpfl: Sprung
hupfen: hüpfen, springen
hupp auf!: wenn man ein Kind
vom Boden aufhebt
huppe: (O) Hügel
hurnauss, hurniss: Hornisse
husch!: Ausruf beim Empfinden der Kälte
huschen, huscheln: sich warm machen, unter die Decke kriechen (Kinder)

huss, huss!: Hetzruf an Hunde
hussen: anhetzen, reizen
hütt', hütt'n: Hütte, Almhütte,
kleines Häuschen
hutt(e)l: liederliche Weibsperson
hutten, huttn, hutzen: Hader,
Fetzen, Lumpen; scherzhaft
für jedes Stück Kleid
huttert: welk (Salat), lasch
huttler: Mensch mit zerfetzten
Kleidern; Lumpensammler;
unredlicher Spieler; Gestalt
im Fasnachtsbrauchtum
hutzebockelein: stößiger Bock;
Person, die überall an-
rennt
hutzel: gedörrte Birne
hutzen: (S) treiben; rennen

I

i: ich
iatzamal: jetzt einmal, neulich
iaxn: (U) Achselhöhle, „An
binggl unta da iaxn" – wenn
jemand nicht gerne arbeitet
ieder: jeder
iegl: Igel, Ahd. igil
ieglpam: Goldregen
iem: ihm
i(e)r: Pronomen der 2. Person
Mehrzahl
ier, irr: irr, verrückt, den falschen Weg gehend
iesl: (U, Z) Unrat, Schmutz,
Kehricht, Mhd. üsel =
Funkenasche
iez(e), iezat: jetzt

ilg(e): Lilie, ital. giglio
ilm: (Z) Ulme
ilma: (A) Ulme
imfang: umzäuntes Feldstück,
„Einfang"
imfill: (L) Fülle, Einfülle,
Krapfenfülle
immakulatpfennig: Medaille mit
Muttergottesbild
imme, imp(n): Biene
immendaar: (T) manchmal, hie
und da, von: immerdar
immerling: (S) öfters, von Zeit
zu Zeit
imp(e): Biene, Ahd. impi
impeir: Himbeere
impfn: impfen

imphaisl: (U) Bienenhaus, -stand

impinga: (U) Bienenzüchter, Imker

impirg: (O) sich zurückhaltend, Ahd. innapurio = Einheimischer

imprennl: (L) Einbrenn, eingebrenntes Mehl für Speisen, Mehlschwitze

imster: lichtfarbene Kuh, vermutlich auf Imster Markt gekauft

in: (U) drinnen, innen

inde, inte: (T, Z) Stimmung, Laune

ingebeu: innere Baulichkeiten

ingiwoade: Eingeweide, Innerei, Gekröse

ingraisch: Eingeweide, Innerei, Gekröse

inhaislarinne: (T) Frau in einer Mietwohnung, „Inhäuslerin"

inhoamisch: einheimisch

inkoien: (L) wiederkäuen

inlenda: Landesangehöriger, Inländer

inman: Mietwohner

Inn: Hauptfluß in Nordtirol

inne(t): (Z, S) drinnen, innen

innerai: Innerei, Eingeweide, Gekröse

innet(l): (Z, U) Kammer, Wandnische für Eßwaren

innsbrucker: eine alte kleine Münze hieß so, Bewohner von Innsbruck

inschbrugga: Bewohner von Innsbruck

insprugg, inschprugg: Innsbruck, „Innbrücke"

intief: Vertiefung

intillig: eingefallen, hager

intoatn: (S) eine Leiche aufbahren, „eintoten"

intressiert: eigennützig

inventari: Verzeichnis einer Verlassenschaft, Einrichtung

inwendig: einwendig, drinnen, an der Innenseite

inzl: (U) dunkler Wohnraum

irch: (U) fein gegerbtes Wildleder, Lat. hircus = Bock

irden: aus Ton, Ahd. erdin

irvi: darüber, hinüber

iss(e): Waldwiese, Wiese neben einer Almhütte

isslig: (U) empfindlich, schnell beleidigt

isslmietig: (T, Z) schwachnervig, wankelmütig

it: (O) nicht

'it?, ita: nicht

itrach: (T) das Wiedergekaute

itum: (U) Eigenheit

J

ja, jo: ja

jaach: (L) Tauwind, Slov. jug. = Süden, Südwind

jacht: Jagd

jachtelen: jagen, die Jägerei lieben

jagg: Jakob
jagg(n): Jacke, Joppe
jaggessau: wer am 25. Juli als letzter aufsteht
jaggestag: Jakobustag
jaggl, jaggele: Jakob (Verkleinerungsform)
jagn: jagen
jaid: Jagd
jamma: traurige Lage, Jammer
jamman: jammern
jammara: Jammerer, Raunzer
jandl: (S) Ingenuin
jandle: (L) Mädchen
jane: Juliane
jangger: Janker, Jacke, Joppe
Jankerl: Umschreibung für Teufel
jansln: (Z) herumspringen
jar, jor: Jahr
jarling: einjähriges Rind
jarln: Grenzlinie eines Jahres bestimmen
jartag: Gedächtnistag, Jahrtag
jarzait, jorzait: Jahresfrist, ein Jahr alt werden
jauch, joich, juich: altes Flächenmaß für den Tagbau
jauchn: Mistwasser, Fäkalwasser
jaufen: Weinbergstecken
jauner: (O) Pflugart
jausch: (O) kurzer, starker Regen bei sonnigem Wetter
jause: (L) Mittagessen, auch Nachmittagsessen
jawarisch: (U) sehr süß, sehr fett
ja woll: jawohl
jech: (B) Hall, Laut
jechl: Joachim

jechn: laut hallen, widerhallen (Z)
jedhos: weite Hose (Alpbach)
jeiche: (A) davonjagen, wegjagen, jagen
jeisn: (L) gären
jenna: Jänner, Januar
jet, jeit: (U) gejätetes Unkraut
jo(u)ch: Nackenjoch der Zugrinder, Rechenkamm, Einsenkung am Grat des Gebirges, Berggipfel, Übergang
jo(u)dln: jodeln
Joas: Jodok
joas, jousl: Josef
joch(l): Joachim
jochgair: Jochgeier, einer der arg schreit
jochkamillen: Schafgarben
jochpau: (U) im Ackermaß
jochpraindai: (U) Jochbrunelle
jochreasl: Alpenrose
Jörg: Georg
joschi: Josef
josefkraut: Goldrute (Heilpflanze)
joule: (A) heulend schreien, johlen
jous(ep): Josef
juch(e)zer: Jauchzer, freudiger Schrei
juch(e)zn: jauchzen, schreien
judas: Judas, Verräter, Betrüger, Lump
judestrik: (A) Ranke der Waldrebe
judnkerschn: (Z) Kornelkirsche
judnwurz: (L) Schlangenwurz
jugs: Scherz, Spaß, Jux
juhu: Jauchzer

juk: (A) Höhensprung, Hüpfer
jul(e)i: Julia
jungbrunn: Heilbad, Heilwasser
jungfernzucht: (S) Thymian

just: gerade eben
jutte: Molke, Schweinetrank
juud: Jude, geldgieriger unver-
schämter Mensch

K

kaal: abgeholzt, abgeerntet,
kahl
kaas: Käse, Käselaib, dummes
Gerede
kaasdrengen: (U) prahlen, angeben, groß tun
kaaser: Käser, Käsereifach-
mann
kaasfangg: (S) Hexenfigur
beim Scheibenschlagen
kaasig: zäh oder bleich wie
Käse
kaasl: kleiner Käse(laib)
kaaslaad: (U) Käsebreitungs-
tisch mit Abflußrinne
kaasn: Käse bereiten
kaaspaintn: (U) Gestell zum
Käsetrocknen
kaaspappele: Malve
kaasplaach: (L) käsebleich,
krank aussehend
kaasprot: Käsebrot
kaaspruuch: (U) Topfen (Quark)
im Käsekessel
kaassamstig: (S) erster Fasten-
samstag
kaassunntig: (S) erster Fastensonntag
kaaswaiss: käseweiß, kreide-
bleich
kaaswoad: (U) Käsemolke
kabes: Weißkraut, Kohlkraut

kabespletsche: Weißkrautblatt
kachezn: (L) laut lachen
kachl: Nachttopf, große Schale, Ofenfliese, Schimpfwort
für Frau
kachlofn: Kachelofen
kadai, katai: Katharina, auch
für dummes Mädchen
kafe: Kaffee
kaffn: kaufen
kaib: (S,O) unverläßlicher
Mensch, Spitzbub
kaibldreck: scherzhaft für Senf
kaich(e): Gefängnis, Verließ
kaichn: (U) keuchen, stark
(heiser) husten, bellen
kaichn: keuchen, schwer atmen
kaid(l): Keim, Sproß
kaidn: keimen
kaif: fest, gedrängt, prall voll
kail: Keil, Spaltkeil, dicke
Brotschnitte
kaim: Keim, Sproß
kaisch: (T) geschmeidig,
schlank; (L) klein, jung, zart
kaiwe: (O) keifen, klagen,
zanken
kal(l)n: (Z, O) bellen, heiser
husten
kalabrisch: durcheinand, fast
betäubt, ermattet, betrunken,
nervös

kalbe(lle), kalwe(lle): zum ersten Mal trächtige Kuh

kalbfleischer: (U) Pilz (boletus bovinus)

kalch: Kalk

kalchig: mit Kalk beschmiert bzw. bemalt

kalfakter: dreckiger Mensch, von spätlat. calefactor (Heizer – niederer Dienst)

kalle: (A) Glockenschwengel

kaller: (O) Keller

kaltfieber: Kaltfieber, Siechtum

kaltn: behalten, aufbewahren

kalwara: (U) Kälberhirt

kam: (U) kaum, nur

kamedi, komedi: Theater, Unterhaltung, Spaßmacherei

kamien: Rauchfang, Kamin

kammer: Schlafzimmer, Gemach, Kammer

kamp: Kamm des Huhns, Rindernacken

kampl: Haarkamm, lustiger, netter Kerl

kampl(e)n: kämmen

kampmiele: oberschlächtige Mühle

kanali: böses, schlechtes Weib (Schimpfwort)

kanari: Kanarienvogel

kandi: (M) Gefängnis

kandl: (S) aus einem Baumstamm gehauenes Rohr oder Rinne

kandl: Kanne, Blechkanne

kandler: Kannengießer (ausgestorbener Beruf)

kandlzukker: Kandiszucker

kaner: (O) Dachrinne

kanie: (U) Schultasche

kantlig: (O) erkennbar

kanz: (A) Roßmähne

kanzl: Predigtkanzel in der Kirche, Felsvorsprung

kanzln: (U) kuppeln, einen scharf zurechtweisen

kapare: Vorauszahlung, Angeld, Anzahlung

kapfer: Dachfenster, Dachlucke, Dachvorbau

kapiern: verstehen, begreifen

kapittl: Kapitel, Ära, ein bestimmter Zeitraum

kaploun: Kaplan

kappele(beere): (A) Himbeere

kappern: wegnehmen, stehlen, stibitzen

kappl(e): Kappe, Mütze, Fingerspitze

kapple: Kapelle

kappm: Spitze wegschneiden

kappo: Chef, Anführer, Obmann, Hauptmann

kapritze: eigensinnige Laune

kapsl: Zündkapsel bei Schußwaffen u. ä.

kaputt: zerstört, ruiniert, tot

kapuziener: allgemein für Mönch, Pater; Pflanze (tropaeum)

karb, karm: Kerbe, Fuge (bei Balken und Stämmen)

karb, koarb, korb: Korb

karessiern: leichtfertig liebeln

karfi(e)ndl: Essig- und Ölfläschchen als Tischgerät

karfioul: Karfiol, Blumenkohl

karg: spärlich, ärmlich, karg

karl: (O) tüchtiger Mann, Kerl (lobend gemeint)

karlin: (A) altes Elfergeld (= 11 Gulden)

karmenatl: aus Hackfleisch gebratene Speise

karna-kumat: (L) aus zwei Teilen bestehendes Halszuggeschirr

karnier: Tasche, Ledertasche, Schultasche, Sack

ka(r)niese: Gardine, Vorhang, Vorhangstange

karniffl(e)n: mißhandeln, verprügeln

karntn/kärntn: Kärnten

karpf: (U) länglicher Holzeimer mit Griffdaube

karrig sein: früh aufgestanden, nicht ausgeschlafen

karrn: Karren, Handwagen, klappriges Gefährt, heute für halbkaputtes Auto

karrner: umherziehendes Volk (ähnlich der Zigeuner) im Oberinntal und Vinschgau, Schimpfwort für faule, nichtstuende Person

karrnergulasch: Erdäpfelgulasch mit Wurst

kart(n): Spielkarte, Landkarte, Fahrkarte usw.

kartag: Gründonnerstag, Karfreitag u. Karsamstag; auch: Tag des Begräbnisses eines Verstorbenen

kartar: Katarrh

ka(r)tatschn: Wolle (zer)zausen, lockern

kartaune: (O) distelartige Pflanze im Fimbertal

karter: der Spieler, ein Spielchen

kartn: Karten spielen

karwendl: Lavendelkraut, Thymian

kas(ch)teler: besserer Schnaps für lieben Besuch, der in einem kleinen Schrank (Kasten) aufbewahrt wird

kas(ch)tl: Kästchen, kleiner Kasten, Nachtkästchen

kaschperl: Hanswurst, Kasperl

kaschperltheater: Marionettenspiel, Puppenbühne mit Hanswurst, den man Kasperl nennt; wenn jemand etwas nicht zur Zufriedenheit anderer ausführt

kasermandl: Sagengestalt, Kobold auf Almhütten

kasettl/kasedl: (U) Trachtenhalstuch, das über die Brust reicht, meist allgemein für die Unterinntaler Festtagstracht, Halskette

kasper(le): Kaspar

kass(l): Kassian

kassig: spöttisch, gemein daherredend

kasspoas: (U) Käselab

kastaien: (T) prügeln, strafen

kastigare: (O) plagen, necken

kastn: jede Art von Kasten

kaswasser: Molke

kataar: Katarrh

katakes: Katechismus

katekett: Religionslehrer

kathreinwurz: (L) Arnika

katollisch: katholisch

kattl: Katharina

katz: männliche und weibliche Katze

katze: (O) Murmeltier

katzgrau: ganz grau

katzl(e)n: junge Katzen werfen

katzlkatz: Katze mit Jungen

katzn: (U) rasch ergreifen, fangen; (Z) graben, scharren

katznaigl: (S) Primelart im Vinschgau

katznail(e): (S) Eulenart, Kauz

katzngschroa: schnellgeröstetes Essen

katznkopf: kleiner Böller

katznloater: kleiner Steig im felsigen Gelände

katznorgl: (L) Mundharmonika

katznpaitl: Tabakbeutel aus Katzenbalg

katznpech: Kirschbaumharz

katznschwoaf: Schachtelhalm, Zinnkraut

kauderer: Hausierer

kaudern: (U, Z) handeln, hausieren, schwätzen

kaunzn: bellen, murren, zanken

kausch: „Er is nit ganz kausch!“ Er ist nicht ganz unbedenklich, unverdächtig!

kea(r)n: kehren, wenden

kea(r)n, kea(r)ndl: Kern, Körnchen, Korn

kea(r)nbeißer: Distelfink

kea(r)nig: kernig, gesund

keader: Lockmittel, Köder

keadern: locken, ködern

keal: Kohlkraut

keale: (T) Kehle

kealn: (L) Rinnen in die Dachbretter hobeln

kear(e): Kehre, Weg- oder Geländewendung, Kurve

keareisn: Egge (landwirtschaftliches Gerät)

keatn: (L) leicht schneien

ked(na): (U) Kette(n)

ked, köd: Ruf, Stimme

kedin: (U) Katze

kefer: Käfer

kefn: (Z) aushöhlen, enthülsen

keierei: Verdruß, Mühe, Ungelegenheit

keim: (O) Nische in der Stubenwand zur Küche

keimach: (Z) Kamin

keimachkeirar: (T) Rauchfangkehrer

keische: kleine Hütte, kleines Haus

keit: (U) Haushaltung, Wirtschaft

kek: frech, keck, wagemutig, furchtlos

kell(e): Kelle, Suppenschöpfer, Maurerkelle

kelper: Hundehalsband

kelte: Kälte

kelwerkua: Kuh, die am Kalben ist bzw. gekalbt hat

kelwiese: Wiese mit einer Quelle

kemma, kemmen: kommen

kempn: (T) kämmen

ken(n)a: kennen

kendl: Dachrinne

kengl: herabhängender Nasenschleim

kenna: können, kennen

kentl: Kienspan, kleines Holzscheit

kentn: heizen, leuchten, Licht
machen

kopfisch: trotzig, eigensinnig

kepfn: köpfen

kepplen: zänkisch reden

kerschgagele: Hausgrasmücke

kess(e)ln: lärmend hämmern

kessl: Kessel, größere Gebirgs-
mulde

kessler: Kesselschmied

keste: Kastanie

kestenpfann: Pfanne zum Kastanien rösten, auch: altes Weib

ketl: (S) junge Ziege

kette: (O, L) Kette

kettlern: Rosenkränze machen

kettnen: Ketten machen

ketzin: (U) Katze

kichezn: (U) verhalten lachen,
kichern

kien, kiem: harziges, pechiges
Holz

kiernig: kräftig entwickelt,
nährstoffhaltig

kiernigs: Holz, Essen

kies(l): (U) weibliches Kalb

kifa, kifer: Kiefer, gemeint ist
meist das Unterkiefer

kiflen: (L) mühsam kauen,
nagen

kilb: leicht bewölkt

kilb(er), kilp(er), kilwer: weibliches Schaf vor dem ersten
Lammen

kilm: Gewölk

kilo: Kilogewicht

kilwale: (L) Brunelle

kin, kine: Kinn

kindelen: kindhaft arbeiten,
spielen

kindsmuetter: Kindesmutter

kinig: König

kink: (A) Wiesenkümmel

kinzin: Babysitterin, früher
Kindermagd, Kindermädchen

kinzn: babysitten, Kinder
betreuen

kipf: (A) längliches Schwarz-
brot

kipf, kipfe: Stange, Pfosten

kirch: Kirche, Pfarrkirche,
Hauptkirche des Ortes

kirchfart: Wallfahrt

kirchfartn: wallfahren

kirchgang: Gang zum Gottesdienst, Gottesdienstbesuch

kirchl: kleine Kirche, Filialkirche, größere Kapelle

kirchn gehn: den Gottesdienst
besuchen – „oan kirchn
geah" = Totengottesdienst
bzw. Begräbis oder Jahrtags-
kirchen gehen

kirchtag: 3. Sonntag im Oktober

kirchzait: Dauer des Gottes-
dienstes

kirwiun: (S) Korbinian

kiss(n), kissl, kisset: Kissen,
Polster

kitte: Quitte

kitzl: Kitz, Zicklein, junge
Ziege

kitzn: Kitze gebären

klachl: Glockenschwengel,
Nasen- oder Rachenschleim,
ungefügiger großer Mensch

klaff: Unkrautart

klafter: Längenmaß, Klafter

klag(e): Klage, Gerichtsklage –
„Er is in da Klag!" – Er ist in
der Trauerzeit um einen
Toten!

klai, klaiwe, klaibm: Kleie, Ge-
treideabfall in der Mühle

klaibl(e)n: auslesen, wählerisch
ausklauben

klaisl: Verkleinerungsform von
Nikolaus

klamper, klammer: Eisenklam-
mer zum Balken festmachen

klamperer: (S, L) Spengler,
Schlosser, Pfannenflicker

klampern: hämmern, klimpern,
spenglern

klampfe: Gitarre

klamps: (A) jammerndes Weib

klan: (L) klein

klank: (A) faules Mädchen

klank: Glockenschlag, Ton

klank: Schlinge (bei Faden,
Seil usw.)

klanklen: Glocke einzeln an-
schlagen

klanster: (L) Schmutzfleck,
Beschmierung

klapf: (O) Schlaggeräusch

klapf(e): (L) Felsen, Gelände-
stufe

klapper: schwatzhafter Mensch

klappermüľ': geschwätzige
Weibsperson

klappern: tratschen, viel reden

klappm: schließen, einfügen

klaps: leichte Ohrfeige, Schlag
an den Kopf

klar: Eiklar

klar: ohne Trübung, unbe-
wölkt, schönes Wetter

klare: (Z) schlampiges
Mädchen

klas: Nikolaus

klass(e): Spalte, Riß, Schul-
klasse, Abteilung

klat(t)e: Schmutzknollen im
Haar oder Fell

klate: (O, S) grobe Hand,
Klaue, Kralle, Tatze

klatig, klatik: verschmutzt

klatl: Kotfladen, Schleim

klattnpüffar: (T) einfaches
Messer

klattntrichl: (Z) Spucknapf

klatzn: (O) rasch fassen, stehlen, wegnehmen

klaubauf, klauwauf: Begleiter des
Hl. Nikolaus, Kinderschreck,
Teufel, Krampus

klaubm, klaupe: auflesen, klauben, pflücken

klauhelzl: entfernter Verwandter

klaus: Nikolaus

klaus(e): Klause, Stauwerk,
Einsiedelei

klauwauf: (U) Hebamme

klea: Klee

kleawer: (S) reifer Pfirsich

kleazln: säumig und tändelnd
arbeiten

kleite: (A) klettern

klek: (L) ergiebig, ausreichend

klekln: (S) anklöpfeln

kleklnacht: (S) Klöpfelnacht
im Advent

klem, klebm, kleppm: kleben, kleben machen, kleben bleiben

klemhirsch: Hirschkäfer

klemma, klemmen: sparsam sein,
nicht gern Geld ausgeben

klemmer: Sparsamer, Geizhals
klemmsekkl: Geizhals
klemmumesn: zwickende Ameisen
klenkn: (S) leicht läuten; eine Fadenschlinge machen
klepf: (L) leichter Knall beim Zuschnappen
klepflsingar: (T) Adventsinger
klere: (A) Stärkemehl
klerlen: (T) langsam, ohne Lust essen
klesch: (L) großer Mensch
klewa, klewer, kle(a)per: schwach sein, kränklich, schmächtig
klewe: (S, L) Klebstoff
klibler: Klubmitglieder, Vereinsmitglieder
klichlschwachz: (Z) ganz schwarz, kohlrabenschwarz
klieber: Holzarbeiter
kliebhakke: Spalthacke
kliebm: spalten, klieben
klienzle: (O) süßlich reden
klimpern: auf einem Tasten- oder Saiteninstrument schlecht spielen
klimpse: (A) Fuge, Riß, Spalte
klinge: Messerklinge
klingelglögglen: läuten, klöpfeln, klöppeln
klingln: läuten
kloa(n)s pasai: (U) Enkelin
kloa(n)weis: nach und nach, kleinweise, im einzelnen
kloa, klua: Klaue, Huf
kloabm: verkleben
kload: Kleid
kloadn: sich kleiden, neu einkleiden

kloaheisla: Kleinhäusler
kloan, klue(n): klein
kloana: (U) Vetter, Enkel
kloanet: Kleinod
kloapirn: Dörrbirne, meist geviertelt
kloaster, kloaschter: Kloster
kloaznmessa: (U) Schnitzelmesser mit zwei Handgriffen
klöckeln: Spitzen klöppeln, Bänder machen
klogeg(i)wand: Trauerkleid
kloiwik: (Z) spaltbar, gut spaltbar
klok: (Z, L) einmaliges Klopfen
klokker: Kesselschmied, Klopfgeist, Kobold
klokkn: hämmern, klopfen, zerklopfen
klöpfln: (U) Anklöpfeln gehen im Advent
klopfn: klopfen
klouz: Klotz, Holzklotz
kluawan: (U) Dörrbirnen
kluawaprod: Kletzenbrot in der Weihnachtszeit
klub: Riß, Spaltung, Spaltrichtung beim Holz
klueg: dünn, fein, zart, vorsichtig, sparsam
kluft: Gewand, Bekleidung; Riß, Spalte
kluk: (O) Riß, Sprung im Geschirr
kluklar: (A) Spielküglein
klumm: (S) kaum, mit viel Mühe
klumpe, klumpn: Klumpen, Knollen

klumper: (O) große Kuhschelle, Schwindsucht

klumpern: poltern, rumpeln, Lärm machen

klumse: (O) enge Spalte, Kluft

kluss(e): Spalte im Brett, Türspalte

kna, knawe: (A) Knabe, Bursche, Mann

knaffe, knaffl, knaffn: Knopf

knaflen, knaffen: knöpfen, knöpfeln

knaipm: Kneippkur versuchen

knaistn: schwer, stoßweise atmen

knalsn: (T) runder Stein, Erdäpfelknollen

knap, knappe: Bursche, Bergknappe

knappelen: Erz suchen

knappm: (O, S) nicken, schlummern, zusagend nicken

knappm: im Bergwerk arbeiten

knappmloch: Bergwerkstollen

knarschle: (A) geräuschvoll, knirschend essen

knarzn, knarrezn: knarren

knaschzn: (U) knien

knaspl: schwerer Schuh, meist mit Holzsohle

knastern: krachen, knattern

knatschn: zerquetschen, zerdrücken

knatterle: (O) unbeholfenes Kind (Kosename)

knau(n)z: weinerlicher Mensch

knau(n)zn: jammern, widerlich reden

kneara: (U) langsamer Mensch

knearscher: (O) schwach entwickelter Knabe

knecht: männlicher Dienstbote, Gestell an der Hobelbank zum Heben der langen Bretter

knedn, knettn, kneitn: kneten

knepfl: kleiner Knopf, Knöpfchen

knestern: (L, S) zwecklos herumarbeiten

knetter: (O) langsamer Mensch

kniawoach: schwach in den Beinen

kniebl, kniefl: (L) Fingerknöchel

kniedl, knittl: Brennholz aus Ästen, Astholz

kniekiebl: kleiner Rührkübel

kniepechtat: (U) X-beinig, kniestehend

knieweit: O-beinig, knieweit

kniewetzn: X-beinig gehen

kniff-kneff: (A) Gunggelhosspiel

knilln: knüllen, prügeln

knipfl: (A) Beule, kleine Geschwulst

knitschen, knötschen: quetschen, zermalmen

knitte: (A) Flachsballen

kno(u)fl, kno(u)flach: Knoblauch

knoare: (L) dicker, derber Mensch

knoare, knoarn: (O) kauern

knoarschle: (A) zerquetschen

knochn: Knochen, Bein

knoi, knoil, knoidl: (U, Z) Knäuel, Stoffknäuel

knoll(n): Knollen, rundliches Stück (Butter, Erde . . .)

knoppere: (O) grob gemahle-
nes, brockiges Mehl

knopperemeal: Knochenmehl
für Düngezwecke

knoppl: (A) altes, dickes Weib

knorre: (L) dürrer Ast oder
Baum

knorzn, knortschn: kauern, kau-
ernd stehen, kniend sitzen

knospe, knospm: grober Schuh
mit Holzsohle

knospmnagl: Schuhnagel mit
viereckigem Kopf

knötzn: (T) großes Holzstück

knoutn: (L) waten

knuil, knuidl, knuile: (A, O) Knäuel, Stoffknäuel

knüll: volltrunken

knupf: (U) Knoten, Knopf

knupfn: (U) knüpfen

knusn: (L) beißen, nagen,
stoßen

knut: (A) altes, dickes Weib

ko(a)tlakler: grober, schmäh-
süchtiger Mensch

ko(a)tlakn: scherzhafter Name
für Innsbrucker Stadtteil
St. Nikolaus

koa(n): kein

koan, kourn, kuan: Korn, Getreide, meist auch Roggen

koarassek: heikel, wählerisch
im Essen

koaser: Kaisergebirge, Kaiser,
aus dem lateinischen Caesar

koast, kuast: Fach im Korn-
kasten

koi(d)n: kauen

koiatl: (Z) ein Stück Kautabak

kolbm: Kolben

kold(e)risch: aufgeregt, jäh-
zornig, schreckhaft

kolder(er): Koller, Aufgeregt-
heit, Anfall, Roßkrankheit

koln: (U) bellen, husten

kolpr: (A) Hundehalsband

kolrabi: Kohlrabi

komedimacher: Theaterver-
anstalter, Schauspieler

komisser: Amtstitel,
(U) Zwetschkenart

kommiß: zum Militär gehörend

komodkastn: Kommode, halb-
hoher Kleiderkasten, auch
für kräftige, dicke bzw. breite Person

komott, komout: bequem,
passend, angenehm

kone: Ehefrau (alt)

konfus: zerstreut, durcheinander, verwirrt

konschaft: (U) Ehestand

kopert: Briefkuvert

kopfn: trotzen, nachdenken

kopfnuss: Schlag auf den Kopf,
meist mit der Faust

kopfpankl: hölzernes Kopfende
auf der Ofenbank

köpfplatzl: Hinrichtungsplatz
(alt)

kopfzieche: Kopfpolsterüber-
zug

kopp: (U) Rabe, Krähe;
(O) Hahn, Kapaun

koppar: (A) Rülpser

koppe: (A) rülpsen

koppe: Pflasterstein für Straßen

koppmpflaster: Kopfsteinpflaster

kordabenedikt: das Kraut
carduus benedictus

korde, kordl: Kordula
kornwachs: Getreidebau
ko(u)ch: Koch, Mus, Schmarren, Pfannkuchen
kouffn: (O) kaufen
koufl: großer Stein, Felsblock, Felswand, Bergkopf
ko(u)gl: Bergkuppe, Bergspitze
koul(n): Kohle
koulstat: Kohlenmeiler, Platz an dem Kohle gebrannt wird
ko(u)pf: Kopf, Bergspitze, Kopfartiges, Münzseite
kour: Gesangschor, Kirchenempore
kousch: zuverlässig, ordentlich, unverdächtig
koütn: Eisrinne zum Holzschleifen

kouwer: (L) mürrischer Mensch
kouwern: (L) murren, zanken
kowi: (U) Abteil, Hütte, Rindenhütte der Holzarbeiter, Verschlag, Wespennest
Krautwalscher: jemand, der schlecht deutsch spricht
krumphaxet: mit krummen Beinen
krumpmittig: Mittwoch in der Karwoche
ku(n): kann
kuchlmensch: Köchin
kuibe: (A) kauen
kumment, koumet: halsumschließendes Zuggeschirr
küniglhasl: Kaninchen

L

la: meist Diminutivendung wie fraila (freilich), grausla (grausig) usw.
la(a)r: leer
lab: Laub, Blatt, Blatt im Kartenspiel
lab'm: äußerer Gang, Balkon um ein Haus, Toilette; Laube
lab, loab, laib: Laib
labet: Kartenspielterminus
labfrisch: ganz frisch, munter, aufgeräumt, wie frisches Laub
labigen, labing: laben
labing: Labsal, Labung
labratsch: (S) Mund, Gesicht (verächtlich); von Ital. labruccio

labuschi, lawuschi: Benennung eines ungeschickten, tölpelhaften Menschen
lach(e)n, lachel(e)n: lachen, lächeln
lachter: Klafter (Maß)
ladbrief: geschriebene Einladung
laden: beladen, belasten, einladen
laden: Brett, Bohle, Fensterladen
laderer, loderer: (U) vernachlässigter Mensch
ladschaft: Mahl, Tanz, Fest wozu Gäste eingeladen werden

ladzettl: schriftliche Einladung

laff: (O) Löffel ohne den Stiel

laff: müßig herumgehende Person (verächtlich)

laff(e)n: (U) laufen, rennen

lafig: brünstig (bei Hunden)

lag': Lage

lag, anlag: sanft aufwärts

laggl, lagkl: junger Mensch nicht der feinsten Art, Schlitzohr, Zierbengel, nachlässiger Mensch

lagl: (Z) ganzer Hof

lagl: Fäßchen, von Lat. lagena

lagrein: Wein von dunkler Farbe, früher zum Färben anderer Weine viel gesucht

laichen, loachen: hintergehen, täuschen

laid, load: häßlich, abscheulich, widerwärtig, zänkisch, streitsüchtig

laid, load: Leid, Betrübnis; „Mir is nit load um eahm" = Mir ist nicht bange um ihn

laidig, loadig: betrübt, voll Leidwesen; Furcht, Angst einflößend; „loadig sein" = Zweifel haben

laim, loam: Ton, Lehm; auch: Schlamm

laimig, luemig: leimig; kraftlos

laindln, loadln: schläfrig tun; langsam, faul herumleiern

laipen, loap(e)n, loabn: übrig lassen (besonders beim Essen)

lais, loas: Geleise, Spur

laist'n, loast'n: Leisten

laiten, loatn: leiten, Zugvieh führen

lak, lak'n: Lache, kleines stehendes Gewässer

lakl: kleine Menge Flüssigkeit; „A lakl Kaffee" = ein bißchen Kaffee

lakl machen, laklen: urinieren (Kindersprache)

lallen, lollen: kindisch tun

lalli: dumme Person, fauler Mensch

lamech: träger, schlaffer Mensch

lamechisch: matt, träge, kraftlos

lammen: (U) Stücke von ausgearbeitetem Roheisen

lammer: Steinlager, Steingeröll; von Böhm. làmati = brechen

lampl: Lamm

lan(e): Lawine, von einem Berghang abrutschendes Material (besonders Schnee)

land: Land, Niederung, Talsohle

länd, lend: Ladungsplatz der Schiffe

lander, londer: (A) Latte, Schindel

landfarer: Landstreicher

landlen: sich an das Klima eines Landes gewöhnen, heimisch werden

landler: Bewohner der Ebene, der Talfläche; Tanz- bzw. Musikform

landlerisch: ländlich; zum Land gehörig

langen: sich ausstrecken, um etwas zu erreichen

langer hansl: scherzhaft für Zeigefinger

langes, langs: Frühling

laniger, laninger: ehemals herumziehender Karrenzieher in Tirol, besonders im Oberinntal, vergleichbar mit Zigeunern (stehen nicht im besten Ruf)

lantsch: vagabundierende Weibsperson

lantschen: herumstreichen, vagabundieren

lapp, lappin: blödsinnige Person

lappet: töricht, blöd, dumm, irrsinnig

lapplen: Steinchen aufwerfen und wieder fangen

larch': Lärche

larchl: Lerche (Vogel)

laren: leeren, von einem Gefäß ins andere schütten

larifari: nichtssagende Sache

larm: Lärm, Radau

larmen, lärmen: lärmen, jammern, wehklagen

larzen: trinken, schlürfen

las, los: Runst, Schlucht oder Tälchen im Wald,wo keine Fichten stehen; mit Baumstämmen vom Hochgebirge ins Tal gebahnter Weg, auf dem Stämme ins Tal befördert werden

lasch: Lappe, Läppchen am Schuh

lasch': Hündin, Weibsperson (verächtlich)

lasiter: Salpeter

lass'n: lassen

lassl: Aderlaß

last, lost: Last, Menge

laster: Schmach, Schande, Schimpfname für Frauen

lasur: Glätte, Politur, Firnis, Anstrich, Farbe

latschen: ausgetretene Schuhe oder Patschen

latschen: schlapp gehen oder tun

latschet: weich, klebrig, teigig

latten: Latte, Stange; scherzhaft für langen Menschen

lattern: schlottern, sich bewegen

latterwerch: Sache, die nicht fest ist

lattlboden: mit Brettern (Latten) aufgeschlagener Estrich

lattlen: geschäftslos, träge umhergehen

latz: Schlinge, Schleife zum Fangen, Lasso, von Ital. laccio

latz, latsch: (S, L) dummer, alberner Mensch; träger, unbeholfener Mensch

latzen: wetterleuchten, blitzen

lauer: großer Trichter, besonders um Wein aus den Fässern zu lassen; von Lat. la lura = lederner Schlauch

lauff: Fuß des Wildes

laug'n: Lauge

laugnen: ablaugen, leugnen

laun: Laune, übler Humor, Gemütsstimmung des Menschen

launeln, laudln: schläfrig tun; matt, ohne Ernst arbeiten

lauren: lauern, aufpassen

lausakreker: scherzhaft für Daumen

lauser: Kamm zum Lausen, scherzhaft für schlitzohrigen Menschen

lausig: voll Läuse, erbärmlich, liederlich

lauskraut: weiße Nießwurz

lausnickel: einer, der in Not und Armut steckt

laustern: lauernd lauschen

laut: auffallend sowohl für den Sinn des Gehörs, als auch des Geruchs und Geschmackes; schön, vortrefflich überhaupt; „A lauts Essn" = ein vortreffliches Essen

lauter: hell, klar, rein; nichts als, eitel, pur

Lauterfresser: bekannte Südtiroler Sagengestalt (Zauberer)

läutern: zweiter Brand beim Schnapsbrennen

läutrathuder: (S): Besen oder Lappen zum Reinigen

law: lau; matt, abgeschmackt, fade

learnen, lie'nen: lernen

leasln: losen, verlosen, auslosen, ein Los ziehen

leb, lew: Löwe

lebendiger: der Satan

leberer, löberer: gemütlicher Lebemann, der lebt und leben läßt

lebfrisch: munter, lebenslustig

lebn'n, löb'm: Leben

lebtag: Lebenszeit; „Dös hab i mei lebtag nit gsechn" = Das

habe ich solange ich lebe nicht gesehen

lebviech: Vieh, das im Gegensatz zum Mastvieh zum Leben bestimmt ist

lebzelt'n: Lebkuchen

Lech: Fluß im Außerfern, von Lat. Lycus

lechen, leachn: ein Gut, das gegen gewisse Verbindlichkeiten überlassen wird

Lechtl, Löchtl: Lechtal

leck, gleck: Futterzugabe für das Vieh

lecker: Laffe, naseweiser Junge, Schmarotzer

lederäpfl: Boskopäpfel

ledern, lödern: (A) einen prügeln

lederner: unbeholfener, steifer Mensch

ledig: frei, ungebunden, unverheiratet

leeg, leg: Lage, Schicht aufeinandergelegter Sachen; Ort wo Holz aufgeschichtet ist

leffl, löffl: Löffel, Hasenohr, scherzhaft für Ohr überhaupt

leg(g)en: Holz aufschichten

leger: Fuchshöhle (Jägersprache)

leger, g(e)leger: Weideplatz auf den Almen, Bodensatz, Hefe

legge: (L) eine Weile, kurze Zeit

legn, lögn: legen

lei: nur, bloß, lediglich; eben, gerade, nun einmal „Lei drei Stuck Viech" = Nur drei Stück Viech

lei, lai: Art; fast nur in Zusam-

mensetzungen wie „zwoaar-
lei", „mannigerlei" usw.

leib: Körper

leibhaftiger: Satan

leibig: beleibt, fett

leibl: Leibchen, Weste, Gilet

leich': Leiche, Toter,

leich(e)n: leihen

leicht: wohlfeil, vielleicht

leiden: dulden; „Es leid't mi
nit" = Ich habe keine Ruhe,
bis ich fort bin.

leiern: nachlässig hin und her
bewegen, zu langsam laufen-
de Musikkassette, langsam
reden

leilach, leilig, leile': Leintuch,
Bettuch

leim, loam: Leim

leimat, leimet: Leinwand,
Leinenstoff

leimerst: (S) viel mehr, lieber

leimund, leumund, leumut: Ruf

leirer: Faulenzer

leisomar: (S) eben so gut, lieb

leit(e)n, läut(e)n: läuten, klingeln

leiten, leit'n: sonniger Berg-
abhang

leithaus: alter Ausdruck für
Weinhaus

leitscheich, leutscheuch: schüchtern, in Gesellschaft unwohl
fühlen

leller: Zunge (spotthaft); unarti-
ge Person, kindisch tuender
Mensch; von Mhd. lellen =
Zunge bewegen

lemoni, limoni: Zitrone, Limette

len: weich

Lena, Le'dl: Magdalena

lenden, lent'n: landen

lengier: Lineal; lange Stange
mit eiserner Spitze zum Holzfischen bei oder nach Hoch-
wasser

Lenz: Lorenz, Frühling

leps: (S) schlechter Wein

lerget: Lärchenharz

leschear: nachlässig, leicht,
leichtsinnig; leger

leschen: (S) gierig hineinschlürfen

lest: letzt; „Da lest" = der
Letzte

lest, lost: Letzte in einer Reihe
von Personen

letschat, letschet: weich, teigig,
nicht mehr frisch (Salat, der
nicht mehr knackig ist)

letten: Lehm, nasser Kot,
Dreck, Schlamm

letz: körperlich unwohl,
krank, nicht gut, schwächlich

leut: Leute, Menschen, Volk

leutfarb: leibfarbig

liacht, liecht: Licht, Kerze

liagn: lügen

liandl, liendl: träger, schwerfälliger Mensch; Leonhard

lichen: (U) Wäsche von der
Lauge ganz mit reinem Wasser waschen

lid, lied: Augendeckel, Augenlid, Glied; Deckel, an einem
Gelenk befindlich

Lie(n)hart: Leonhard

lieacht'n, liecht'n: die Helle, der
Tag

liebschaft: Liebe zu einer Person, die geliebte Person

liederlich: liederlich; schwach, schlecht aussehend, krank

liem: (U) warm bei auftauendem Wind

Liena, Liene: Magdalena

lienkind: Ziehkind

lierl: (U) kleine Wasserrinne am Brunnen

lietz: Schuhrieme

ligerig: im Bett liegen, unwohl

lilg('n): Lilie

limml: ungeschlachter, plumper Mensch

lind: weich, mild (Wetter, Kaffee usw.)

link: links, falsch; „A linker Patron" = ein falscher Mensch

linsat, linset: Leinsamen

Lipp(l): Philipp; ungeschickter, dummer Mensch

lirum-larum: Bezeichnung einer ganz gleichgültigen Sache

lisi, lisl: Elisabeth

lisnen: (L) horchen, lauschen

littlattl: alberner Mensch

litz: List; Kniff

loabele: kleines Brot in Laibform

loabelen: zögernd, langsam tun

loabelet: matt, kraftlos

loamig: leimig, langsam, langweilig

loamsiada: (U) langweiliger Mensch, träger Mensch

loater: Fuhrmann, Leiter

loch: Loch, Gefängnis, Kerker

Löchtler: (A) Lechtaler; „Wöllat ös Löchtlar grod olla Heara sein?" = Wollt Ihr Lechtaler nur alle Herren (bessere Menschen) sein?

locker, lockerle: Lockstimme, Lockvogel

loden: grobes Wollzeug

loder: Mann

lof(e)n: (O) laufen, rennen, schnell gehen

loff: (S) unverschämt bittende Person, Schmarotzer

loff: Schmarotzer, Vielesser

löffeln: liebeln, liebkosen, küssen; einen löffeln = jemanden zum Besten haben

loffet: schmarotzerisch

Lois, Luis: Alois

loitl: plumper Mensch, grober Tölpel

loizig: (U) leuchtend, flammend

löll: Unkraut

lon, loan, luen: Lohn, Gehalt, Auszahlung für eine Arbeit

londerdach: (A) Schindeldach

lor(g)k: sagenhafter Riese; großer, ungestaltiger Mensch

lorenz: (M) Branntwein

lorettoglöckl: Wetterglöcklein

lörl: ungeschickter, plumper und fauler Mensch

los(e)n: horchen

los, lous: los, ungebunden, frei

lotter: locker, abgespannt

lotterbank: (O) Bank zum Liegen, Liegestätte über dem Ofen (Ofenbrücke genannt)

lotterer: Fieber, Schüttler, Schüttelfrost

luchs: Luchs; Person, die verschlagen alles ausspäht

luck: Deckel
luck'n: Lücke, Spalt
lucket: lückenhaft
lückl: Deckelchen
ludeln, lullizen: (U) ein Freuden-
geschrei erheben
ludl: Sauggefäß für Kinder,
Tabakpfeife
ludl(e)n: saugen (verächtlich),
trinken
lueder: Lockspeise, Luder;
Schimpfwort für schlitz-
ohrige Frauen
lueg(e)n: lugen, schauen
luesch: (O) Dachrinne
luft: Luft, Wind
lug: Lüge
lugg, lugk: locker, lose, nicht
fest, straff; „luck lassn" = los
lassen, nachgeben – „Nit
lugg lassn" = nicht nach-
geben
lugnbeitl, lugnbeutl: Lügner
lullapeda: Schimpfwort für ältere Kinder, die noch einen
Schnuller haben
lullen: saugen (wie Kinder)
luller: Schnuller, Finger, Zunge; scherzhaft für Schwäch-
ling
lump'nbagasch: Lumpengesin-
del, Gesindel

lump, lumpazi: liederlicher
Mensch
lumpen: ein liederliches Leben
führen
lung'l: Lunge (meist im kulina-
rischen Sinn)
lunger: weich, milde, locker
(Speisen)
lungern: müßig herumgehen
lunglkraut: Isländisch Moos
lunze, lunte: Spalt, kleine
Öffnung
lunzen: (U) sanft schlummern,
ein Nickerchen machen
lupf(e)n: emporheben
luppig: schlecht, elend
lurlen: laut weinen, heulen,
jodeln, trinken
lus: Waldanteil
lutherisch: andersgläubig, nicht
katholisch, protestantisch
lutscher, lutschear: Lampe mit
Hängeeisen, Lutscher
luttern: (U) Zwergbirken
lütz(e)l: (A) wenig
lutze: (S) Lampe
lutzger: (L) ein im Herbst
geworfenes Lamm
lutzl: Person, die gerne trinkt
lutzlen, luzlen, luzl'n: saugen,
schlürfen; trinken (veräch-
lich)

M

maad: Grasfläche die gemäht
wird, das Mähen
maal: Farbfleck, Schmutzfleck, Merkzeichen

maaln: mahlen, malen
maalzait: Mahlzeit
maan, maen, maje: mähen
mach(e)ln: basteln, reparieren

macheln: verloben, vermählen

macher: Handwerker, Meister, jemand der etwas repariert

machlring: Verlobungs- oder Ehering

machlzoig(k): Arbeitsgerät

machn: herstellen, produzieren, etwas tun, von Ahd. machôn

macht: Macht, Kraft

mader, moder: Marder

madl: Mädchen, Tochter; (T) Kosewort für kleine Kuh

madle: (O) Käsemaden

madlen: Mädchen (Mz.), Töchter

madrailen: (S) gabelförmige Ausläufer der Reben

magen: Mohn

magerkaas: Käse aus entrahmter Milch, von Ahd. magar

magge(n): Eindruck, kleine Vertiefung, Delle

maggelen: faul riechen

maggiern: markieren, etwas vorspielen, vormachen

maggn: pressen, stoßen, drücken

magiechtl: (Z, T) Mähgürtel

magn: Magen, allgemein für Bauch, Ahd. = mago

magnweah: Bauchweh, Magenschmerzen

magschaden: (Z) Semmelschnitten in Milch mit Honig und Mohn überzogen

magt: Magd, Dienstmagd, Ahd. = magad

mai, moidn: Mai; das grünende Birkenreis

maid, maide: (U) Magd, Mädchen

maienabent: 30. April

maier: Verwalter, Betreuer eines Gutes

mail, moal: Mahl, Makel, Narbe, Wunde

mainen, muanen, moan': meinen, glauben; „Moanen tuan die Hennen" sagt man scherzweise zu jemandem, der andauernd „ich meine" verwendet

maipech: Fichtenharz

maipfaiff: Maipfeife für Buben

mais'n, moas'n, moas: Meise

maische: gepreßte Früchte bzw. deren Saft zum Gären fürs Schnapsbrennen

maisen, moasen: langsam tun, zögern

maiss, moass: (L) Holzschlag, Strich geschlagenen Waldes

maist, moast: meist(ens)

maiste: die Hauptsache

maister, moaster: Titel, den man Gewerbetreibenden gibt

mal: Mahl, Gastessen, Festessen

mal'n: malen, streichen, pinseln, anstreichen

malal: (Z) festliches Essen

maldr: (Z, T) Wunde

malefitz: Fluchwort

malefitzer: schlechter Mensch

malffn: (T) zahnlos kauen

malggn: (S) unverständlich reden

malpeir: (A) Mehlbeerstrauch

malper: (S) Maulbeere

malta: Mörtel, Ital. = malta

maltabua: Mörtelträger, Handlanger

malter: Mulde, Trog

malz: das Speckige, Unausgebackene im Brot

malzn: (L) die Seiten eines Druckwerkes zerknittern, ein Kleid zerknittern

mamm(e): Mutter in der Kindersprache

mamma: Mutter (Kindersprache)

mammelen: wenn sich Kinder an ihre Mutter schmiegen

mampfn: (Z, T) mit vollgestopftem Mund kauen

man, mon, mun mu': Mond

mandl: Männchen, kleiner Mann

mandl: Männchen; auch: Brei (hollermandl = Brei aus Holunderbeeren)

mandlen: Figürchen (Krippe)

manen: mahnen, erinnern (jemanden an etwas)

mang: Magnus, auch für Wäschemange

mang(e)l, mengl: Mangel

mange: (B) Murmeltier

mange(r)n: auswringen, Tuch pressen, plätten

mangele: Hälfte des Ziegenbartes; Halszitze der Ziege; Menge

manggare: (L) meinetwegen, zum Beispiel, also

ma(n)g(g)ari: (S) nun denn, vielleicht, meinetwegen, also, Ital. = magari

mangglen: heimlich tauschen, handeln

manggn: (L) langsam essen

mangl: Mangel

manharter: früher eine religiöse Sekte im Brixental

manier: schickliches Benehmen, Manier

manig: (S) launig, unwillig, zornig

mann: Mensch, Mann, Ehemann

mann(e)maad: Flächenmaß, soviel ein Mann an einem Tag arbeitet

mannder: Männer

manschen: durcheinandermengen

mantel: Mantel; in der Sprache der Baukunst die Bekleidung, Ummauerung

manz, mänz: galt, unfruchtbar

manzen: (U) hart, anstrengend arbeiten

mapfatschl: (T) Riemen für den Kumpf (Wetzsteinbehälter)

mar(ig): kund, ruchbar, bekannt

mar, mär: Rede, Sage, Erzählung, Legende, Märchen, Fabel

mar, mor: mürbe

march: die Grenze; der Grenzstein, der Bezirk; der abgegrenzte Grund und Boden; Zeichen, Marke

march: Knochenmark; schlechtes Pferd, Schindmähre

marchn: Handlung des Markens, Grenzsteinsetzens

Marei, Mariedl, Marilli, Marillal: Maria

marend(e): Nachmittagsjause; von Lat. merenda

marenden: die Nachmittagsjause verzehren

marge: (S) Kasten, in dem die Milch aufbewahrt wird

mariaschen: Art Kartenspiel für zwei Personen

marill('n): Marille, Aprikose

marintgele: (S) Gottesanbeterin, von mantis religiosa

markt: Markt, Marktplatz, Kram, Ware; von Lat. mercatus

marktlen: feilbieten, feilschen, handeln

marlen: bunt färben; (S) durch Schneiden, Stechen, Einlegen usw. im Holz verschiedene Verzierungen machen

marml, marbl: Marmor; Marmorkügelchen als Spielzeug

marod(ig): abgemattet, kränklich; von Franz. maraud

marotsch: (S) zerfallenes Haus, von Ital. muro rotto

marter: Wegkreuz, Kruzifix, auch: Ecce homo; Qual, Folter

marterle: gemaltes Bild als Erinnerung an einen an Ort und Stelle stattgefundenen Unglücksfall

martern: foltern, quälen

marterwoche: Karwoche

martl, mascht, moscht: Martin

maruskel: wildes Träubchen

masch('n): Masche, Schleife

maschgara, maschkara: Maske, Maskerade, Fasching

maschin: Motorrad

masel, masen: das Mahl, die Narbe

maser: knorrige Stelle im Holz

mass: das bekannte Schenkmaß für Flüssigkeiten; das Ziel beim Eisschießen, Kegeln usw.

mass: Speise

masseln: maßweise trinken

masserei: Maß für abzumessende oder zu verfertigende Sachen

massleidig: satt, überdrüssig eines Dinges

masslen: ein Ziel auswerfen

mataun, madaun: roter Bärenfenchel

materi: Eiter

Matheis: Mathias

matsch: zerdrückt, verloren, tot sein

matschen: malmen, zerquetschen

matt: (S) dumm

matt: (S) Narr

matz: das Hundeweibchen

matz: für Mathias, Mathilde

matz(en): durch einen Schlag, Stoß bewirkte Höhlung (Holz, Metall); Makel, Fleck, Beule, Delle

mau'z, maunze: Katze

maudern: schmollen; trübe, unfreundlich werden (Wetter)

mauen, mau'ln, mau'dln: zaudern, schläfrig tun; verdrüßlich sein, mürrisch reden

maugken: beiseite schaffen

maugkezn: miauen

maulen: widersprechen; zanken, schmähen; auch: schmeicheln

maultasch, maulwasch'n: Maulschelle

maumau: Kartenspiel

maurachen: die Morchel

mauscheln: im Handel betrügen, etwas vertuschen

mausen: Mäuse fangen; heimlich schleichen und stehlen; Geschlechtsverkehr haben (vulgär); das Gefieder wechseln; von Lat. mutare

mauset, mausig: heimlich, still, mausfarbig (grau)

mäusl: kleine Maus, Mäuschen

maustrapp(e)l: Mausefalle

mauten: (U) Obst mürbe werden lassen

mävzl: Kätzchen

maxen: Geld (scherzhaft)

maxen: sich an etwas abmühen, erfolglos anstrengen

mea, mear, mer: mehr; „Die merern" = die meisten, der größte Teil

meadern, mördern: umbringen, töten, morden, zugrunde richten, verderben

measl: Meise

measl, moasl: Meise; „Er hat a measl gfocht." Er ist betrunken (singt).

mecht: möchte

meggen, meggezn: schreien wie die Ziege; „Koan meggezer tuan" = keinen Laut von sich geben

megger: Schimpfwort

mehlsand: feiner Sand am Bachoder Flußufer

mei(n): mein, mein Lieber

mei, meil: Ausruf des Bedauerns, Beteuerns

meinoad: Meineid, falscher Schwur

meisch: (S) stark, derb; fest, sehr

meischlizen: (L) Stachelbeeren

mel, meal: Mehl

melch(e)n: melken; auch: ausbeuten, nehmen; einem das Geld abspielen, herauspressen; langsam, tropfenweise arbeiten oder reden

melcher: Melchior, Melker

melden: sich anmelden, als Geist sich hören lassen, spuken

melz: (U) ledige Weibsperson, Mädchen

memori: häufig für Gedächtnis

menen, mönen: führen, leiten, besonders das Zugvieh

menig, möni': Domenikus

mensch: Mann; Magd, Dirne, Geliebte

menscheln: menschlich, fehlerhaft handeln

menschelweis leben: (S) ledig bleiben, Singledasein pflegen

menschern: mit Frauen sexuellen Umgang pflegen

menschl: kleine Weibsperson

mentisch: (U) sehr, stark

mentschin: ledige Weibsperson

mer, mör: Meer, Ozean

mergeln, abmergeln, ausmergeln:

einen, ihm zusetzen; sich durch Strenge, Fasten usw. schwach bzw. mager machen

merker, merks: Gedächtnis

merkerle: Merkzeichen

merl(e): Kohlamsel

merl, mörl: Sommersprosse im Gesicht

mersel, mearschl: Mörser

merz, meschz: März

mesmer, mösmer: Mesner, Kirchendiener

mess(e)n: messen, beim Schießen zielen

mess, möss: Messe, von Lat. missa

messer, mössar: Messer; früher Art Waffe zu Hieb und Stich

metten, mett'n: die Mette; Lärm, Getöse

mettnen: lärmen, Getöse machen; zanken und schreien, jammern

metz(en): früher der gesetzliche, dem Müller zufallende Teil des zu mahlenden Getreides

metzet, mötzet: die zu räuchernde Speckseite

metzge, metzg': Schlachtbank

metzgen, metzgern: schlachten, die Arbeit des Metzgers verrichten

mexl: gut gemacht, wacker, stark!

miada: Mieder

michei, michl, much: Michael

michel: (U) groß, stark

mier: wir

mies: das Moos

miesch: (U) matt, kraftlos

mieze: Katze

migele, mügele: bißchen, ganz wenig; „Koa migele" = nicht das geringste

mignat: (A) mein Vater

mignom: (A) meine Mutter

milch, mili', milich: Milch

milchig: von den noch nicht ausgereiften Pflanzen, z. B. Mais; „Der tirggn is nu milchig!" = Der Mais ist noch nicht reif

mild: zart, sanft, weich

miller, milemaler: Schmetterling (Kindersprache)

mingele: kleines Mehlklößchen mit Honig und Mohnsamen

minne, minni!: Lockwort für die Katze

minz: Münze, Kleingeld

misch(e)n, mischgln: mischen

mischling: durch Kreuzung entstandenes Tier

miselsüchtig: kränklich, lungensüchtig; von Lat. misellus = krank, aussätzig

mistfaul: stinkfaul

mitridat: sagenhafte Wundersalbe gegen Vergiftungen

mitt(ig): in der Mitte befindlich

mitter, mittler: in der Mitte befindlich, mittelmäßig

mittergries: Sandbank im Fluß

mittig: Mittwoch

moal: (M, S) Farbfleck, Schmutz

moalachhenk: Honig aus den Sprößlingen der Nadelbäume

moan(en): meinen, vermuten, glauben

moar: der Beste, Meister; hagmoar = bester Raufer

moaren: (O) düngen, bestellen

moarin: beste oder stärkste Kuh auf der Alm bzw. Wiese

moarkuah: beste Kuh beim Kuhstechen „Königin"

moarung: (U) Düngung, Maierung

moashak'n: Axt zum Baumfällen

moasn: (S) langsam arbeiten, die Arbeit hinauszögern

moass: abgeholzter Waldteil

moassen: hauen, schlagen

moassl: Meißel

moassln: meißeln, bildhauern, stemmen

moaste: der Meiste

moaster: Meister, Ansprache für einen Handwerker, auch wenn er nicht Meister ist, meist wenn man seinen Namen nicht weiß

moastern: meistern, gescheit tun, jemandem etwas zeigen wollen

moasterwurze: Meisterwurz, Heilpflanze

möbbesgragge: Spinnengewebe

mocken: schmollen, verdrießlich sein

mocket: verdrießlich, kopfhängerisch

mockig: (U) zäh, fest (bei Speisen)

mockig: teigig, fleischig, derb

moda: (S) Marder

modertadig, muedertadig: (U) in

Moder, Fäulnis übergehend; (S) schadhaft, gebrechlich

modi machen: in eine Sache fördernd eingreifen

modi: Mode

modl: Modell, Model, Maß

mög(e)n, mügen: mögen; gern haben, lieben, vermögen

moid(a), miedl, miedal: Maria

moid(l): Maria, auch für Mädchen und als Kosename für die Sonne

mol: weich, lind

mol(l)et: trocken, weich, sanft; fleischig, fett, schlapp

mole: teigige Birne

molfern: (S) zwischen den Zähnen brummen

molsen, molzen: Vorrichtung, um das von der Rise niederkommende Holz aufzufangen

molt(en): Kot, Staub, Dreck; abgefallenes Laub, Streu im Wald usw.

molthund: (Z) Sumpfsalamander

mönggen, mö'gken: (O) immerfort weinerlich klagen, mürrisch, verdrießlich reden, mit Weinen und Klagen lästig fallen

monicherlei: mancherlei

möppesgragge: (L) Spinngewebe

moraggl: Mohr, Neger, Mensch mit dunkler Hautfarbe

möralt, meralt: sehr alt

mordskerl: großer Mann, tapferer, tüchtiger Bursch

mörlt: voll Sommersprossen

mortialisch: besonders groß, riesig, gewaltig, überwältigend

mortsch: (S) mürbe, morsch

mos: (O) Geld

mos: das Bruch, das Moor, der Sumpf

möscheret: (L) nach Moos riechend

möschla: (O, M): verliebtes Mädchen; Weibsperson, die sich hingibt

mosten: die Trauben zu Most zerstoßen, pressen

motsch, mötsch: finstere, saure Miene

motten: glimmen, unter der Asche fortbrennen

mottig: in Fäulnis übergehend (Holz)

motzen: (U, S): zögern, langsam tun

motzer: träger, langsam arbeitender Mensch

mövern: (S) bewegen, von Ital. movere

mu'schein: Mondschein, Halbmond

Much: Michael

mudelkind: lind, weich wie der Katzenbalg

müe: beschwerlich, Kummer schaffend

müe: Mühe, Beschwerde

müed: müde, lästig, beschwerlich fallend; „A müede arbet" = eine beschwerliche Arbeit

müelig: mühsam, Beschwerde verursachend

muer: Morast, Moor; Kot, Schmutz, Dreck

muer': Mure, Erdrutsch

muesen: halbverständlich reden, als ob einer Mus im Mund hätte

mueser: einer, der undeutlich, langsam spricht; der mit der Arbeit säumig, träge ist; der Löffel, die Kelle, womit das Mus gerührt wird

muesig: weich wie Mus

muess: Brei aus Mehl, Milch (oder Wasser) und Schmalz

muess: das Muß, der Zwang

müessen: müssen

muetter: Mutter

muetterl, müetterl: Mütterchen, alte Frau

muff: (S) das letzte, vierte Heu

muffelet: übelriechend

muffewn, muffelen: übel riechen, nach Fäulnis riechen, schimmelig riechen; von Ital. muffare

mügele: Brötchen von rundlicher Form

mugeln: die Henne treten (vom Hahn)

mugg, mugk('n): Mücke; Einbildung, Grille

muggen, muggeln: murmeln, munkeln

muggig: wenn viele Mücken herumschwirren

mugksen, mucken: sich durch leise Laute oder Bewegungen zu erkennen geben, sich rühren

muglen, dermuglen: durch Streichen, Herumbalgen usw. in Falten bringen, zerknüllen, verwirren

muh: Ruflaut der Kuh

muine, muinele, muizele, miezele: Katze, Kätzchen

mül': Mühle

mul(l)i: Maultier

mull: Müll, Abfall

mulle: mürrischer, herabhängender Mund

mullet: abgestumpft

mullhaufn: Müllhalde

mulse: eben auslaufende Verdämmung, Holzbahn zum Triften des Holzes

multe: Mulde, Backtrog

mummeln: malmen, kauen, ohne Zähne zu haben

mummerei: Mummenschanz

mummler: Kautabak

mund: unüblich; „Von mund auf in den himml kommen" = Unüblich in den Himmel kommen

munele, moanele, monatle: Gänseblümchen

mungg: (S) Mund (verächtlich)

munggezer: leiser, kurzer Laut

mungkezen: munkeln, still reden

munter: wach, nicht schlafend, agil, vital

münz': Minze

mur: (S) zudringlich, durch immerwährendes Bitten lästig fallend (wie die Kinder); müde, abgeschwächt durch Anstrengung; von Ahd. muruwi

murakl: Wasserwurm

muramatsche: (S) durch vieles Schwätzen ermüdende Weibsperson

murbam: Maulbeerbaum

muren: Früchte des Maulbeerbaumes

murfl: Mund, Maul (verächtlich)

murfln, murfeln: unverständlich, mit geschlossenen Zähnen reden; mit geschlossenen Lippen kauen; murmeln

murmeln: Schnellkügelchen (zum Spielen)

murmentl, muramentl: Murmeltier

murz, murz-ab, murz-awek: ganz und gar, gänzlich

murzjung: ganz jung

muschig: (O) einer Sache gewachsen, tüchtig

musel: schönes, großes Holzscheit, woraus Späne geschnitten werden

musig, musi': Musik, musikalisches Instrument

musigen, musiziern: musizieren, Musik machen

mutt: Getreidemaß

mutza, mutze: (O) Überjacke der Frauen

mutzen: (U) kleiner Kahn

mutzen, motzen: (S) langsam tun, zaudern

mutzig: (S) eingefallen, schmächtig im Körperbau

N

*n: wenn n in betonten Wörtern wegfällt, läßt es einen Nasalton
zurück (stoa, mei usw.); vor Labialen geht n gerne in m über
(Hamf, pemsl, semf usw.)*

na: (B) Neumond

na: nein; Verkürzung aus nach, hernach

na, no: nun (besonders als warnender Zuruf)

nab, nob: Nabe, Radnabe

nabiger: Bohrer

nach: nach, für das hochdeutsche Wort wird meist auf, in und um gebraucht; z. B. „Ins Bayern reisn" = Nach Bayern reisen, „Auf Innsprugg fahrn" = Nach Innsbruck fahren

nach'nt, nachet: nahe, beinahe

nache(n)ter, nächer: näher

nachpefn: nachspotten, jemanden nachahmen

nacht: (U) gestern

nacht, nocht: Nacht; „Dumm wia die Nacht" = blitzdumm

nachtn z'schnachts: gestern Abend

nacket: nackt, entblößt, ausgezogen

nackete Hunte: (Z) Wasserspatzln

nackete lötter: Wasserspatzln

nadl, nandl: Großmutter, Oma

nafering: (U) Bohrer

nagele: Nelke (Blume) – Lieblingsblume auf Tiroler Bauernhäusern, die Gewürznelke heißt hingegen rassnagele

nagen, nagn, nangen: an etwas langsam, wie ohne Zähne, kauen

nager: Pfirsich fester Art, dessen Kern sich nicht von selbst ablöst

nagg(e)ln, nagkeln: sich lose hin und her bewegen, wackeln

naggler, nagkler: wankende Bewegung, Rausch

nagl: Nagel, Drahtstift, Finger- und Zehennagel

naglblüe: weiße Flecken auf den Fingernägeln

nahn: nähen

naig(e)n, noag(e)n: neigen, niederbeugen

nain, noa: nein

nalla: (O) Genick

nalle: (A) Genick

nam(e), num(e): Name

namen: benennen

names: (A) Füllwort im Sinne von: doch, wohl, etwa haben dürfte; Verkürzung aus dem alten: ich ne waiz

namla: (L) doch, freilich

namme: (A) Mutter

nana: o nein!

Nandl, Nannei: Anna, Marianna

nangen, nagken: (S) mit den Zähnen zerren, reißen (nagen)

Nant, Nantele: Ferdinand

napf: (Z) Milchmaß

napfez(e)n: einschlummern, kurz einnicken

napfezer: Nickerchen, Schlummer, kurzer Schlaf

nappen, gnappen: nicken

nappl, nabl: Nabel, von Ahd. napalo

nar(r): Narr (meist im gutmütigen, nicht beleidigenden Sinn)

narrisch, narret: närrisch, narrisch, verrückt

nas, nasn: Nase, Felsnase

naschen: Süßigkeiten essen

nass: naß, wenn jemand gerne Alkohol trinkt

nasser Bruder: Säufer

nast: Ast

nasvoll: eine Prise Schnupftabak

natler: (O, M, U) Kamm mit weiten Zähnen

natsch: Schwein

natsch, natsch!: Lockruf für Schweine

natschl(e)n: wie ein Schwein essen

natti: (O) Vater

natürli: (A) wirklich, wahrhaft

natz: Puppe, ausgestopfte Figur (im Fasnachtsbrauchtum)

naucha: (O) Halstuch

naugken: einschlafen, im Schlummer nicken; von Lat. nutare

nauke: Kröte

naunitzen: (L) Hundsrosen, Hagebutten

ne(i)ber: (A) Bohrer

neaderseitn, nörderseiten: Nord- oder Schattenseite eines Berges

neadrig: auf der Schattenseite, ohne Sonne sein

neater: Notleidender

nebl: Nebel, Rausch

neffen: reiben, wetzen, kratzen wenn es beißt

nei, noi, nui: neu

neichtl: (L, S) wenig; a neichtl = ein bißchen

neid: Neid, Zorn, Haß

neidhart: geiziger, neidischer Mensch

neidl, neidal, neidei: (U) Liebkosung, Kuß, Wange an Wange schmiegen

nemmen: nehmen

nen, nendl, nedl: Großvater, Opa

neren: nähren

Nes, Neas: Agnes

nespel(e): Mispel; von Lat. mespilus

nest, nescht: Nest, Bett

nestel: Riemen, Band zum Schnüren, Hochzeitsschmuck für die Gäste

nestscheißer: Letztgeborener in einer Familie

nett, netta, netter: genau, eben, just; „Nett a so" = genau so

netzl: kleines Netz

neune: neun

neunern, neunerlen: Vormittagsjause (quasi um neun Uhr)

neunerziehen: alte Bezeichnung für Brett- oder Mühlespiel

nia, nie: nie

nicht, nit, net, nöt, nitte: nicht(s)

niderklaid: Unterkleid

nied: (U) Krankheitsanfall, Ohnmacht

nieder, nieda: nieder, niedrig

niederer: tiefer

niederhauchen: sich mit eingezogenen Füßen setzen

niederleger: Almweide in niederer Region

niedertrachtig: herablassend, demütig, niederträchtig

niedertuen: gebären

niemat, niamat, niemets, neameds: Niemand

niene: (O) nirgends

nieren, niarn: Niere, Hode

nies'n, nias'n: niesen

nieten: einen Nagel breit oder krumm schlagen

nigel: Igel

Nigkl: Nikolaus

nigln, nigkeln: einen bei den Ohren, Haaren schütteln; quälen, hart behandeln

nimma, nimme, numma: nicht mehr, nimmer

ninderst: nirgends

nipfe(l)n: nippen, kosten

niss: Nüsse

nissig: voll Nüssen, geizig

nisteln, nischeln, nischgen: an etwas herumkramen, herumsuchen, besonders an kleinen Sachen

noa, nue(n): nein

noagl: die Neige; Restchen (im Glas)

nobl: herrisch, den Vornehmen spielend

nock: Betschwester

nock(en): kleine Mehl- oder Kartoffelklöße; hervorstehende Erhöhung auf dem Feld oder im Wasser, kleiner Hügel; scherzhaft für dicke Person; von Ital. gnocchi

noila: (B) erstaunlich, wunderbar

noila(ch): neulich, vor kurzem

Noila, noila!: Ausruf der Verwunderung

nole, nolle: (O) Narr, alberner Mensch

nollen: (U) etwas Unnützes oder auch Schädliches tun

nolp: Gewinn oder Verlust im Spiel, der übrig bleibt und beim folgenden Spiel wieder in die Chance (Bank) kommt

nonn(o): (S) Großvater

nonne: (S) Großmutter

noppen: (S, L) bei den Haaren, Ohren rütteln

noppl: Betschwester

norg(k), nörg(g)ele: (S) Sagengestalt, Spukmännchen, Wicht, Zwerg

not, noat: Not, Dürftigkeit, Armut; auch: Eile, Hast – „In oaner Noat" = einer Hast

notn: Noten, musikalische Zeichen, Zeugnisklassen

Notnickel: jemand, der in Not und Armut steckt

notsch: (O) Busch

nudeln: wie eine Nudel kneten, abwälzen

nudl: Nudel, Mehlspeise, scherzhaft für dicke Person, aber auch für Penis

nüechter: nüchtern

nueff: Betschwester, zudringliche weibliche Person

nueschen: herumwühlen wie ein Schwein

nuet: Nut, Fuge

nuicht, nuit: (O) nicht(s)

nunn': verschnittenes weibliches Schwein

nusch(e)ln: undeutlich, wie durch die Nase sprechen; aus dem Böhmischen übernommen

nuss: Nuß (jede Art), scherzhaft für Kopf

nuss(e)n: schlagen, prügeln

nuster: (O, S) Paternoster, Rosenkranz

nustern: den Rosenkranz beten, beten überhaupt, vor sich hinbrummen, undeutlich reden

nutsche(l)n: saugen

nütteln: rütteln, schütteln

nutz: nützlich, brauchbar, gut, brav

O

o!: Zuruf an Zugpferde, wenn sie stillhalten sollen

o!, oh!, ö, öh!: Ausruf des Staunens

oagara!: (S) so! ja so! ei freilich!

oar, ohar, ocher: herab

oar, or: Ohr

oarnschliafa: Ohrwurm

oart: Ort

oarwaschl: Ohrläppchen

oascht: (U) Ort

oasterhenn: Patenbrot zu Ostern für Mädchen

oastern: Ostern

oasterveigelar: Märzenveilchen

ob'm, ob'n: oben

oba doba: (O) oben droben

obes, ob's: Obst

obletzen: (S, L) gekochte ganze Rüben

obrigst: ganz oben, oberste

obsen: (U) Vordach, Vorhalle einer Kirche

o(c)ha: Ausruf des Staunens; Laut zur Bezeichnung des Stillstehens, ironisch abweisende Verneinung: warum nicht gar!

och(a)! ach!: aufgepaßt (zu sich selbst)

ochez(e)n: ächzen

oder: oder, im Dialekt für als oder weder bei Vergleichungen

öfele: kleiner Ofen

off(n): offen, geöffnet

ogebrem: (A)Augenbraue

ogespiegl: (O) Brille

oho!: Ausruf der Überraschung

oichn: hinab

oma: Großmutter

ommes, ammes: Ameise

ongfar: ohne Gefahr, ohne böse Absicht

opa: Großvater

opfer: Opfer, Geldspende in der Kirche

öpper: etwa, jemand

öppes: etwas

ordnli: ordentlich

orgl: Orgel, Harmonium; ziachorgl = Harmonika, Akkordeon

orgler: Organist, Ziehharmonikaspieler

ork(n): Sagengestalt, Gespenst

orl(a): (S) geschwind, hurtig

orm: (U) vorherrschende Gemütsrichtung, Temperament

örtl, easchtl: kleiner Ort, Örtchen, Toilette

orwutzl: Ohrwurm

ös: ihr

ossi: Oswald

ött: nun einmal, eben, doch

otz!: Ausdruck des Staunens wie Potztausend!

o(u): (O) auch

ox: Ochse, als Schimpfname

oxnaug: Spiegelei

P

pacht: Kraft, Munterkeit, Mietzins für ein Grundstück

pachtlos: (O) müde, kraftlos; (S) sich übel befindend, kränklich

paff: Laut, Schall

paff sein: sprachlos sein, ohne Worte, so überrascht, daß man kein Wort mehr sagen kann

paffen: schlagen, schallen

paggeln: (U) langsam und still dahergehen

paggler: gutmütiger Mensch

paite′: (S, U) Wort ohne bestimmte Bedeutung, das man bei zärtlicher Bestrafung der Kinder anwendet, z. B. Paite-Bua, Paite-Diandl

pak, pakt(l): Pakt, Paket

palandern, palantern: wegschleudern, fortstoßen, hinauswerfen

palier, polier: Aufseher bzw. Vorarbeiter bei Handwerkern; von Ital. parlare = reden

palieren, polieren: glänzend machen, glatt machen, polieren

pallen: (O) Abfall des durch die Windmühle getriebenen Getreides, Spreu, von Lat. palea = Spreu

pallibas: (L) über kurze Zeit, in kurzem

palm: Büschel von Zweigen der Palmweide, der Stechpalme, des Sebenbaumes, der Mistel, des Efeu u. a. zur Weihe am Palmsonntag

palmesel: Spottname für jene, die am Palmsonntag zuletzt aufstehen, als letzte in die Kirche kommen oder den Palmbuschen umwerfen

palmkatzl: Blütenkätzchen der Weide Salix capraea

pamf: dicker Brei

pamfen, pampfen: stopfen, schoppen (essen)

pamper: Lamm

pamperl: Lämmchen, auch: braves Kind

pampfdick: dick wie ein Brei, vollgestopft

pams: Dickbauch

panadlsupp: Suppe mit Einlage aus Semmeln und Eiern

pantsch: Bauch, Wanst; von Ital. pancia

pantsch(e)n: eine Ohrfeige geben, schlagen (besonders Kinder); durcheinandermengen

panz'n, ponz'n: Faß

papa: Vater (Kindersprache)

papaa: Abschiedsgruß der Kinder beim Fortgehen, bei dem sie mit der Hand winken

papp: jede Speise, besonders die süße (in der Kindersprache); nicht papp sagen können = ganz unwissend sein; Pappe, Kleister

pappel: Malve, Pappel

pappele, pappei: Kinderbrei, Fläschchen für Kinder, Babynahrung

pappen: mit Kleister befestigen, kleben, befestigen

papperl: Papagei

pappierlen: jemanden zum Besten haben

pappnschlosser: (U, Z) Zahnarzt

par und par: paarweise

par, por: Paar, paar

pargen: (O) sanft behandeln,

schonend verfahren; von Lat. parcere

pargk(l), pargl: (U) junges weibliches Schwein, von Lat. porcus

pargkeln: (U) wanken, taumeln, stolpern

pargkler: ein schwacher Alter

parl: Pärchen, Ehepaar, Liebespaar

parlen: zu zweien zusammenstellen; mit Schnellkügelchen spielen

parlieren: reden, besonders heftig mit Gesten

part: Teil

partei: Verbindung von Personen die zusammen wohnen

pasch: Wurf, bei welchem die Würfel gleich viele Augen aufweisen

pasch(e)n: würfeln

paschi: (O) Tölpel, ungeschickter Mensch

paschken: (O) erzwingen, durch Zwang erreichen

pass: Lauer, „auf da pass sei" = auf der Lauer liegen; auch: Gruppe – „a Peaschtlpass" = eine Perchtengruppe

pass: Reisepaß, Reisedokument, scherzhaft für Löffel

pass(e)n: Im Kartenspiel aussetzen, warten

passerle: (S) Blauamsel (turdus eyaneus)

passier(e)n: geschehen, vorübergehen, von Ital. passare

pastigen, erpastigen: (U) bemeistern, bewältigen

pater(l): Mönch, besonders geldloser; daher sagt man „Pater sein" = kein Geld haben; Rosenkranz, Paternoster, Pater, Klosterbruder

patnata: (A, O) Stück Speck

patron, patrun: Schutzheiliger

patsch(er), patscherter, patschgaggl: Tölpel, ungeschickter Mensch

patschen: einen Schall, dumpfen Laut hervorbringen; mit der Zunge, Geisel patschen; zuschlagen, daß es schallt, die Türe zuschlagen, mit den Händen klatschen; schwerfällig mit schlotternden Schuhen einhergehen

patschgori: ungeschickt daherredender Mensch

patschierig: possierlich (Kinder und kleine Tiere)

patschn: Filzschuh; Fuß

patz: siehe batz

patzeid: altes Weinmaß, vier und eine halbe Maß enthaltend

patzöbl: (U) kurzes, dickes Holzstück, das mit einem Stecken aufgeworfen wird

pau(n)tz(e)n: knollenförmige Mehlspeise; knollige Person; überhaupt jedes kleine, runde Ding; im Sarntal auch für Katze

Peata(r): Peter

pechelen: nach Pech riechen

Peda: Peter

peech: Pech

peechmandl: Sandmännchen,

Schlaf; „'s Peechmandl kimbt" = der Schlaf kommt

pef(f)n, peffen: bellen, jemanden anschnauzen, anfahren

pein: Pein, Krankheit, Schicksal ertragen, Leid

pelle, pölle: (L) kleiner Hügel

pelzen: pflanzen, pfropfen; auch: schlagen, prügeln (den Pelz ausklopfen)

pems'l: Pinsel

percht(l): (U) schmutzige, unordentliche Person; Dämonengestalt

perchtl: Sagengestalt, dämonenähnliche Wintergestalten, am 5. Jänner und 5. Dezember unterwegs

pergl: Hügel, Weinlaube, von Ital. pergola

perl: Perle, Kügelchen

perlagken, perlagg(e)n: beliebtes altes Kartenspiel, bei dem die Stichblätter perlagken heißen; vermutlich von Ital. barlacchio = Taugenichts

persch, pers: Cattun mit Farben bedruckt

perspektiv: Fernrohr, Perspektiv

peterzimbl: Petersilie

petschier: Siegelwachs, Siegelstock, Siegel

petschier(e)n: siegeln

pfa(i)d, pfoad: Hemd, Bluse

pfab: Pfau

pfachten, pfechten: prüfen, abmessen; besonders Geschirr eichen, visieren; von Lat. pactum = Recht, Gesetz

pfaff: der Geistliche, Pfarrer,

Priester; seit der Reformation nur mehr beleidigend gebraucht

pfaffen: (O) glätten, polieren

pfaffeneisen: alter Ausdruck für Bügeleisen

pfaffenkappl: Frucht des Spindelbaumes

pfäffin: Konkubine, teils auch für Hexe

Pfalten: (S) Valentin

pfalz: Zeit des Begattungstriebes beim Federhochwild

pfalze: Stütze, Säule

pfalzen: unterstützen; wenn das Federhochwild den Begattungstrieb hat, pfalzt es

pfänd(e)n: ein Pfand nehmen, etwas beschlagnahmen

pfann: Pfanne; „Mit alten Pfannen lernt man kochen" sagt man, wenn ein Mann eine Frau oder Freundin hat, die älter ist als er

pfarfl: Milchsuppe mit zerriebenem Teig

pfarrer: (S) der umfriedete Ort auf einer Alm, worin das Vieh die Nachtzeit verbringt, Priester

pfarrstier: Gemeindestier

pfatschen: knittern, leise knallen; gerichtlich versteigern

pfeffa, pfeffer: Pfeffer, im Pustertal Sauce aus Holunderbeeren

pfeffern: einem derb die Wahrheit sagen

pfeifalter, pfeifolder: (S) Schmetterling

pfeiff(e)n: pfeifen; die Pfeife

pfeilmuatter: (U) Schmetterling

pfennwert: was einen Pfennig wert ist

pfent: dicht, zusammengedrängt, schnell, stark, gut, nahe; „Pfent arbeiten" = fleißig und gut arbeiten; „Pfent bei mir" = nahe bei mir

pferscher: Pfirsich, von Lat. persicum

pfesern: (S) aufsieden, brodeln

pfetzen: klemmen, zwicken

pfiem: (O) warmer Südwind, Fön, von Lat. favonius

pfiff: 0,1 oder 0,2 l Bier, eigentlich Hälfte des Seidels, Pfiff

pfifferling: in Tirol allgemein für Eierschwammerl gebraucht, Pfifferling; allgemein für jede wertlose, unbedeutende Sache

pfilgentag: Fest des hl. Vigilius

pfingstdreck: früher jenes Familienmitglied, das zu Pfingsten als letztes das Bett verließ

pfingstn: Pfingsten

pfinztag: Donnerstag, der fünfte Tag

pfipfiz'n: (U) zwitschern, pipen

pfisen: mit dem Schneebesen abrühren

pfister: alter Name für Bäckerei

pfittschen, pfitsch machen: plötzlich aufzischen

pflanzen: junge Gartenpflanzen, besonders der Weißkohl zum Setzen

pflegen: (L, S) das Haus hüten

pflennen: weinen und dabei den Mund verziehen

pflintschen: (L) heftig weinen

pfloita: (L) Flöte

pflotsch: dicke, plumpe Weibsperson

pflueg, pfluek: Pflug

pflumpf: dumpfer Schall

pfluttl: Brei aus Kartoffeln und eingebranntem Mehl

pfnatschen, pfnetschen: knallen, platzen, schnalzen (lautmalend)

pfnechen, pfnichen: schnauben, keuchen

pfniesen: (A) schwer atmen, schnauben, schnarchen

pfnögken: schluchzen

pfnotten, pfnotzen: schmollen

pfnüsel: Schnupfen

pfnuttern: verhalten lachen, kichern

pfoken: (U) stoßen, schlagen, unnütze Arbeiten tun

pfoker: (U) der bei der Arbeit nichts vom Fleck bringt

pfos(en): Strümpfe ohne Socken

pfosten: Brett, Bohle, Pfosten

pfot(t): Pfote, Tatze, scherzhaft für Hand; (S) Mädchen, Dirne (abschätzig)

pfötsch(en), pfotsch(en): abgehauener Baumwipfel, junges Bäumchen, Haarbüschel

pfra(i)m: leichter Reif zur Winterszeit

pfraum: Pflaume

pfräumen, pfreimen: Reif bilden

pfreimig: mit Reif bedeckt, überzogen

pfrengen: drücken, pressen, beengen

pfrillei, pfrillen: kleine Fische, Ellritzen

pfroslen: (S) Hagebutten (Vinschgau)

pfuchizen: (U) verhalten lachen, kichern

pfui teifll: Pfui Teufel! wenn etwas unsauber, grausig, dreckig ist

pfui!: Ausdruck des unsauberen, grausigen

pfund: Geldstück, Gewichtsmaß, von Lat. pondus

pfurfl: (S) geriebener, getrockneter Teig; kleine Weibsperson

pfurr: (S) der sausende Kreisel (Kaltern)

pfuseln, fuseln, fiseln: die Fäden auflösen, auffädeln

pfusen: (A) aufwallen, aufbrodeln

pfutl: (O) lächerlich, sonderbar gekleidete Person

pfutsch!: Ausdruck schneller Bewegung; wenn eine Bitte rasch abgeschlagen wird, schlägt man mit den Fingern wohl ein Schnippchen: „pfutsch!" nichts!

pfutschen: schnell hineinschlüpfen

pfutschfeige machen: mit den Fingern ein Schnippchen schlagen

pfutschkünig: Zaunkönig (regulus)

pi(c)k: Kleber, Kleister, Leim

pichen, pick(e)n: wie Pech kleben, haften, kleben; „Oan pickn habn" = einen Rausch haben

piefke: scherzhaft für Bewohner Deutschlands

piff, paff, puff: Nachahmung aufeinander fallender Schläge

pigel: Harz, Pech, Schusterpech, Schornsteinpech

piglbrennen: Pech gewinnen

pik(e)ln: mit der Spitzhacke oder Haue arbeiten

pikel: kleine Haue, Spitzhacke; auch: Mitesser (Eiterbläschen), Akne

piken: kleben, haften

pilgram: Pilger, von Lat. peregrinus

pille: Scheune, Stadel; Tablette, Medikament, Verhütungsmittel

pin(t)sch(a): Hund, Hut; (S) Narr

pip(n): Pippe, Spund am Faß, Hahn (mechanisch), Wasserhahn, Bierhahn usw.

piper, pip: das welsche Huhn

pipl(e)n: viel trinken

pipläuten: (S) Vesperglocke läuten, auf welches Zeichen die Bauern die „pip" (Hahn) an den Fässern zur Jause öffneten

pirment: Pergament

pit: das Borgen; Zuwarten; von Ahd. pîta

pite(a)re: (S) taub, gehörlos

pitsche: (O) kaum, nahezu

pitsche(n): (U) Weingefäß in Form eines abgestutzten Kegels

pitschen: kleben, zusammenkleben

pitschn: (S) Semmel (Weißbrot)

pitz: Höhe mit einem schmalen Pfad; daher Pitztal

piura haben: Angst haben, von Ital. paura = Angst

pladerling: (S) Kuhfladen

pladernass: ganz nass

plan: ebener Platz, Plan, Absicht

planeben: ganz flach

planen: Pläne schmieden

planken: Bretterzaun, Verschlag, Absperrung aus Querbalken oder -brettern

planvoll: eben voll

plappern, pleppern: viel reden, andauernd schwatzen

plären, plear(e)n: heulen, weinen, plärren, von Lat. plorare

platenigel, platönigle: Platenigl (primula)

platschen, platzen: mit gewissem Schall flach auffallen; stark regnen

platschnass: völlig naß

plattele: (O) Hühnchen

platten: plattes Stück Stein oder Metall, kaputter Autoreifen

plattern: mit etwas flachem, besonders der Hand wiederholt schlagen; jemanden versohlen

plattlen: mit flachen Steinen über die Wasserfläche werfen, daß sie möglichst oft weiterspringen

platzl: die kleine Tonsur der Weltgeistlichen

platzweib: Marktweib

plausch: Geschwätz

plauschen: schwätzen, viel reden, plaudern

plauscher: Schwätzer

plearhaufen: immerfort weinende Person (besonders Kind)

pleatan: (U) Zillertaler Dialekt sprechen

plempel, pleapl: schlechte Sache, schlechtes Getränk, auch: dumme Person

plempern: Zeit vertrödeln

plengkeln: mit dem plengkl schlagen, hin- und herbewegen

plengkl: schwerer Prügel, Keule, Glockenschwengel

plent, plent'n: Buchweizen, auch für Maismehl

plerken, plerr'n: weiche, teigige Masse; beschmutzte Stelle an einem Gegenstand

pletsch: Person, die andere gerne heimlich anschwärzt

pletschen: (S) klagen, hinterbringen, Posten tragen

pletter: Milchtöpfchen ohne Deckel, Diarrhöe; (Z) Schimpfname auf unreinliche Weibsperson

pletz(en): Stück von einem Ding, Fleck

pletzen: (U) Stoßwunde, die jemand beim Raufen erhalten hat; Wundfleck

pletzen: in Stücke hauen, verwunden

pligketzen: blitzen, die Augenlider schnell auf- und zumachen, blinzeln

plissen: (S) Nadeln, Acheln vom Nadelholz

ploder: Wassergraben, Runst, Tiefe, die sich das Wasser selbst macht

ploderer: Schwätzer, der viel Rühmens macht

plodern, pludern: rauschen, einen Laut plo, plo von sich geben, wie das Wasser, wenn es aus einem enghalsigen Geschirr ausgegossen wird; plaudern, viel und ohne Sinn schwätzen; (Z) reden überhaupt

plora: sanft ansteigende Wiese

plork, plark: (S) plumper Mensch, Tölpel

plotschg'sicht: Person mit eingedrückter Nase, breites Gesicht, aufgedunsenes Gesicht

pluderhos(e)n: weite, faltige Hosen

plumpsen: breit und mit dumpfem Schalle fallen

plunder: Gerät, Habseligkeiten, wertloses Zeug

plündern, plindern: mit seiner Habe fortziehen, aus einer Wohnung ausziehen

plunzet: dickbäuchig, plump

plutzet: (S) trüb und düster (vor einem Gewitter)

plutzger: (O) früher unbedeutende Münze im Wert eines Hellers oder Pfennigs; „Kei-

nen pluntzger wert sei" =
fast nichts wert sein

pochen: sich prahlen, brüsten;
(Z) jauchzen

pocher(er): Jauchzer, Juheschrei

poder: (U, B) Kind (im negativen Sinn gebraucht)

pöder: (U, B) Kinder (im posi-
tiven und negativen Sinn)

pöderisch: (U, B) kindisch

pödern: (U, B) spielen, Kinde-
reien treiben

pofel: das letzte Gras
auf den Wiesen, das man die
Tiere abweiden läßt; auch:
wertloses Zeug, Ge-
schwätz

poitern: (L, S) Versteckenspie-
len der Kinder

polak: Pole

poldern, pöldern, pöllern: poltern

pole: (S) eiternde Geschwulst
an der Ferse

polisch: polnisch; auch: sonderbar

politten: Billet, Zettel

polrugket: hohlrückig, mit ein-
gebogenem Rücken

Pölten: Hyppolitus

poltern: vor der Hochzeit mit
Freunden dem Junggesellen-
leben adieu sagen (natürlich
feucht-fröhlich)

pommhart: scherzhaft der
Hintere

pön: Strafe

Pongra(t)z: Pankratius

popitzen: (L) prahlen, großspre-
chen, angeben

popp: Baby, Wickelkind, Pup-

pe, Spielzeugpuppe; von Lat.
puppa

poppeln: saugen, von Ital.
poppare

poppen, poppelen: mit Puppen
spielen

poppengitsch: (L, S) Mädchen,
das noch mit Puppen spielt

porten: Pforte

portner: Pförtner, Portier

post: Nachricht

posten brenna: aufpassen, auf
der Lauer liegen, Schmiere
stehen; auch: wenn man nur
dasteht und nichts arbeitet

posten: hinterbringen

pötsche: (L) Höhle unter Felsen; Liegestätte

prail: (S) Preßbalken an der
Kelter oder Torkel

pramft: (S, U): Rand, äußerste
Kante an Möbeln, Bettstät-
ten, Kochgeschirren usw.

prangen: geschmückt sein, ge-
ziert aufziehen, besonders
bei Festlichkeiten

prängsen: (U) zur Arbeit antreiben

prangtag: Fronleichnamstag

pranke: Tatze (bei großen Tieren), Klaue, Kralle, von Ital.
branca

prascheln: prasseln

prasoterer: (U) unbehilflicher,
schwerfälliger Mensch

prassen: mit Speisen, Geld und
anderen Dingen verschwen-
derisch umgehen

pratik, prot': Praktik, gemeint
ist damit der Hundertjährige

Kalender; jedes alte Buch, Gebetbuch, das immer gebraucht wird

pratz: (U) Arm, von Lat. brachium

pratzenhänd: große Hände, häßliche Hände

pratzl: Pfötchen, Händchen

prebeten: (L) Ringe aus Weidenholz zum Zäunen

preisen: schnüren

preiß: scherzhaft für Bewohner Norddeutschlands

presch, prösch: hurtig, schnell; von Ital. presto

preschen: drängen, jagen, schnell fahren

preschon: Gefängnis

present: Geschenk

preslfetzn: scherzhaft für Wiener Schnitzel

presse: (O) Milchquark, Käseschotten

pretzigen: predigen (verächtlich), im Predigerton sprechen

primiz: erste feierliche Messe des Neugeweihten; von Lat. primitiae

probst: Probst, Aufseher

proper: stattlich, schmuck, ansehnlich

prösse': (U) alte, verwitterte Schindeln

prottlen: (S, O) zanken, lärmen, rügen

prottler: einer, der immerzu zankt

prus: (L) Lippen (verächtlich)

puch(e)l: Art Fackel

puchele: (S) rundes, kleines Semmelbrot im Vinschgau

pucher: Pocher, Hammerwerk

pudl: Pudel, Weingefäß, Anrichte, Verkaufstheke, kleine Glocke an Schulhäusern, Pelzkrause, Pelzmütze, Art Kegelspiel

puff: Freudenhaus

puffer: Pistole

pulcinell, putschenell: Hanswurst im Marionettentheater

pull(i)! pull(i)!: Lockruf beim Futterstreuen für die Hühner

pulle: Gefäß, Kufe, Flasche

pulle(le): Huhn, Hühnchen; von Lat. pullus

pulten, pulgken: dicker Brei, von Lat. pals = Brei

pulver: Pulver, Staub, Asche, Medikament (in Pulverform), scherzhaft für Geld

pumbl: Preiselbeere

pummelitzen: wettern, lärmend zurechtweisen

pummlwitzig: mutwillig, ausgelassen

pumpen, pumpern: klopfen, stoßen, schlagen, daß dabei ein dumpfer Laut entsteht

pumpermettn: früher die Mette in der Karwoche, nach welcher mit der Ratsche das Zeichen gegeben wurde; lautes, erschallendes Getöse, Geschrei

Pumpernickel: kleine Person, kleines dickes Kind; plumpe, dicke Person

pumpersudl: Masse wertloser

Dinge, Abfälle, Quark, Gesindel, gemischter Pöbel

pumsen: dumpf tönen, knallen, anstoßen, scherzhaft für Geschlechtsverkehr

punggamandl: Sagengestalt in Neumarkt

pur: klar, rein

puselevolk: Gesindel, von Lat. pusillus

putzer: wilde unveredelte Birne am Eisack; derjenige, der die Alm von Lawinenresten usw. reinigt und auch sonst für Sauberkeit sorgt

putzerpisch: wenn sich die Mädchen eitel herauszieren

Q

quader: Quaderstein

quadratlatschn: riesige Füße bzw. Schuhe

quaggezen, quaggern: quaken wie ein Frosch

quarg(l): Quark, wertlose Masse, Sache

quartier kriegen: eingesperrt werden (ironisch)

quatemmer: Quatember

quaterpetsch: (O, S) Art Wassersalamander

quel(l)en: anschwellen machen, sieden

quetsch: Polizeidiener

quetschen: hin- und herlaufen

quickezen: helle, kurz abgebrochene Töne von sich geben, zwitschern, wimmern

quiara: (O) seufzen

quinten: Launen, Grillen

quintlich: wunderlich

quinte: Sekunde

quintl: Quentchen, vierter Teil

quintlweis: kleinweise

quitt auf, quitt sein: im Sinne von: keiner hat vom anderen mehr etwas zu fordern

R

raam: Milchrahm, Sahne

ra(a)ch: Rauch, Qualm, Geruch; „Überoi dabeisein, wo da blaue Rach aufgeht" = Überall dabei sein, wo etwas los ist

ra(a)chen: rauchen, räuchern, Rauch erzeugen

rab(e)n: rauben, stehlen

rab(n): weiße Feldrübe

raber: Räuber, Dieb

rache: (L) zu viel gesalzen

racheln: (U) brüstig sein einer Sau

rächnen: rächen

radeln: mit dem Schubkarren etwas befördern, mit dem Fahrrad unterwegs sein

rädermacher: Wagner

radl: Rad, Fahrrad; „'s Radl is eahm abglaffn" = er ist närrisch geworden

radlbeg: Schubkarren für Heu, Holz usw.

radler: jemand der Rad fährt; Mischung von Bier und Limonade

radlgrattn: Schubkarren

radltruch: Schubkarren mit Truhenaufsatz

raf(e)n, rof(e)n: schief aufliegender Tragbalken auf Dachstühlen, Dachsparren

raff(e)n: raufen

raffel, raffl: Schimpfbenennung einer alten, besonders geschwätzigen Person

raffeln, raff'ln: hastig und emsig raffen; durch plötzliche oder schnelle Bewegung ein Geräusch verursachen (z. B. beim Stühle rücken)

raffelscheit: alte, geschwätzige Jungfer

rafferei: Rauferei, Schlägerei

raggaun: der Hippe ähnliches, großes Messer, besonders zum Abhauen der Äste und zum Streumachen; von Ital. roncone

ragger: Schimpfbenennung gegen Knaben und Männer; ausgemergeltes Stück Vieh

raggern: sich abschuften, viel und hart arbeiten

raggl(e)n: den Inhalt der Jauchengrube entleeren

raideln, roa'ln: mittels Sieb Getreide säubern

raiden, roade: (O) Gras auf der Wiese zum Trocknen ausbreiten

raif, roaf: Reif, Ring

rain, roan: schmaler, mit Gras bewachsener Grenzrand zwischen den Äckern; abhängiger Rand eines Feldes, einer Wiese, eines Waldes

raindling: (M) Gugelhupf

raisen, roasen: reisen

raiten, roaten: rechnen, abrechnen, Rechnung stellen

rak: Bodensatz in Geschirren, Kruste in Tabakpfeifen

ralen: sehr laut und erzürnt reden

ram': Rahmen, Umrandung

ram, rom: Ruß, Schmutz

ramaunsch, romansch: romanisch

rame: (S) längliche am Himmel hinziehende Wolke

ramen, ramma: räumen, aufräumen

ramen, raumen: räumen, ein Ding entfernen, einen Ort frei machen, reinigen

rammel: ungehobelte Person

rammeln: begatten; sich im Bett wälzen (bei Kindern)

rammeln, remml(e)n, römmle': im Scherze raufen, schäckern, spielen; brünstig sein bei Tieren

rampf(l): Rinde, Brotrinde, Rand

ramsch: unnützes Zeug, billiger Kitsch

ran(ig), ron: (S) schlank, hager, schmächtig

rangge: (S) Holzstange

rangge(n): sich reiben

ranggeln: raufen (in friedlicher Absicht Kräfte messen, Volkssport), sich balgen, kleine Bewegungen machen, im Scherz raufen

rangger: Maikäfer; scherzhafter Ausdruck für Kinder

rangker: (L, S) abgebrochener, dürrer Ast; Baumstamm

rangket: mit länglichen Windwolken überzogen

ranken: (Z) Maikäfer

ranken, ranggen: großes Stück Brot

rankern: sich renken, lebhaft bewegen

ransen, ranzen: (S, U) sich strecken, faul dehnen

rant: Wendung, Umtrieb, lustiger Streich, Spaß

rantawa treiben: lustige Possen spielen

rante: (L) das Benehmen

rantig, ranti': stolz, schmuck, sauber herausgeputzt; listig, gewandt

ranzen, ranzl: der Ranzen, Ränzlein, bestickter Bauchgurt aus Leder bei vielen Tiroler Männertrachten; scherzhaft für Bauch

ranzig, rantsch(ig): stinkend, ranzig, angefault

ranzl: (Z) kleines weibliches Schwein

rapp: Rabe, schwarzes Pferd

rappedicappe: über Hals und Kopf, über Stock und Stein; von Lat. rapido capite

rappeln: wegnehmen, heimlich und schnell entwenden

rappen: Räude, Krätze, Ausschlag um den Kindermund

rapsen, rapsn: wegnehmen, stehlen

rar: vorzüglich, sehr gut, schön, selten

ras(ch)tal: kurze Rast, Verschnaufpause

ras, rasl: Erasmus

rasal: (O) freudiger Lärm, Geschrei, laute Zänkerei

rascheln: rauschen, kleines Geräusch machen, Papier zerknüllen

rasel: Zweig, junger Rebzweig

rasp: in der Pfanne zurückbleibende Rinde von Mus oder Brei

raspel, raschpl: grobe Feile

rass: von scharfem Geschmack, sehr würzig, heftig, beißend

rasseln: laut schnarchen, rasseln

rassler: lauter Atemzug, das Röcheln

rassnagele: Gewürznelke

rast: Station auf dem Weg, wo gerastet wird, Wirtshaus

rasten: als Heiliger auf einem Altar in der Kirche stehen

rat(e)n: raten, Rat erteilen; auch: befehlen, drohen, erraten, meinen, mutmaßen

ratich: Rettich, von Lat. radix

ratlich, ratli', ratling: reichlich, in gutem Maße; ziemlich, sehr

ratsch(e): Schwatzweib, Knarre, Holzklapper

ratscheid: (S) Wegscheide, Weggabelung

ratschen: klappern, schwätzen, sich unterhalten, reden

ratz: Ratte

ratzen(bart): Schnurrbart

rauch: haarig, rauh, roh, von Lat. raucus

rauchnacht: Nacht bzw. Abend an dem geräuchert wird (Hl. Abend, Silvester, 5. Jänner)

raude: (L, S) Raude, Schorf; Räude, Krätze

raunen: leise, auch mit verstellter Stimme sprechen

raunzen, rau'zn: in flüsterndem, weinerlichen oder mißmutigen Ton reden, weinerlich reden, kläglich tun, wimmern

raup: mutwilliger Junge, Flegel, Taugenichts

raupisch, räupisch: flegelhaft, mutwillig

rausch: haarige Alpenrose

rauschig: betrunken

räusperer, reischpl: (U) Reiber zum Abreiben der Fußböden, von Gefäßen usw.

raut: Raute, meist ist die Edelraute (senecio incanus, L.)

rauwuzl: Teufel

razn: Bart, Schnurrbart

rearer: Mensch, der weint; Schimpf gegen Verzagte, Mutlose

rearl: Röhrchen, insbesondere das Backrohr; auch: „a rearl" = eine Zeitlang

rearlkraut: Löwenzahn

rease: Kuhname (die Rötliche)

reb(n): Rebe, Ranke

rebellen, rebelliern: Rebellion erheben, revoltieren, aufbegehren, sich gegen etwas zur Wehr setzen

rebeller: Revolutionär; auch: widerspenstiges Kind

rechbrett, reachbrett: Leichenbett, früher auch Leichenbrett

rechen: Rechen, Vorrichtung an Flüssen zum Auffangen des Triftholzes

rechen, rechnen: rechen, mit dem Rechen sammeln

recht: gerne für: viel, sehr gebraucht; „Es war recht nett" = Es war sehr nett

rechthawerisch: rechthaberisch

rechtuach: (U) Leichentuch

recken: gerade machen, strecken

reckl: alte Schimpfbenennung für Mannspersonen überhaupt

reckl, reggl: (S) Bewohner

red: bereit, fertig

reech, reach: Reh

refen, refeln: auf dem Boden mit allen Vieren herumkriechen (wie Kinder)

reffeln: kriechen, klettern

reg'ndach: Regenschirm

reg(e)l: Menstruation

regl, reg, regiene: Regina

regnelen: tropfenweise, dünn regnen

reiber(le): Vorrichtung zum Zuschließen, Hahn, Riegel

reichen: vertiefte Linie am Leib, wo sich der Bauch an die Schenkel schließt

reiden: wenden, drehen

reif: Ufer, Platz am Fluß oder Bach; von Lat. ripa

reif(f): reif, zeitig, erntefähig

reim, rein, anreim: leichter Reif, der entsteht, wenn sich im Winter der Nebel an Bäume usw. anlegt

reindl: Kochgeschirr, Becken, Pfanne

reis(er): Reisig

reisen: sinken, fallen

reit(e)n: reiten, fahren; Kühe aufeinander, wenn sie brünstig sind

reiter: Sieb größerer Art

rem(m): Tenne, Scheune, Brükke, Raum zur Heuaufbewahrung

remstln: (B) langsam rösten

rendlen, renneln: Gerste, Hafer usw. enthülsen, spalten

rendlmau'r: (O) Trockenmauer, aus kleinen Steinen ohne Mörtel aufgeführte Mauer

renken: ziehen, zerren

reren, rear(e)n: laut weinen, weinen überhaupt

resch, rösch, reasch: rasch, heftig, spröde, frisch (besonders beim Brot)

restl: Überbleibsel, Restchen

retzel, rötzl: übriggebliebene Hefe; Feuchtigkeit, die in der Tabakpfeife zurückbleibt; die unreinen Fetteile nach zerlassener Butter; (S) leichter Schnee, der kaum den Boden belegt

reusen: Fischreuse

revierlich: (U) weitläufig, gewandt

riapl, riepl: Abkürzung für Ruprecht, Schimpfname für Rüpel, rücksichtslosen Menschen

riarkiebl: Kübel zum Buttern

ribis(e)l: Rote Johannisbeere

ribitzen: (U) sich reiben, kratzen

richten: richten, in Ordnung bringen, recht machen, schlichten, verurteilen

rid: Wendung

rieb: Wendung, Drehung

riebeis(e)n: Reibeisen

riebig: bei Kräften, rüstig

riebl(e)n: wiederholt reiben

riebler: Mehlspeise aus geriebenen Kartoffeln mit Mehl vermischt

rieblsuppe: Suppe mit kleinen geriebenen Teigmassen

riechen: rauchen, dampfen, dunsten; riechen (häufiger wird schmecken verwendet)

ried: gerodetes Buschwerk, Holz, usw.; vielfach als Ortsnamen Ried, Reith, Reutte

riedl: zu einem Wulste zusammengedrehtes Tuch oder Stroh bzw. Heu; Kleidungsstück im Etschland (verschlungener Kranz oder Wulst auf den Spitzhauben

der Frauen); allgemein für
Bündel (Haare usw.); Riegel,
Reiber

riedlhose: (U) Beinkleid mit
Querfalten, heute noch bei
der Alpbacher Tracht

riedn, derriedn: zerrütten, in
Unordnung bringen

riefeln, riffeln: Flachs durch den
Riffel ziehen, hecheln;
Heidelbeeren mittels Riffel
(kammähnliches Gerät)
ernten

rieg(e)l: Riegel, Schließhaken;
Holz, Eisen das bei Türen
und Toren vorgeschoben wird

riegl'n, rügg'ln: auflockern, in
Bewegung setzen

rieglwant: Mauer mit Holz-
balken durchzogen

riel: Holz, Nagel an einem Seil

rienkn: (U) großes Stück Brot

ries(n): Runst, Schlucht in einem Berg (in welcher Holz
herabgeschossen wird)

rietsch(n): Kanal in den Städten

riffeleisen: Reibeisen; altes
Weib

riffl: kammähnliches Gerät
zum Ernten der Heidelbeeren

rimpfen: eine Ritze machen,
zusammenziehen

ring, g'ring: ring, leicht, nicht
schwer, einfach; „A g'ringe
Arbet" – eine einfache, leichte Arbeit

ringl: kleiner Ring, Fingerring

ripp'(n): Rippe

ripplen, ribbl(e)n: wiederholt
reiben

ripsraps machen: durch schnelle
Bewegung entwenden

riseln: (Z) Hagelkörner

riseln: fallen, gleiten; tropfenweise regnen; hageln

rispig: leicht zu brechen, spro-
de (Bratenrand, Brotrand)

risplraspl, rischpeiraschpei: (Z, U)
Isländisch Moos (zur Tee-
bereitung)

rist: Rücken des Fußes

rittig: brünstig (Tiere)

rittln: rütteln, schütteln

ritzel: (L) von Ziegenmolken
gewonnener Käsequark

rixen: (U) schäckern, sich balgen, dabei Getöse machen

ro(a)walsch: Gaunersprache

ro(o)s, roas: Rose

roach(e)n: reichen

roade: (O) Heuschwade

roafn: Reifen

roasnkranz: Rosenkranz

roatber, roaper: Erdbeere

rob(b)ler: Raufer, Raufheld,
rauflustiger Bursch

robeis, rogeis: jenes Eis, das
sich vor dem Zufrieren auf
einem Bach, Fluß zeigt

roblen: rauten, ringen, umher-
balgen

roche, roeche: (O) rauchen, räuchern, Rauch erzeugen

rock: Jacke, Rock der Männer

röckal: Unterrock der Frauen

rod(e)l: Schlitten, Wintersport-
gerät

rodel, rotula: Register, Liste,
gerichtliches Verzeichnis

rodeln: auf einem Schlitten den

Hang oder die Straße hinunterfahren; schnurren, klappern; rühren, rütteln; rollen, kugeln

rog(e)l: locker, nicht kompakt oder fest; lind, sanft, sachte; „A rogle Eardn" – eine lockere Erde

roi(e), rui: Reue

rollen: Getöse machen, rauschen, aufrollen, auf der Rolle aufwinden

Rom fliagn: Wenn die Glocken an den Kartagen nicht läuten, sagt man, sie fliegen nach Rom

rone: rote Bete (Rübe)

ronggeler: (O) Maikäfer

ror, roar: Rohr, Röhre

roslen: (A, O) Sommersprossen

ross Gottes: Esel

ross: Pferd, scherzhaft für gut gebaute, stämmige Frau

roßbollen: Pferdekot

rosseigl, rossigl: Kaulquappe, Blutegel

rosseisen: Hufeisen

rot, roat: rot

rotplattl: Singvogel (linaria rubra L.)

rotteln, rottln: rütteln, schütteln

rotz: Rotz, Nasensekret

rotzen: weinen und jammern

rrrtschoff, tschoff!: (S) Lockruf für Schafe

rrrza, za!: (S) Lockruf für Ziegen

Ru(e)dl, Ru(e)di: Rudolf

rua, rue: Ruhe, Stille

ruabnzuzzler: Schimpfwort, für

jemanden, der stets um den heißen Brei herumredet, nicht mit der Sprache heraus will; langsame Person

ruach, ruech: roh, ungebildet, ungehobelt

ruach, ruech: roher, ungebildeter Mensch; Vielfraß

ruassig, ruessig: russig, schwarz, besudelt

rücheln, rügl'n: (U) wiehern, lachen, grunzen

rudl: Menge, Schar von Menschen oder Tieren

rueb'(n): Rübe

ruedern: im Gehen die Arme hin- und herwerfen, lärmen, dumpf hinrollen

rueffen, rüeffn: rufen, schreien

Ruep, Riapl, Rüepel: Rupert; unruhiger, mutwilliger Mensch; Rüpel, ungehobelter Mensch

rueprachtl: Eidechse

rüeren: rühren, bewegen

rueschen, ruesten, rüesteln: durchstöbern, suchend durcheinander stöbern

ruess, ruass: Ruß

ruet(n): Rute

ruf(n): verhärteter Überzug über einem Geschwür, einer Wunde, Schorf

ruffianer, riffianer: (S) herumvagabundierender Spitzbub, von Ital. ruffiano

rugg(e)n, rugken: Rücken (üblicher ist buggl)

ruken: rücken, einrücken (Bundesheer)

rülpez(e)n: rülpsen, aufstoßen

rumfen: Falten, Runzeln

rummel: Vorfall, lärmender Auftritt, Kriegstumult

rumpeln: Getöse machen, dumpf krachen, donnern

rumplkammer: Gerümpelkammer, Raum zum Aufbewahren von alten Gerätschaften

rund: stark, wacker, tüchtig, zirka; „Es kost rund hundert Schilling" = Es kostet zirka 100 Schilling

rundumadum: ringsherum

rungkele: Taschenmesser

rungkl: rundgebogenes, großes Messer zum Schneiteln der Bäume

runkunggl: altes Weib (im Scherz)

runs, runst, runs'n: das Rinnen, die Runst, Rinnsal, Wassergraben

runsa: personifizierte Lawine im Pitztal

runsken: (L) im Schlaf schnarchen, röcheln

rupfen: Werg, Leinwand aus Werg

ruselen: Masern, Kinderblattern, Frieselausschlag

russen: (U) Rußkäfer, Küchenkäfer

rüsten: vorbereiten, Anstalt treffen, ein Baugerüst aufstellen

rutsch(e)n: rutschen, gleiten

rutschelet: (S) kraus, gekräuselt

rütten: zerrütten, in Unordnung bringen

S

Anlautend klingt s vor Vokalen scharf, vor t, p, k hingegen meist wie sch (schtarch, schpötln). Im Inlaut lautet s vor t, p scharf (sisst, bisst).

sabl: Säbel; scherzhaft für Rausch

sablen, dreinsablen: mit dem Säbel dreinhauen; stark essen, trinken, schelten

sach: Sache, Ding, Besitztum; Angelegenheit, Geschäft, Handel; „Dös hat nix auf der sach'" = Das hat nichts auf sich

säckel, seckel: Säckel; Hoden; verächtlich gegen Männer

sackmamm: Räuber (alt)

safer: (S) Geifer, Speichel

saffra, saffer: Safran

saft: Saft; Limonade; Blut (verächtlich)

sag(e)n: sagen

sag, sog: Säge, Sägewerk

sagerer, sagrer: Sakristei

saggerisch, sakrisch: zur Verstärkung eines Wortes (positiv und Negativ) gebraucht; „Dös essn war saggrisch

guat" = Das Essen war ausgesprochen gut

saggitzen, sagezen: (U) vom
nassen Boden, Leder usw.
unter dem Tritt auf hör-
bare Weise Flüssigkeit
ausquellen lassen; in
durchnäßten Schuhen
saggitzt man

saggra, saggera!: Ausruf des
Unwillens oder auch des
Staunens; verstümmelt aus
Sakrament

sagmär: Sage, Märchen

sagschneider: Arbeiter in der
Sägemühle

sagschoatn: Sägespäne

sagtrumm: Sägeblock

saich(e)n, soach(e)n: urinieren
(vulgär); schütten, heftig
regnen; „Es soacht" = es
regnet in Strömen

said, g'said, g'soad: Gerede,
Geschwätz

saiffen, saiften: Seife

saiffn, soafn: einseifen, seifen

sail, soal: Seil

**saindlen, soandl(e)n, soa'ln,
sau'dln:** zögern, langsam,
träge tun

salbn, salm: Salbe

salbn, salmen: salben, ein-
schmieren; prügeln

salet: Salat

salig: selig

salige: weibliche Sagengestal-
ten, Elbinnen, Feen

saliter: Salpeter

salt: (O) selbst

saltner: Feld-, Weinbergs-,

Holzwächter, Flurschütz;
von lat. saltuarius

salvle, salvlich, salvet: Salbei

sam: (Z) Doppelhof

sam: Saum; Rand, besonders
an Geweben

samen: ein Tuch, ein Kleid
durch Nähen mit einem
Saum versehen

samste, samstag: Sonnabend,
Samstag

sa'n: sähen, verstreuen, verzet-
teln

sand, sond: Sand; auch für san-
dige Gegend

sandla: Sandler, herumlungern-
der Beschäftigungsloser

sang, gesang, g'sang: Gesang,
Lied

sa(n)s: Sense

Sankt Neff: spotthaft für
schüchternen, unbehilfli-
chen, zaghaften Menschen;
ersonnene Schutzheilige der
Schläfrigkeit und Verzagtheit

sarch: Sarg; Einfassung, Rand,
Zarge (alt)

sarner: Bewohner des Sarntals,
nördlich von Bozen

sass, g'sass: der Teil, womit
man sitzt, der Hintere; Wohn-
sitz

sass, sasse: Niederung, Vertiefung; (U) Lager des Hasen
(Jägersprache)

sat: Saat

satt(e)l: Sattel; der breite Rük-
ken einer Berghöhe

satthals: Dickhals

sättig: sättigend, ergiebig

sattlen: satteln

satz: Satz, das Festgesetzte, der Bodensatz, die Hefe

sau: Sau; als Schimpfwort

sauber: sauber, wohlgeformt, hübsch; „A saubers diandl" = ein hübsches Mädchen

sauen, versauen: verunreinigen

sauerei: unordentliche, unsittliche Sache oder Handlung

saufbrüederl: roter Fleck im Gesicht

sauff(e)n: saufen, übermäßig trinken

saug(e)n: saugen, säugen, an etwas lutschen

säuisch: (U) unsauber

saul('n): Säule

sauleder: Schimpfbenennung gegen Frauen

saumen: säumen

Saunickl: schmutziger geringer Mensch

saur: sauer, salzig; „Saur dreinschaun" = ein finsteres Gesicht machen

sauremus: scherzhaft für sauren, schlechten Wein

sauschwanz: Schimpfwort

saustall: Saustall, unordentlicher Arbeitsplatz

sax, sachs!: Ausdruck der Beteuerung

schab, schaub, schap, schob: Büschel, Bund von Holzreisig, Stroh usw.

schabab: zu Ende, fertig

schaben: Schabe, Motte

schach(matt): ganz ermattet, ermüdet

schacher: Räuber

schacherer: Händler, Hausierer

schachern: Waren verhandeln, verkaufen

schachtl: Schachtel, Karton; „alte schachtl" = ältere Frau (abwertend)

schachtlhalm: Zinnkraut

schad, schad(e)n: Schaden, Verletzung

schädl: Kopf, Schädel

schaff(l): Schaff, wannenartiges Gefäß

schaffen: befehlen, anordnen; (A) arbeiten

schaid(e)n, schoaden: scheiden, Abschied nehmen

schaidlen, schoadlen: scheiteln

schaiss, scheiß: Kot, Blödsinn; „Mei red der an scheiß" = Mensch, redet der einen Blödsinn

schaiten, schoaten: Abfälle beim Hobeln, Hauen oder Sägen des Holzes

schal'n: Schale, Hülse

schalder: (S) plauderhaftes Weib

schalper, schelper, schilper: Splitter, Stück Holz, Span

schamel, schamml: Schemel

schamen: schämen

schampesa: Limonade

schampus: Champagner, Sekt, Schaumwein

schand, schond: Schande; Blöße, Schmach

schänten, schenten, schanten: schelten, fluchen; schmähen, schimpfen

schantlen, verschantl(e)n: verunstalten, beschämen

schanz': Schanze, Verteidigungslinie(-wall)

schanzen: hart arbeiten

schapf(e)n: damit ist eine bestimmte Menge gemeint, ein Schöpfer voll

schappel: (U) Weiberrock

schar: Schere

schar(r)en: scharren; im Reden die Worte, besonders den Buchstaben r, rauh und schwerfällig hervorbringen; schnarchen

scharben: klein schneiden

scharf, scharpf: scharf, schneidend, spitzig; streng, beißend

schariwari: langes bis auf die Knöchel reichendes Beinkleid

scharmüzl, starnizl: Papiertüte, Papiersäckchen; von ital. scarnuzzo

scharnägl: (I) alter Spottname für Milizsoldaten

scharnier: Gewinde, Beschlag aus Metall an Türangeln

scharrezen: scharren, kratzen

schart('n): Scharte, Gesichtsnarbe (von Natur oder durch Verwundung); Vertiefung in einem Bergrücken

scharteken: Buch, Heft (verächtlich)

schatt'nhäusl: Sommerhäuschen

schatzen: schätzen

schau'r: Hagel

schaub'n: Weiberrock

schauen, schau'n, schaug'n: schauen; „Der herschaug" = verwundertes Dreinschauen

schauf'l: Schaufel

schaur'n: hageln

schea, schia, schea: schön; „Sich schea machn" = sich entschuldigen

scheadl(e)n: Schalen, Hülsen entfernen

schearen, scherren: schaben, scharren

scheck(l): geflecktes Tier

schecket: gefleckt, bunt

scheder: (U) Mundwinkel; Weibsperson, die immerzu lacht oder redet

scheib', scheib'n: Scheibe, runde Fläche, Fenster(glas)

scheiben, scheipen: fortrollen machen, kegeln, rollen

scheibig, g'scheibig, g'scheibt, scheibelet: rund

scheiden: scheiden, trennen

schein': scheinen, leuchten

scheiss(e)n gean: auf die Toilette gehen

scheißhäuslfisch: scherzhaft für Brathering

scheissmalggen: Unkraut

scheißn auf eppös: auf etwas verzichten

scheite(l)n: spalten

scheizelet: (L) kränklich

schelch: schief, krumm, nicht gerade; falsch, listig

schelchhaxet: mit schiefen Beinen

schelf(n): Schale von Hülsenfrüchten, Obst, Kartoffel usw.

schelfala, schelfele: Pellkartoffel

schell: Spielkarte (Karo)

schelle: Schelle, Kuhglocke

schellig: aufgebracht, wild, unsinnig

schellkinig: Karo König; „Übern schellkinig lobn" = jemanden über die Maßen loben

schellrodl: Kinderschlitten

schellsau: Karo As

schellwenket: ungleich, krumm

schelmen: Diebstähle begehen

schelten, scheld'n: fluchen, schwören; nennen, heißen; tadeln, beanstanden

schelwenket: schief, verdreht

schemen: Masken

schenk(e)n: schenken, einschenken

scheppern: klirren, klirren machen; tönen wie eine gesprungene Glocke

scherb(e)n, scherm: Scherbe; „A alter scherm" = alte Weibsperson, altes Stück Vieh

scheren, scherren: die in der Pfanne angebrannten Teile wegschaben; kümmern um etwas

schergen, schörgen: klagen, anzeigen, denunzieren

schergn: Häscher; Personen die gerne andere verklagen

scherm: Schirm; auch Schürze der Zimmerleute

schermaus: Maulwurf

schermesser: Rasiermesser

scherp': Scherbe, Bruchstück eines Gegenstandes, Splitter

scherz(l): Endstück des Brotes, der Wurst usw.

schetter: (S) Geld, klingende Münze

schetterle: eine gestrickte Jacke, Spencer

scheuch, schiech, schoich, schuich: scheu, schüchtern, furchtsam

scheuch, schuich: Scheuche, Feldscheuche, Vogelscheuche; zerlumpte Person

scheuchen, schoichn, schuichn: scheuen, scheuchen

scheuzig, scheuzlich: scheu, furchtsam, häßlich, furchtbar

schi(e)fer: Splitter (Holz oder Stein); innerer Unwille, Groll, unmutiges Verlangen

schiassn: schießen

schicht: Arbeitsschicht, Tagwerk; Gang, Gericht beim Essen

schichtig, schüchti: wildscheu, zornig

schick: Gelegenheit, schickliche Zeit, Füglichkeit; Schicklichkeit, Manier, Anstand

schicken: mit der Grundbedeutung des Anordnens, Verfügens

schidlich, schidele: (S) sanft, klug

schieferig, schiefrik: voller Splitter, leicht zu spalten; reizbar unmutig

schiegeln: schielen; mit schiefen Füßen oder krumm gehen

schiel: der Klumpen, das Bruchstück; (S) kleine Wunde, durch Aufschürfung der Haut; Kruste einer vernarbten Wunde

schiepen: herabrollen, fallen

schier, schirch, schirge: beinahe, fast

schiesser, tatschiesser, tatscher: Schnellkügelchen

schiffen: urinieren (vulgär)

schiffi, schef(f), schöff: Schiff

schilchen: schielen, das Auge auf jemanden werfen; eine fahle, rötliche Farbe haben (Wein)

schimmi, schimpel: Schimmel

schinag(g)l, schinakel: Kahn, Boot; auch für altes Gefährt überhaupt

schinaggln: hart arbeiten

schindel, schintl: Dachdeckung aus Holz, brettartig

schinharig: dünnbehaart (Pferde); armselig

schink'n: Schinken, Schenkel, Fuß

schint'n: schinden; geizig sein, knickern

schitter: dünn, lückenhaft, nicht dicht genug

schitzen: (U) die Hülsen, Schalen der Hülsenfrüchte (Bohnen, Erbsen usw.)

schlachtln, schlachtigen: schlachten

schlaff'n: schlafen

schlafhaubn: Langschläfer

schlafrig: schläfrig

schlagk: bitter, ranzig

schlagn: schlagen, prügeln

schlaich(e)n, schloachn: auf geheime Weise etwas bringen, geben: „Oan oane schloachn" = jemandem eine Ohrfeige geben

schlaipfen, schloapf(e)n: gleiten machen, nachschleppen

schlais, schloas: Knoten zusammengebundener Bänder, Bandschleife

schlampampen: essen, gierig schmausen

schlamped: unordentlich, schlaff, nachlässig, zerrissen im Anzug

schlampen: schlapp, nachlässig herabhängen

schlampn: Schimpfwort für Weibsperson

schlanggelet, schlangkelet: dünn, geschmeidig

schlanggl, schlangkl: Schlingel

schlanzen, schlenzen: in schwingende Bewegung setzen, werfen, schleudern

schlapp(l)en: von flüssigen Dingen essen, wie die Hunde mit der Zunge hineinschlürfen

schlappa: Sandale, Pantoffel, hinten offener Hausschuh

schlappere! schlapperewolt! schlapperment!: Ausrufe der Verwunderung

schlapporet: mit schlapp herunterhängenden Ohren

schlaraff': träger, schläfriger, schlappiger Mensch

schlarpen, schlerpen: lecken, mit der Zunge schlürfen

schlatterer: Mensch, der sich wenig kümmert

schlatz: kleine Menge einer Flüssigkeit; Schleim; „Er hat an mords schlatz" = er ist sehr beleidigt

schlaudern, schludern: übereilt, nachlässig verfahren

schlaun: guter, rascher Fortgang

schlaunen: wohl vonstatten gehen, gedeihen

schläunen: sich beeilen, rasch vorwärts machen; Mhd. sliunen, slûnen

schlawak: Slowake; scherzhaft: herumschweifender, auch zerlumpter Mensch

schleach'n, schlechen: Beeren des Schlehdorns

schlecken: lecken, naschen; mhd. slec = Leckerbissen

schlecken: lecken, schlecken

schleg(e)l: Schlägel, riesiger Hammer, Keule, Knüppel, Kalbskeule; dicker, hartnäckiger Kopf (verächtlich)

schleiffen: gleiten, besonders auf dem Eis glitschen

schleifmannstag: (L) Fronleichnamstag

schleissen: abnutzen (Stoff, Tuch, Leinen)

schlemm: primitive Liegestätte auf der Alm

schlemmen: prassen, schwelgen

schlems, schrams, schrems: schief, schräg

schlenderer: herumstrolchender Mensch

schlenderisch: nachlässig

schlengg(e)ln, schlengk(e)ln: einen Dienst verlassen und einen neuen antreten (früher bei den Dienstboten)

schlenggern, schlenkern: mit rascher Bewegung schwingen,

schleudern; Mhd. slinge = Schleuder

schlenzen: nachlässig, müßig herumschlendern

schlerper: Zunge (verächtlich)

schliefern: (A) auf dem Eis gleiten, schleifen

schlieffen: sich kriechend, gleitend bewegen, schlüpfen; „Er is oanfach durchn Zaun durchgschloffn" = Er ist einfach unter dem Zaun durchgeschlüpft

schlier: Geschwür am Leib

schlingen: schwingen, schleudern

schlinten: schlucken, schlingen, hineinwürgen

schlirren: (S) geifern, schäumen, den Speichel fließen lassen

schloapfn: schlechte Hausschuhe, zusammengetretene Schuhe

schlumpen: unreinlich sein

schlüsselballe: (O) Schlüsselbund

schlutz: Schleim, schleimartiger Schmutz, glatter Schlamm

schlutzen: ausglitschen, ausrutschen

schmächen, schmäch'n: schmähen, mit Worten herabsetzen; Ahd. smâhi

schmaggizn, schmakitzen: (U) beim Essen mit dem Mund schmatzen

schmaissen, schmoass'n: werfen

schmal, schmol: schmal, knapp, karg, dünn

schmankerle: wieder aufge-
wärmtes Mus, besonders was
ans Geschirr anbrät (früher);
Gustostückerl (heute)

schmarggelen, schmarkelen: nach
Fett, Schmer riechen; einen
fauligen Geruch haben, wie
altes Fett, Fleisch

schmarren: Speise, bestehend
aus in Schmalz gebackenen
Teigmassen

schmatt: (viel) Geld

schmatte(l): dickes, fettes
Weibsbild

schmatter, schmetter: (scherzhaft
für) Durchfall

schmattig: dick, wohlbeleibt;
reich, geldig

schmatzen: mit den Lippen
einen gewissen Laut her-
vorbringen; mit einem
solchen Laut essen oder
küssen

schmaudeln, schmauzeln: liebkosen

schmeck: Geruchs- oder
Geschmacksorgan

schmeck(e)n: schmecken; in Tirol hauptsächlich für riechen;
Ahd. smechan

schmeidig, geschmeidig: dünn, hager; mässig, gering, kaum
hinreichend

schmeiss(e)n: werfen, raufen,
ringen, einen Raufhandel
haben

schmelchen: Halm; dünne, hage-
re Person, dünnes Bein

schmezl'n, schmötzeln: lächeln,
schmunzeln

schmirb, schmier: Schmiere,
Salbe; Gabe bzw. Geld zum
Bestechen

schmirbn: schmieren, ölen;
züchtigen; bestechen; „Wer
guat schmirb, fahrt guat" =
Wer Personen Geld gibt, hat
keine Probleme.

schmirkeln: nach Fett riechen

schmiss: Wurf, Schlag, Streich;
Art, Manier

schmitt(e)n: Schmiede

schmitzen: werfen, schlagen;
färben, beschmieren

schmoass: (O) glücklicher
Erfolg, Glück

schmöchen: fortglimmen ohne
zu brennen; Ital. smoccare

schmöcker: Nase

schmucken: schmiegen

schmutzkatl: unreinliche Person

schnabl: Schnabel; Mund (verächtlich), schwatzhafte Person; „Halt amoi dein
schnabl" = Halt endlich deinen Mund!

schnabuliern: essen, verzehren,
herzhaft und viel essen

schnackeln, schnagk'ln: mit der
Zunge, den Fingern schnal-
zen, schnippen, knallen; vom
Magen aufstoßen, schluchzen

schnacks: lustiger Einfall, Posse

schnaderhüpfl, schnaderhaggen: kurzes, meist aus dem Stegreif
gedichtetes Liedchen, Vierzeiler

schnaggler, schnagkler: der
Schnall, mit der Zunge, den
Lippen, der Klinke usw.

schnaggs(e)ln, schna(g)kseln: Ge-

schlechtsverkehr haben
(vulgär)

schnaiten, schnoaten: behauen, beschneiden (Baum, Hecke);
klein hacken (Zweige, Äste)

schnall: plötzlicher Laut, Knall;
„auf schnall und fall" =
urplötzlich

schnall(n): Schnalle, Türklinke,
Schweif der Ziege; Hure

schnalzen: schnalzen, knallen

schnappen: mit kurzen Zügen
trinken, nippen

schnappl: (O) kleines, weg-
geschnittenes Stück

schnaps: Branntwein

schnapsln: Branntwein trinken,
ihm zusprechen

schnatterbüchs: geschwätzige
Person

schnattern: schwätzen, plaudern, schnattern

schnatzlen: schnitzeln

schnauf'n: schnauben, schwer
atmen, röcheln

schnauzl, schnauzer: Schnurrbart,
Schnauze

schne, schnea: Schnee

schneaig, schneawig: schneeig,
beschneit

schneeballn: Schwelkenbaum

schneebrunzer: Schelte auf einen
kraftlosen Menschen

schnegel: (S) herabhängender
Nasenschleim bei Kindern

schnegg(n), schneck: Schnecke;
„Dös is ma schneggn" = Das
ist mir egal

schneggnsuacher: langsamer
Arbeiter

schneibm, schneiwen: schneien

schneid: Schneide, Schärfe;
Mut, Entschlossenheit

schneid(e)n, schnei'n: schneiden;
„Fratzn schneidn" = Grimas-
sen schneiden

schneitz(e)n: schneuzen

schneizhuder, schnoizhuder: Taschentuch

schnell(e)n: schnellen, krachen,
knallen, bersten, platzen

schnepf'n: Schnepfe, veräclit-
lich für Weibsperson; „Ja,
guate nacht, schnepf'n!" =
Du bist auf dem Holzweg!

schnipfen, schnipf'ln, schnips'n:
flink etwas kleines weg-
zwacken, nehmen

schnittig: scharf, schneidend;
herb, beißend; zäh; rasch,
mutig

schnitzer: Bildschnitzer,
Schnitzmesser; Fehler, Versehen (im Handeln)

schnolp: (O) rauher, roher
Mensch

schnudel: Nasenschleim, Rotz

schnudern: aus der Nase blasen,
schnauben

schnuer: Schnur

schnufeln, schnüfeln: die Luft, den
Rotz durch die Nase ziehen;
stöbern, suchen, gleichsam
die Nase überall drein haben

schnufler: der Neugierige

schnug'ken: (L) schroffer Fels,
Riff

schnupfez'n: (U) schluchzen,
den Nasenschleim immer
wieder hinaufziehen, wenn

die Nase rinnt, schnupfezt
man

schnurfen: sich einziehen,
schrumpfen

schnürk(e)l, schnirk(e)l: Schnörkel

schnurren: (U) sich laut und
unwillig äußern

schoad: Scheide, Futteral

schoadn lassn: sich scheiden
lassen

schoanen, schuanen: schonen,
sorgsam behandeln

schoaß: Magenwind

schober: Haufen

scholdern: lärmen, besonders
mit Schellen; Herumflankie-
ren

schoppen: stopfen

schornickl: jemand, der frisch
geschorene Haare hat

schotteln: schütteln, geschüttelt
werden, sich bewegen

schotten: (Z) Milchquark

schotten: Quark, Käsestoff

schpear, spear, sper: trocken,
hart, rauh vor Trockenheit;
„A spears Maul" = ein ausge-
trockneter Mund

schpiagl, spiagl, spiegl: Spiegel

schpo(a)rn: Sporn

schrag(e)n: Gestell mit vier
schrägen Beinen; scherzhaft
für unförmliche oder häßliche Person

schrai, schroa: Schrei

schramm': Narbe, Wunde

schrams, schrems: schief, schräg,
aus dem Winkel

schranz: Riß, Spalt

schratl: ein wenig

schrattel: Kobold, Poltergeist
(als Schreckwort für Kinder)

schrattlig: mit verworrenen,
zerzausten Haaren

schrauf(e)n: schrauben; „sich
schraufn" = abgehen, sich
heimlich verziehen

schräufl: kleine Schraube

schreaten, schroaten: schneiden,
hauen (z. B. Baumstämme)

schreib(e)n: schreiben; „Sich
. . . schreiben" = den Familiennamen . . . haben

schreibnam, schreibnum: Familien-
name

schremm': Schramme, lange,
klaffende Wunde

schrepfen, schröpfen: schröpfen,
herbremsen

schrinden: aufspringen, bersten

schritzen: schlitzen

schrof(e)n: rauher Fels, Felswand

schroll(en): Klumpen, Scholle

schroppen: holprige, unebene
Stelle

schroppet: holprig, uneben

schruntze: Spalt

schub: Handlung des Schie-
bens, Stoß; was auf einmal in
den Mund gegeben wird;
Polizeifuhr

schuberl: Umschreibung für
Teufel

schübling: (O) Wurstsorte

schucht'l: übereilt handelnde,
ungeschickte Person

schuchteln: rasch hin und her
fahren, übereilt handeln

schuech: Schuh

schuel: Schule; ahd. scuola

schueppen, schüeppen: Schuppen, Unreinlichkeit auf dem Kopf

schuester: Schuster; Person, die schusselig arbeitet

schummeln: hin- und herstoßen

schumpfieren: schimpfen

schupf'n: rempeln, stoßen, in Bewegung bringen, leicht stoßen

schupfer(l): kleiner Stoß

schur: das Scheren

schurfen, schürfen, schürpfen: ritzen, abreiben, Haut abschürfen

schurimuri: übereilt, ungeschickt handelnde Person

schürl: (U) Rührlöffel

schurlen: (S) urinieren (Kinder)

schurz: Schürze

schütt'ln: rütteln, in Bewegung setzen

schütt(e)n: schütten; in Strömen regnen

schutz'n: durch einen Schwung oder Stoß in schnelle Bewegung, besonders nach oben setzen

schutzauf machn: wenn Kinder mit gefalteten Händen wiederholte Bewegungen nach oben machen

schwa(s)chz, schwarz, schworz: schwarz

schwab: Schwabe; scherzhaft werden in Tirol auch die Außerferner so genannt

schwabbeln, schwatteln: plätschern (Flüssigkeit), wie die Enten gehen, hinken

schwaben: (O) die Haare naß machen und kämmen

schwada: Beredsamkeit, Geschwätzigkeit

schwaggln, schweggln: (L) eine Flüssigkeit hin und her bewegen

schwäher, schwöcher: (O) Schwiegervater

schwaif, schwoaf: Schwanz, Schweif, Penis (vulgär), Schimpfbenennung gegen Männer

schwalbl'n: zwitschern

schwalm: Schwalbe

schwandern: (S) im Hemd umherlaufen

schwank, schwenk: Posse, Lüge

schwanzen: stolz einhergehen, sich zieren

schwar: schwer; ahd. swâri

schwären, schwerzen: schmuggeln

schwarggln, schwark(e)ln, schwergkln: wanken, taumeln

schwart(n): Schwarte, Speckrinde; scherzhaft für Bauch

schwartling: erstes und letztes vom Baumstamm gesägtes Brett (mit Rindenresten)

schwarze mess: Messe für Verstorbene

schwärzer: Schmuggler

schwarzplattl: Singvogel (Art linaria)

schwatz(e)n: schwätzen, plaudern; unehrbar reden oder singen

schwearn: schwören

schwebl: Schwefel

schwegl, schwögl: Querpfeife,
Schwegel

schwegln: auf der Schwegel
spielen; scherzhaft für trinken

schweinisch: unsauber

Schweinnigl: schmutziger, geringer Mensch

schweinstrog: Schimpfname
für einen unsauberen
Menschen

schwelln: schwellen, aufblähen

schwenkmacher: lügenhafter
Possenreißer

schwenten: schwinden oder abnehmen machen, zugrunde
richten, verderben

schwenzen: schwenken, ein
Gefäß mit Wasser reinigen,
ausspülen

schwester: Schwester, Nonne

schwilch: (O) grober, unge-
schliffener Mensch

schwirbeln: taumeln

schwirblig: taumelnd, schwindelig

schwitz: Schweiß

schwitzeln: nach Schweiß
riechen

schwoabm, schwaib(e)n: schwem-
men, spülen; „Dö glasln aus-
schwoabm" = die Gläser ausspülen

schwoass, schwaiss: Schweiß,
Blut (meist bei Tieren)

schwoassen: bluten, schweißen

schwoassig: blutig, nach
Schweiß riechend

schwoasswuscht: Blutwurst

schwuchtl: Homosexueller

schwula: Homosexueller

schwule sau: Schimpfwort
(nicht nur für Homosexuelle)

sea, se: See

seal, sel': Seele; „Koa hund
und koa seal!" = ganz und
gar niemand

sealamt: Seelenmesse

sechn, segn: sehen

sechter: Schöpfgeschirr,
Melkgefäß

sechtln, seachtln, seachtnen: die
Wäsche in die Lauge tun und
kochen (früher)

secklmoaster: Kassier

seff: Josefa

seg'n: Segen

seggiern, seckier'n: einen, ihn
plagen; ihm durch unaufhör-
liches Bitten beschwerlich
fallen; jemanden leicht
quälen

sekten: Grillen, Launen,
Sonderbarkeiten

selchn: trocknen, räuchern,
dürr machen

senef, senif, senft: Senf; scherzhaft für Blödsinn

senna: Senner

sennin: Sennerin

Sepp: Josef

serb'm, serben: abwelken, dahinsiechen; ahd. serawen

serggl, serkl: (U) Morast,
Schlamm

sette, sötte, söttan, sottan, söttig:
solch(e), so getan

seufzger: Seufzer

si', se': sich

sia, sie: sie

siach, siech: der Sieche, der

Kranke; Person die nie
genug hat, Geizhals

siach, siech: fortwährend krank
oder kränklich

siadn, soid'n: sieden

siarig, sirig: brennend, schmerzhaft (Wunden); empfindlich,
aufgebracht, unwillig

siarig, sürig: empfindlich, ge-
reizt, reizbar

sibz'g: siebzig

sie(n)zeln: ungestüm nach etwas
verlangen, weinerlich bitten

sied, sieder, sait: seit, seitdem

siem, sieb(e)n: sieben

siffeln: (U) zischen; bei schlep-
pendem Gang den Boden
streifen, rauschen

sigl: Siegel, Stempel

sigln, sigeln: siedeln, angeses-
sen sein, sich häuslich nieder-
lassen

sikern: tropfenweise rinnen,
sintern, abrinnen

sim(e)s, g'sims: Gesimse, Sims

Sima(l), Siml, Simele: Simon

simuliern: nachdenken, in Gedanken vertieft sein, grübeln

Sinal: Rosina

sind', sünd': Sünde; „Es is
sünd' und schad'" = es ist
sehr schade

singa, singen: singen, klingen,
tönen

singesle: (O) Glöcklein, Schelle

sinke, sink(e)n: (U) Niederung,
Vertiefung, Bodensenkung

sinnier(e)n: nachdenken, studieren

sinnig, sindle': sehnlich, mit ver-

langendem Blick; zornig,
erbost; sehr ungemein

sinnlos: zwecklos, unsinnig,
von Sinnen

sinweit: (B) veränderlich,
unstet

sist, sust, süst: sonst, ehemals,
vordem

sitzn: sitzen, setzen

six! meiner six!: bei meiner Seele

**skatl, schgatl, gstattl,
gspattl:** Schachtel; ital. scatola

sklaf, schglaf, gschlaf: Sklave

soach: Urin

soachdokter: Bauerndoktor,
Naturheiler, weil er die
Diagnose vom Urin ableitet
(soach = Urin)

soachkachl: Nachttopf

soachnass: völlig durchnäßt

soachwarm: lauwarm

soadl(er): unausrichtsame
Person

soaff, soaft, soaf(t)n: Seife, von
ahd. seiffa

soalen: seilen

soat'n: Saite

soatling: gereinigter, getrockneter Darm zum Wurstmachen

sochen: (U) abwelken, körperlich kraftlos werden, siechen

sock'n, söckl: Socken

sod: das Sodbrennen

soda, sode: so denn, also denn

soire, suire: Hitzebläschen

sol: Sohle, Schuhsohle,
Fußsohle

**solcher, sölcher, söller, söllener,
söttener:** solch einer

sold: Geld

solder, söller, soler: offener Gang oder Altane um das obere Stockwerk eines Hauses bzw. Bauernhauses; Abort (WC); Hausflur, Saal vor der Stube

sopern: (L) einen auszanken, ihm einen Verweis geben

sörbirne: (U) wilde, ungenießbare Birne

sorg, sarg: Sorge

soso: mittelmäßig, weder zu loben noch zu tadeln; „Mia geht's soso" = Mir geht es mittelmäßig

sottaner, söttener: ein solcher

sotterig, sotteret: leer, aufgedunsen, schlapp, fett (Personen)

sottern: langsam, zögernd tun; langsam sieden

sov'l: soviel

sozi: Sozialdemokrat

spachen, spoach(e)n: die Speiche (Rad)

spacht'l: Spatel (des Farbenreibers)

spachten: sprechen, plaudern

spacken: (S) Füße

spadl: Span, Splitter; Spänchen, Holzstückchen

spaget, spagot: starker Bindfaden, Spagat; lat. spacus

spänen, abspänen: abstillen, ein Kind (Junges) von der Mutterbrust entwöhnen; abgewöhnen überhaupt

spangen: Spange

spanisch: spanisch; sonderbar, unerklärlich; „Dös kimbt ma spanisch vor" = Das kommt mir sonderbar vor

spanna, spannen, sponna: spannen, ausspannen, einspannen

spannadl: Stecknadel

spar'n, spor'n: sparen

spargement: Zeremonie, Umständlichkeit

spasseln: kleine Späße machen, scherzen

spat: spät

spatz, spatzl: Sperling, Kosename

spatzen: (O) sich auf etwas spatzen: etwas sehnsüchtig erwarten, erhoffen

specken: mit dem Finger einen Schneller, Fips (auf die Stirn usw.) geben

spedern: (U) kleine Splitter, Späne beim Spalten des Holzes

spei'r: Spierschwalbe

speiben, speiwen: speien, kotzen

speik: Alpenpflanze (primula glutinosa, valeriana)

speis': Speise, Nahrung, Kost; kleiner Raum für den Küchenvorrat, Speisekammer

speldern: (U) eigennützige Ansprüche erheben; (S) schelten, heftig anschreien; (L) auf feine Art etwas begehren

spelten: Spaltstück eines Holzblocks; Splitter; gespaltenes Zaunholz

spendier'n: ausgeben, aufwenden, einen ausgeben; ital. spendere

spendierlich: gerne ausgeben

spengen: zusammendrücken, beengen

spenser: Jacke, Wams

spenstig: widerspenstig

spenzeln, speaz'ln: liebäugeln

sperl: einfaches Schloß einer Tür

sperren: sperren, weigern

spetlern: (U) sich weigern, entgegensetzen (Kinder)

spetzger, spezier: Apotheker; ital. speziaro

spicket: Spieke (lavendula spica)

spiel: Spiel, Schauspiel, Bühnenstück

spielgurr: leidenschaftlicher Spieler

spielhuh': Birkhahn

spieseggat, spiessegk(el)et: schief, spitzwinkelig

spil'n, spilen: spielen

spilede: (L, S) hager, dünn

spinna: spinnen; durchdrehen, nicht gut gelaunt sein

spiss: Stricknadel, Spreißel, Splitter, Gerte, Spieß

spissig: dünn, dürr, mager; scharf, schneidend

spital, spitol: Krankenhaus, Klinik

spitaler: Kranker im Krankenhaus

spitol'n: Pistole

spitz': Spitze, Gebirgskuppe, Räuschchen, Hunderasse

spitzen: auf etwas spitzen, lauern, warten

spitzig: spitzig; mager, dürr aussehend

spoar'n: (O) mit den Füßen treten, scharren, in Unordnung bringen

spoiche: unfruchtbare Ziege; unfruchtbare Frau (verächtlich)

spoien: Fesseln

spor: Spur

sprabatzen: (S) oft ausspeien, ausspritzen

sprach', sproch': Sprache

sprauss: Sturm

spreckeln, spregk'ln: sprenkeln, mit kleinen Flecken versehen

spreisseln: spalten, splittern

spreissl: Splitter, Holzspan

spreitz(e)n: spreizen, stämmen, stützen

sprinzet: (S) Sommersprossen

sprissel: Splitter, dünnes Holzstück

spritz'n: Spritze, Injektion

sprotz(e)n: stier mit weitgeöffneten Augen dreinsehen, glotzen

sprotzer: glotzendes Dreinschauen; Mensch, der mürrisch starr dreinsieht

spuchen: schnauben, blasen (vor Zorn)

spucht'l: unfruchtbares Weib

spudern: den Speichel aus dem Mund ausspritzen, feuchte Aussprache haben; stöbern, wie der vom Wind herumgejagte Schnee

spüelen: spülen; einen, ihn derb heruntermachen

spundes haben: Angst, Respekt haben vor etwas; (O) Ekel, Abscheu haben

spusen: (L) werfen

spütern, spudern: (U) mit Speichel bespritzen

sputzen: (S) spritzen

stab'n, stobe: stauben, stäuben

stab, stob: Staub, feiner
Schmutz

stab, stob, stabl: Stab

stachl: Stachel, Dorn; Stahl

stackl: eiserne Spitze am Geh-
stock

stad, stat: still, sachte, leise;
verstärkt: mäuslstad

stadl: kleine Scheune; Hütte
auf einem Feld zur Heuaufbewahrung

staff(e)l, stapfl: Stufe; Art Mini-
leiter mit nur einem oder
zwei Tritten

staig: Steige, Kiste

stain, stoan: Stein, Fels, Edel-
stein; in Verbindungen (stoa-
alt, stoareich usw.) zur Verstärkung im Sinne von sehr

stainerig, stoanig: steinig, voller
Steine

stampa: Sagengestalt (Perchte)

stampenei, stempenei: unruhiges
Sichbeeilen, wirre Hast; Sache, die Mühe und Anstrengung verursacht; Ital.
stampania

stampern: jagen, treiben; „weg-
stampern" = wegjagen

stampf: Stempel; Stampfmühle

stand(l): Stand, Verkaufsvor-
richtung, Theke

stang(l): Stange, etwas Langes;
große Person

stanzen, stanz'n: Füße, Beine

(verächtlich); langfüßige
Mücken, Schnacken, Gelsen

star(r): starr, unbeweglich, steif

starch: stark

starz, sterz: gerade aufstehen-
der Strunk an Kohlgewäch-
sen

starz, storz: jedes starr Hervor-
ragende (Wurzel vom umge-
stürzten Baum usw.); Strunk
an Kohlgewächsen; der ent-
beerte Maiskolben

stat: Stadt, Stätte, Staat;
Stand, Orden, Amt, Würde

statler: Städter, Stadtbewohner

statlich, statle': stattlich, fest-
lich, vornehm geschmückt;
hoffärtig im Anzug

statzgen: stammeln

statzger: Stammler; stammelnde Rede

stauch'n: Kopftuch, Schleier
der Frauen

stauch(e)n: verstauchen, verren-
ken (Fuß usw.); „Den magn
überstauch'n" = überessen

staud'n: Gesträuch, Hecken,
Busch

stauen: (U) windig, stürmisch
sein

stealn, stelen: stehlen, entwenden

stean, sten, stian, stien: stehen

stear, stör: Arbeiten der Handwerker, die ins Haus kommen

stearn: Stern

stearnhaglvoll: völlig betrunken

stech(e)n: stechen

steck(e)n, stecke: Stock, Stab,
Wanderstock

Steff(e)l, Stöffl, Stoffei: Stefan; Christoph(erus)

steffestag, steffelstag: 26. 12.

steft(en): Stift

steiff: steif, fest, tüchtig; „Sich auf etwas steiffen" = sich auf etwas stützen

steig('n): Steige, Hühnerstall, Käfig

stell'n, stöll'n: stellen

stelz(e)n: Stütze; hölzernes Hochbein zum Gehen

stelzen: stützen

stemmen: meißeln

stenken: stinken machen

stenten, stentier(e)n: sich bemühen, abmühen; Ital. stentarsi

stentierlich: sich umtuend, viel Mühe gebend, geschäftig

steppen: im Nähen oder Stricken Zierate anbringen

sterb'n, sterb'm: sterben

sterzen, störzen: müßig herumstrolchen, vagieren

sterzingermos: das Sterzingermoos bei Sterzing ist dem Volkswitz nach, jener Platz, wo die alten Jungfrauen hinkommen: Ein Unterinntaler Spruch lautete: „Die altn diandln und die altn ross, kemma auf 's sterzingermos!"

stessel, stössel: Werkzeug zum Stoßen

steuern, stoian, stuirn: steuern, Steuern zahlen; selbständig gehen können (Kinder)

steur, stoia, stoir, stuir: Steuer

sti(e)ch: Stich, im Kartenspiel eine Runde für sich ergattern

stia(r)n, stüren: stören, wühlen, stochern

stibes: Räuschchen (scherzhaft)

sticki, stickel: steil aufsteigend; „Mei, is der weg sticki!" = Ach, geht der Weg steil bergauf; ahd. steigal

stiera: einer, der trotz aller Geschäftigkeit, doch nie mit der Arbeit fertig wird

stieren: mit der Kuh zum Stier gehen; (U) ein lockeres Leben führen, trinken und schwelgen

stif'l: Stiefel

stifl(e)n: jemanden anreizen, aufhetzen, aufstacheln; „anstifln"

stifler: hölzerner Pfahl mit Seitensprossen zum Grastrocknen

stift: Miete, Pachtzins; Feststellung eines Verhältnisses

stig'l: jene Stelle an einem Zaun, wo durch einen Pflock oder ein Brett, ein Übergang zum leichteren Überqueren geschaffen wurde

stil: Stiel

stilpn, stülpn: stülpen

stimmen: stimmen, wahr sein; „oan stimmen" = einen zum Besten haben, necken

Stina, Stindl, Stinele: Christina, Christine

stingl: Stengel, Pflanzenstiel

stinglglasl: becherartiges Gläschen

stink'n: stinken, übel riechen, riechen überhaupt

stipfl: Punkt; „Auf den stipfl" = schnell, aufs genaueste, aufs Härchen

stirn': Stirne; dafür gewöhnlicher als Hirn

stizge': (A) umkehren, in Unordnung bringen

stoass(e)n, stessen, stoss(e)n: stoßen, rempeln

stoass, steassel: Unterfutter unter der Achsel am Hemd

stoasset, stessig: stößig

stöbern, stöpern: stauben, wehen

stocket: wohl untersetzt, fest, kurz und derb (Körperbau)

stöckl: Schuhabsatz

Stoffl, Stöffl, Stoff: Christoph, Stefan; dummer, unbeholfener Mensch (selten)

stoll'n: Stola

stolz: ansehnlich, stattlich

stolzikeit: Stolz

stops'l: Korken, Stöpsel; dummer Mensch

storax: Rausch (scherzhaft); Schimpfname

storf'n: Strunk, Knorren; Stumpf vom Baum usw.

stork: Storch

störzer, sterzer: Müßiggänger, Landstreicher

stotz(n): kleiner Knirps; Hut (verächtlich); weites, rundes Milchgeschirr

stra: Streu

stra'n: streuen

strackeln, stragg'ln: abmatten, ermüden; Ital. straccare

stracks: gerade, unverzüglich, unmittelbar

straich, stroach: Streich; üble Laune, Grille; launenhafter Mensch; Eigenwilligkeit: „Der hat an stroach" = der glaubt, etwas besseres zu sein

straif, streafl, stroaf(e)n: Streifen

strainzen, stranzen: sich strekken, dehnen

stral'n: stallen (Pferd), den Urin lassen

strälen: (A) kämmen

stram: Strom, Fluß des Wassers

strampl'n, strampf'n: schwerfällig, plump gehen, mit Getöse auftreten; mit den Füßen unruhig sein (wie Kinder im Bett)

strang: Strang, Seil; Reihe, Zeile (Streifen Feld)

strapp'ln, strappleziern: abnützen, häufig gebrauchen und anstrengen; hart arbeiten, sich abplagen

strauben: Art strangähnlicher (geflochtener) Pfannkuchen

strauck, strauchen: Schnupfen, Katarrh

sträussl: Sträußchen, kleiner Blumenstrauß

streaffl(e)n: mit Streifen versehen

streich'n: streichen, anmalen, malen

streicherle: Zündhölzchen

streichkas: Schmelzkäse

streit'n: streiten, zanken; einen Prozeß führen

stren: Strähne; Flechte von Fäden, Haaren usw.

strick'sn, strix'n: peitschen

striemen: Streifen, Strieme

strigeln: mit dem Striegel kämmen; peitschen, züchtigen

stritt: Streit, Prozeß

stro, stroa: Stroh

strob'ln: struppig sein oder machen

stroblkopf: mit struppigen Haaren

stronz: Kot, besonders Hundekot

ströw: Streu; scherzhaft für Schnupftabak

ströwen: Streu machen, Streu ausbreiten

strubl(e)n: kraus drehen, struppig machen

strud(e)l: Quirl, Werkzeug zum Quirlen; Mehlspeise (Apfelstrudel usw.)

strudeln: durcheinanderrühren

strüelen: umherstöbern, durchsuchen und dabei in Unordnung bringen

strüeler: einer, der alles neugierig durchstöbert

strummet: (S) taubstumm; gehör- und sprachlos

strumpfgidi: unbesonnen handelnder Mensch

strupp'l: Skrupel, Bedenken

struppelant: skrupelloser Mensch

strützel, stritzl: länglicher Kuchen

strutzen: schleppen, ziehen, zerren; mit Mast- oder Schlachtvieh Kleinhandel treiben

strutzn: Brotlaib in länglicher Form

stub'n, stu'm: Stube, Wohnzimmer; Schlafzimmer, überhaupt für Zimmer

stuck, stückl: Stück (Vieh usw.); ein Stück Weg

stucken: stücken, anfügen, etwas verlängern, nach dem Stück arbeiten; hadern, wortwechseln

stuedl: Webstuhl, Maschine zum Tuchwirken

stuel: Stuhl, Sessel; Mhd. stuol

stuff: müde, satt eines Dinges

stulp: Hutkrempe

stülpkrag'n: scherzhaft für jemanden, der gern trinkt

stümp'ln: stümpern, pfuschen

stumpen: abgeschnittenes Ende

stumpf: Strumpf

stupfel: Stoppel

stupfen: stechen, stoßen; setzen, pflanzen

stupfer: Stoß, Stich; Art Mehlspeise

stupp: Pulver, Staub

sturm: Sturm, heftige Gemütsbewegung, Rausch

sturz: Deckel auf einem Kochgeschirr, Sturz, Fall

stützig: trotzig

stützkopf: Trotzkopf

subtil: fein, zart; lat. subtilis

sucht: Krankheit, Siechtum; Drogenabhängigkeit; heftiges Verlangen; Sehnsucht; Entzündung an einer Körperstelle

sudl'n: sudeln, langsam tun, nicht vorwärts kommen; Auskochen (früher)

suff: Schluck, Trank, Säufer

sugl: (O) säugendes Tier

sull(e): (S) Mistjauche

sulz(n): Salzbrühe; Aussud, Gallerte; Aspik; Preßwurst

summa, summer: Sommer

summavogl: Schmetterling

summerwint: Südwind, Fön

sumpern: im Stillen protestieren; leise jammern; dumpf hallen, sumsen, tosen (von tiefen Saiteninstrumenten)

sündla': schade um etwas

sunn': Sonne

sunnaseitn: Sonnen- oder Südseite eines Berges

sunnedachl: Sonnenschirm; Segeltuch als Schutz vor Sonne

sunnenring: Regenbogen

süpfeln, supfeln: schlürfen; wenig, aber oft trinken

supp'(n), süppl: Suppe; Brühe überhaupt, Flüssigkeit (scherzhaft); „Da treibt's ma dö Supp'n außa" = Da schwitze ich

supp'mschlecker: scherzhaft für Zeigefinger

suppenlecker: Schmeichler, Schmarotzer

sur: Jauche, Brühe, Salzbrühe

surblwint: Wirbelwind

sürchl'n: (O, S) röcheln, hart atmen

surm: das Gesumse, Getöse, der Lärm

suttern: im Kochen wallen; aus einem enghalsigen Gefäß mit gewissem Geräusch ausfließen

sutzeln: saugen

T

tading: früher: Termin, Gerichtstag, Gerichtsverhandlung

taff: Taufe

taffn: taufen, scherzhaft für regnen

tafnum: Taufname

talpatsch: Tölpel, Tolpatsch

tappeln: kleine Steine aufwerfen und sie wieder fangen

tappen: sich ungeschickt, plump benehmen

tapper: scherzhaft für Fuß; (S) Schuhe aus Filz oder Loden; von Mhd. tâpe = Pfote

tappisch: läppisch, ungeschickt

tappschädl: ungeschickte Person

targgeln: stolpern, taumeln

targk'ln: klein im Wuchs bleiben (bei Tieren)

tartsch: Brei von allerlei Dingen, Gemängsel

taschenfeitl: Taschenmesser

tascher, tuscher: guter, aber unbehilflicher Mensch – „A so a guater tascher" = So ein gutmeinender Mensch

taschn: Tasche, Einkaufstasche, Damenhandtasche,

scherzhaft für ungeschickte Weibsperson, Ohrfeige mit der flachen Hand

tatschen: im Weichen, Flüssigen mit den Händen tändeln und es so klatschen lassen

tatschl(e)n, tätschl(e)n: sanft mit der flachen Hand schlagen, liebevolle Ohrfeige

tattern: zittern, beben; „Vor Angst dertattern" = Vor Angst zittern

tatz: Abgabe, Steuer, Taxe, von Ital. dazio

tatz: Pfote, Tatze, für unförmliche Hand

tatz(l): Tasse, von Ital. tazza

tatzen: mit der Hand berühren

taue: (O) siehe taufe

täuelen: (S) sanft regnen

tauern: Gebirgsrücken über den ein Jochweg führt: zum Beispiel Felbertauern, Hohe Tauern, Krimmler Tauern, die äußere Gestalt erinnert an Lat. taurus

taufe: (U) früher Gefäß mit Abteilungen und Deckel zum Aufbewahren von Salz, Mehl usw.

taufel: Faßdaube

tauschen: einem eine (ab)tauschen = jemandem eine Ohrfeige geben

täuschl(e)n: kleine Sachen tauschen

tause't: Tausend, oft als Verstärkung, z. B. „der Tause'tlistige" = der Teufel

tax: Taxe, Abgabe, Maut; früher: weintax, seidentax usw.

tearisch: schwerhörig, taub, auch: wahnsinnig

teat(e)n: töten, umbringen, schlachten

tebich: Teppich, Vorleger, von Lat. tapes, tapetium

techtlmechtl: heimlicher Liebeshandel, Wirrwarr, Durcheinander

techtlmechtl(e)n: verliebte Blicke zuwerfen, liebäugeln

tegken, tegg(e)n: Gebrechen, Fehler, Verletzung – „Dös Auto hat an Teggn" = Dieses Auto hat einen Fehler

teichel: hölzerne Röhre zu Wasserleitungen

teifl: Teufel

teigl, teixl: verkürzt für Teufel

tell: (U) Qualm, dicker Rauch (wenn man nasses Holz anzündet)

tellerschlecker: Schmarotzer, Zeigefinger

temmern: klopfen, hämmern; früher sagte man zur Karwoche auch temmerwoch'n, weil die Ratschen geklappert haben

temperwoch': (S) Quatemberwoche

tenn: Scheune, Tenne

tent(e)n: gelingen; „Dia Arbeit will eahm nit tentn" = Diese Arbeit will ihm nicht gelingen (paßt ihm nicht)

teppig: abgemüdet, schwach

tersch: eigensinnig, störrisch; stumpfsinnig, dumm

tetschig, tetschet: weich (Brot, Käse usw.)

texel: kleine krumme Hacke (Werkzeug der Zimmerleute)

ti!ti!: Ausruf der Kinder beim Anblick eines schönen Dinges

Tilli: Ottilie

tinne: (O) Stirne, Schläfe

tintand: den gleichmässigen Schlag des Perpendikels nachahmender Laut, das ermüdende Einerlei, fades Geschwätz

tipfl, tüpfl: Punkt, kleiner Fleck

tippig: (S) aufgebracht, zornig

tirggn, türk(en): Mais, türkischer Weizen. Früher nannte man Telfs scherzhaft die „Türkei", weil dort der Mais besonders gut gedieh.

Tirol, Tyrol: Schloß bei Meran, frühere Grafschaft, heute allgemein für Nordtirol

tischtrüchl: Tischlade

tisel: hitzige Krankheit, Bauchweh, Kopfweh, wenn man sich nicht wohl fühlt, auch für jede kleinere Krankheit überhaupt

to(a)r: Tor, Eingang

to(a)t: Tod, oft bedeutet toat die tötende Ursache, z. B. Maustoat (Mausgift)

to(a)t: tot (sein)

toas: Blödsinn, wenn jemand etwas Unsinniges daherredet

tobel: Gebirgsschlucht, Waldtal, auch in örtlichen Eigennamen, z. B. Toblach (Ort), Toblhof, Tobl (Tal und See), Toblino (See bei Trient)

töbelen: nach dumpfer, abgesperrter Luft riechen, darin verderben

todin: alter Ausdruck für die personifizierte Pest

toggl, togkl: (U, Z) Filzpantoffel, von Ital. zoccolo

toifl: Teufel

toir, tuir: teuer

tölkner: (S) Sternsinger mit drehbarem Stern (Pustertal)

toll: womit vorzügliche geistige oder körperliche Eigenschaften im Allgemeinen bezeichnet werden: gut, schön, brav, wohlgenährt, stark, fest, derb usw.

tolpen: (S) tolpatschig gehen oder handeln

tommele: Lotteriespiel, von Ital. tombola

toob: (O) zornig, aufgebracht

topfen: (U) Milchquark

törggelen, törgkelen: im Herbst den jungen Wein trinken und dazu Kastanien essen, viele Nordtiroler und Deutsche fahren im Herbst nach Südtirol zum Törggelen

torgk'l, torkel, Torggl: (S) Kelter, Weinpresse, von Lat. torcular

torgk(e)ln, torggln: (S) pressen, keltern, auch; taumeln

torzen: Fackel, Pechfackel, von Ital. torchio

toscht: (U) dort (hinweisend)

tosmen: (O) brausen, summen, tosen

toudl: (S) Gespenst, Spuk

traaf: Traufe

traam: Balken (meist bei Fußböden und Zimmerdecken
aus Holz); Traum

traamen: träumen

tracht: Mode eines Volkes,
heute für die ehemalige Kleidung des jeweiligen Landes-
teiles bzw. einer Talschaft

tracht(e)n: nachdenken, sinnen,
auf etwas denken

trachter: Trichter

trachtig: fruchtbar (Boden),
trächtig, schwanger

trachtig: mit Tracht bekleidet

trachtl, truchtl: scherzhaft für
dicke Frau

trag(e)n: tragen

trag(k)lweis': Stück für Stück,
partieweise, in kleinen Teilen

traget: trächtig (bei Tieren)

traid, troad: Getreide, Korn

trall(ei): (U) stammelnde, blödsinnige Person

trallen: schäckern, kindisch
tun, schwätzen

trampeln: stampfen, plump auftreten

trampl: abschätzig für dumme
Weibsperson

trampltier: Person, die beim
Gehen viel Lärm macht;
abschätzig für plumpe
Weibsperson

tranterer: (U) eine Art abgeson-
derten Milchquarkes

trantschen: verunreinigen, im
Unreinen wühlen

trapp: Trab

trapp(e)l: Fangeisen, abschätzig für dumme Weibsperson

trappeln: eilfertig mit kurzen
Schritten gehen, durch
schnelles Treppensteigen ein
Getöse verursachen

tratsch(e)n: viel herumreden,
plaudern, über andere Leute
reden bzw. schimpfen

tratsch, ratsch: geschwätziges
Weib; „Dorf(t)ratsch" = die
geschwätzigste Person im
Ort, leeres Geplauder

tratz(e)n: necken, peinigen,
durch Neckerei erzürnen;
„Dia Arbeit tratzt mi" = Ich
komme mit dieser Arbeit einfach nicht zurande

traud'n, trau'n: getrauen, sich
trauen, wagen, vermuten

traupp(n): Traube, ein Ästchen
mit ein paar Weintrauben

trauppet: mit Trauben versehen, dicht behängt mit
Trauben

traur: bestimmte Zeit dauern-
de Klage um einen Verstorbenen (Ehefrauen gehen
üblicherweise ein Jahr
schwarz gekleidet), je nach
Verwandtschaftsgrad gab es
früher verschiedene Trauer-
zeiten

treast(e)n: trösten, helfen, gnä-
dig sein – „Treast'n Gott!"
sagt man von einem Verstorbenen

treber: Schnaps aus Übrig-
bleibseln aus gepreßten oder
gekochten Früchten

trebern: Übrigbleibsel vom Weinpressen, Hülsen

trebrach: (Z) die übrigbleibende feste Substanz des Käsewassers

tred'n, trett(e)n: treten, tanzen, jemandem eine stoßen

treff, triff: bedeutender Schlag, Streich (z. B. beim Raufen)

treiben: treiben, gären (Wein), aufgehen (Teig)

treiber: Hirt

trein, tran: Weg für den Viehtrieb

tremel, tremling: Knüttel; dicker, langer Mensch

trendeln: trennen

trenk(e)n: tränken, befeuchten, durchnetzen,

trentschen: siehe trenzen

trenz(e)n, trentschen: wenn jemand Speichel aus dem Mund laufen läßt (vorwiegend bei Kindern); auch: weinerlich sprechen, unter Tränen reden; bei der Arbeit matt, langsam sein

trester: die ausgepreßten Weintrauben, daraus gebrannter Schnaps

trestern: (U) mit abwechselnden Füßen stampfen

trett(e)ln: trippeln, mit den Skiern eine Piste präparieren

triauln: jauchzen, Juchhee rufen, daß es widerhallt

tricknen, trücknen: trocknen, dörren

trieb: Sauerteig, Weidegang

triebl: Nudelholz

triefl(e)n: eine Schnur, ein Seil oder einen Faden aufdrehen, Gedrehtes auflockern

triel: Mund, (aufgedunsene) Lippe – „Den triel hängen lassn" = Mürrisch sein

trift: Forttreiben des Holzes in Bächen und Flüssen, früher die einzige Möglichkeit Holz aus entlegenen Wäldern zu transportieren; die Brandenberger Holztrift (Bezirk Kufstein) war die größte Mitteleuropas

triggnriebler: Speise aus Mais

Trindl: Abkürzung für Katharina

Trine: Abkürzung für Katharina

trinkwein: Nachwein (für Dienstboten)

trippstrill: das mythische Trippstrill, wo nach schwäbischem Aberglauben die Altweibermühle liegt, wird für schnippige Abfertigungen verwendet, z. B.: „Wo gehst hin?" – „Nach trippstrill!"

trischiebl, trischüb(e)l: (U) Türschwelle

triset: Safran

tritt: Tritt, „Koan tritt" bedeutet so viel wie „gar nicht"

tro(a)st: meist für Hoffnung gebraucht – „I hab an troast, daß morgn schean wead" = Ich glaube, daß es morgen schönes Wetter gibt

trog: Trog, Barren; scherzhaft „zun Trog geah" -= „zum Essen an den Tisch setzen"

troi(e), trui(e): Treue

trolen, trölen: (O) herabwälzen, rollen machen

troll: dicker, auch unbehilf-licher Mensch

trollge: (O) unbehilfliches, plumpes Weib

tropf: armer, schwacher Mensch

tröpflweis: kleinweise

troppet: (S) dicht gefüllt, über-einandergelegt; „Der Bod'n is troppet voll Zeug"

trotten: (S) Kinder auf den Knien schauckeln; (Z) Aus-druck beim Dreschen

trüab, trüeb: betrübt, bewölkt (Wetter)

truch(n): Truhe, Lade, Kiste, auch für Sarg, scherzhaft für dickes Weib

trüchl: kleine Truhe, Lade, Kiste

truchtel: dickes Weib

trucken: trocken

trud: nach dem Volksglauben ein plagender, drückender Nachtdämon

trudnfuaß: Pentagramm, Figur mit zwei ineinander ver-schränkten Dreiecken

trueg: (S) Last, was man trägt

trumm: Stück eines zerbroche-nen oder abgeschnittenen Ganzen

trumm(e)l: Trommel, auch für Trompete

trumpf: Stichblatt beim Karten-spiel

trums(l)en: (O) langsam, plump

einhergehen, taumelnd wanken

trumsel: (O) ungeschickte Person, Schwindel, Taumel

trumset: (O) betäubt

trutsche(r)l: liebkosende Benen-nung der Kinder

trutz: Trotz

trutzliadl: Vierzeiler (Schnader-hüpfl) mit herausforderndem Charakter, früher als Heraus-forderung zum Raufen gesun-gen

tsch: Dieser Anlaut gehört vor-zugsweise dem tirolischen Etschland an. Er entsteht großteils aus dem anlauten-den Ital. ce, ci, ge, gi usw. zum Beispiel in den Orts-namen Matsch, Laatsch, Tschars, Tschengels . . .

tschabatten: (S) schlechte, zerrissene Schuhe, von Ital. ciabatta

tschad'rwarschtl: Umschreibung für Teufel

tschaffit, tschuffit: (S) Käuzchen, Zwergeule, von Ital. civetta

tschagk(o): Hut, alter, zerlump-ter Hut, von Slav. czako

tschakele: (S) Kneipe, Räusch-chen

tschakelen: (S) trinken

tschallen: (S) lallen, stammeln; klatschen, plaudern, aus-schwätzen

tschallen: (S) Schalen, Hülsen

tschampet: zerrissen, lumpig, unordentlich

tschandern: (S) Waren hin und
her liefern

tschangken: (S) ziehen, zerren
(an Glockenseilen)

tschangl: Umschreibung für
Teufel

tschapfen: hölzernes, mit einem
Stiel versehenes Gefäß zum
Wasserschöpfen, figürlich
Trunkenbold

tschatt: (S) einfältiger, unbehilflicher Mensch

tschattern: schwätzen, schnell
und in einem fort plaudern

tschausch: ungeordnetes, strup-
piges Haar

tschauschet: zerzaust, mit struppigen Haaren

tscheder, tscheda, tschetter: Mund
(verächtlich), vielredende
Person, Dachtraufe – „Halt
amoi dei tscheda" – Halt endlich deinen Mund

tschelpern, tscheppern: einen hohlen, klirrenden Laut geben

tscherfl(e)n, scherfln: mit den
Füßen schleifen, scharren

tschergken: (S) mit krummen
Beinen gehen, schleppend,
krumm gehen

tschesemandl: (S) Ameisenjungfer

tschett: (S) Teich, Wasser-
behälter, Schuttgrube

tschill': (S) Hülse, Schale

tschindern: taumeln, wie trun-
ken herumfallen, ausgleiten,
platzend niederfallen, klirren

tschinggeln: im Gehen schwanken

tschingkelen: nach Angebranntem riechen

tschippl, tschüppel: kleines
Büschel (Haar, Gras usw.)

tschippln, tschüppeln: jemanden
an den Haaren ziehen

tschöggl: (S) Grobian, bäuri-
scher Tölpel

tschogk: (S) Dummkopf

tscholder: Mannsjacke, kurze
Bauernjacke

tschoop, tschoap: Jacke, Wams,
Joppe, von Ital. giubba (aus
dem arabischen al-gúbbah
stammend)

tschoore: gutmütiges Mütterchen, Närrin

tschoori: Narr, dummer oder
einfältiger Mann

tschopf: Schopf, Haarbüschel

tschopfn: einen beim Schopfe
nehmen, an den Haaren
ziehen

tschorl, tschurl: (S) entehrtes
Mädchen

tschotten: gerinnen, stocken

tschotten, schotten: Quark

tschu, tschuu!: (L) Ausruf der
Verwunderung

tschudern: (S) schlampig arbeiten

tschuegk: Ochs oder Stier, der
ein Horn verloren hat

tschuem, tschoam: Schaum

tschufferl: Teufelchen, Gespenst

tschugg(au): Umschreibung für
Teufel

tschuppen: mit der Hand ein Büschel (Gras, Haare) erfassen

tschuret: kraus

tschurl'n: urinieren

tschurlkind: (S) uneheliches Kind

tschurtsch('n): Fruchtzapfen der Nadelbäume

tschutsch: gebackenes Koch aus Heidekorn und Speck

tua (tue)!: Als Vertretung für ein anderes Verb in der Befehlsform: z. B. Iß! Sing! Geh!

tudern: schnell, übereilt, daher unverständlich sprechen

tudl: schlecht, wertlos

tuech: Tuch, Leinwand, Leinen

tüecher: Tücher

tüechl: Hals- oder Schnupftuch

tuen, tüen: in den Tiroler Dialekten ist es ein ganz geläufiges Hilfsverb: „er tuet schreiben" für „er schreibt" oder „tua mir sagn" für „sage mir!"

tuff, tuft, tuftstoa: Tofstein, von Lat. tophus

tuften: rinnen, tröpfeln

tuget: Eigenschaft

tuifel: Teufel

tuiflsmarterer: der ohne Verdienst, Nutzen leidet

tuk: Streich, Posse – „Oan an tuk utoa" = Jemandem einen Streich spielen.

tüken: weh tun

tull: hervorragender Körper überhaupt

tullimatsch: Dolmetscher

tümmeln: (S) lärmen, Tumult machen

tunke: Flüssigkeit zum Eintunken

tupfen: stechen, impfen, scherzhaft für Geschlechtsverkehr

tupferl: Branntweingläschen (scherzhaft)

turm(el), turbl: Schwindel, Betäubung, Wirbel

türmisch: schwindelig, betäubt

türmlig: schwindelig, betäubt

turn: Turm, früher auch für Gefängnis

turren, durrn: (M) Donner

turt'n, tuscht'n: Torte, süßes Backwerk, von Ital. torta

turtschen: Pustertaler Knabenspiel, bei dem man zwei Ostereier gegeneinander schlägt

tusch: Trompetenstoß mit Paukenschlag (anläßlich einer Ansprache o. ä.)

tuscha: guter wohlmeinender Mensch, „Er is so a guata tuscha" – Er so ein guter Mensch

tuschen: große Kohlrüben, Kohl

tuschen: „Laß ma's tuschn" = Lassen wir es knallen

tuter, tutar: (S) hölzernes Waldhorn, das immer nur einen Ton von sich gibt

tutsch: Nachteule

tutschen: (L) schlafen

U

ua(n)s: eins

Uasl: (U) Oswald

uaswald: Oswald

überess'n: zu viel essen

übergangl: vorübergehender Zustand des Zornig- oder Kranksein, des Regenwetters

überhaps: überhaupt, in etwa, beiläufig, in Bausch und Bogen

überschi: über sich, aufwärts

übl: Krankheit, Übel, Unwohlsein

udell: (U) groß, ungeschickt

üechs'n, üxn: Achselhöhle

Uelri(ch), Uele: Ulrich; „Den hl. Uelrich anrufen" = sich erbrechen; vermutlich weil Ulrich als Krankenpatron v. a. gegen Cholera angerufen wurde

uesch: (S) Trog, Rinne, worin dem Vieh das Futter ausgestreut wird

u'habig: nicht zu halten, böse, ungestüm (besonders bei Kindern)

umal: (U) Vormittagsjause, seltener als Neuner

umbrell: Schirm

umess: Ameise

umgang, ummigang: Prozession

umgen: Prozession halten

umkeien: umwerfen

ummerwölgn: herumkollern

und: und, wird im Dialekt vielfach zu ed oder e verkürzt; z. B. uan-e-zwuanzg = einundzwanzig

undengg: gutmütig, willig

uneben: uneben; eigensinnig, launig

unend: nichtswürdige Handlung, Liederlichkeit

unfein: unangenehm, widerlich

unfried: Unfriede; Unfrieden stiftender Mensch

unfurm: Unart, überhaupt jede üble Eigenschaft an Personen

ung'füeg: unbequem

ungamper: steif, unbequem

ungehobelt: roh, ungebildet

ungerer: Ungar

ung'füeg: unbequem

ungut: unfreundlich, böse

unholdin: Hexe

unlustig: unangenehm, unfreundlich (Wetter)

unmusterlich: (U) langsam, unbeholfen, sich nicht zu helfen wissend

unpar: ungleich

üns, ünser, ünsar: uns, unser; „ünsar drei" = wir drei

unser liebe Frau: Muttergottes

ünslet: Unschlitt, Talg

unt(e)n: unten, drunten

untabei(g), untebei(g): auf der unteren Seite, drunten

untern, untang: (U, Z) Zwischenmahl halten, Nachmittagsjause (Marende)

unteroa(n)st: (U) plötzlich, auf einmal

unterschi: abwärts

untuget: üble Eigenschaft

unvlaad: (A) Unbequemlichkeit

urass(e)n, uressen: die geringen, wertlosen Überbleibsel beim Essen, auch in den Barren des Viehs, Brösel

urassen: (Z) verderben, zu Grunde gehen

urassig: überdrüssig, übel gelaunt

urbar: Gut, das Zins oder Lehensabgaben trug

Urbl: verkürzt für Urban

urchen: (O) drüben, hinüber

urfahr: Ort wo man über einen Fluß setzt

urigeln: jucken, brennen

urlab: Urlaub

ürn: altes Maß für Wein, Branntwein, 55 Maß enthaltend, Faß

Ursch(l): verkürzt für Ursula, verächtlich für dumme unsympathische Frau – „So a blöde Urschl" = So eine dumme Kuh

urviech: erzgrober Mensch, lustiger Kerl

üsel, iesl: Asche, Reste eines verbrannten Körpers, Unrat, Kehricht

uwean: eines Dinges loswerden, es an den Mann bringen

V

valentin: spottweise für dummer Kerl, wenn jemand etwas hinunterfällt, dann sagt man: „Heit hamma Fallentin!"

vaterlen: dem Vater gleichsehen

vaterunserloch: Mund (trivial)

vatter, vater, voda: Vater

veanggelen: (U) foppen

veigl, veilele: Veilchen

Veit: volkstümlicher Name für Vitus, wird besonders in ehemals slawischen Teilen des Pustertales verehrt

veitl: Taschenmesser mit hölzener Schale; ein zaghafter, einfältiger Mensch

venediger, venedigermandl: zwergenhafte Sagengestalt, die für ihr Gespür für Gold und Schätze bekannt ist

verbandtl'n: zwei Menschen zueinanderführen

verboant: versessen, erpicht auf etwas

verbringen: vollbringen, vermögen, imstande sein

verdempf(e)n: verschlafen

verdotteln: auf ungeschickte Weise etwas vertun

verdrat: verschlagen, verschmitzt

verdruck(e)n: unterdrücken, in sich drücken, nicht kundgeben, auch: viel Essen hinunterwürgen

verdrucken: etwas zerdrücken, zerknüllen, ein Kleid zerdrücken; verschlingen, hineinfressen

verflixt: verflucht

vergaggl(e)n: sich irren, blöde
verlieben

verganten: versteigern

verhauen: verschwenden,
jemanden prügeln

verhern: (S) zugrunde richten,
verderben

verlaab: Erlaubnis

verlaiden: zuwider werden

verlesen: verloren, verurteilt

verloben: ein Gelöbnis machen

vermainen, vermoanen: verhexen,
verwünschen

vermaugke(l)n: verstecken, bei
Seite schaffen, verheimli-
chen, verhehlen, bemänteln

vermoanen: verhexen, verzau-
bern, beflecken

vernatsch: Weinsorte, Wein-
traubenart

verpön: mit Strafe belegen,
strafen

verpoppen: Kinder durch zu
zärtliche Behandlung ver-
ziehen

versaut: verunreinigt

verschergen: verklagen

versechn: jemandem die Sterbe-
sakramente reichen

versöl: (S) Fisole

verterzen: verkümmern, im
Wachstum zurückbleiben
(Tiere)

vertrauter: (I) Polizeispäher,
Spitzel

vertuan, vertun: verschwenden

vertuschen: seine Habe verschwenden

verübl haben: jemandem etwas
für Übel nehmen

verwearn: mit der Zeit verwahr-
losen oder zugrunde gehen

verwichn: jüngst, neulich

verwixn: seine Habe ver-
schwenden, das Geld beim
Fenster hinauswerfen; ver-
schleudern, durchbringen

verwusern: in der Eile verstreu-
en, verlegen

verzwickt: schwierig zu lösen

vesper: nachmittägiger Sonn-
tagsgottesdienst, bei dem
Psalmen von Chor und Geist-
lichem abwechselnd gesun-
gen wurden. Da man dies
scherzhaft als musikalischen
Streit auffaßte, verbindet
man mit vesper auch Streit
und Zank.

vespern: flüstern, murmeln,
halblaut beten, auch: zanken,
schelten

vexierkösten: (S) Roßkastanien
(Aesculus Hippocastanum)

vexiern: mit Spottreden belästi-
gen, von Lat. vexare

vicher: Vieh (Mehrzahl) –
„Wia 's liabe Viech" – das
heißt: ganz unchristlich

viech: Vieh

viechl: kleines Vieh, einzelnes
Stück

viechtiesl: Viehseuche

viera: Vierer, vierter Kreis bei
einer Schützenscheibe

vil(l): viel

vilge: Vorabend eines Festtages

visln: (U) wundern

vizdum, pfitztum: Verwalter,
Statthalter

vlaad: (A) Bequemlichkeit

voarmas: Frühstück

vogl: Vogel, Hirngespinst

voglsteig: Vogelkäfig

volk: Inwohnerschaft eines Hauses

völkl: brave Leute (im ironischen Sinn)

voll: berauscht, vollkommen betrunken

vorfeartn: im vorletzten Jahr

vorgen: im voraus ahnen, fühlen

vornacht: vorgestern

Vrena: (S) Kurzname für Veronika

vuanacht: (U) vorgestern

vuder: (S) hinweg, fort, weiterhin

W

waal, wol: kleiner Wasserkanal, der ausgegraben ist, Rinne zum Bewässern der Felder

waan, waanen: wehen (Wind, Schneegestöber)

wabl, wabi, wabn: Barbara

wach, wax: von Sachen, Tieren und vorzugsweise Menschen, schmuck, geputzt, mutig; stolz, hochmütig; auch: draufgängerisch, bäuerisch, furchtlos

wachs(e)n: wachsen

wacht: Wache, Aussichtspunkt, Aussichtsturm

wachtl: Wachtel; „Liagn wia a Wachtl" = wenn jemand aus Gewohnheit lügt; „Die Wachtl verjagn" = den Getreideschnitt beenden

wachtl(e)n: hin und her schwingen, mit der Hand eine schnelle Bewegung machen, Luftstreiche führen, mit einem Tuch oder einer Fahne schwingen; auch: „einen

wachtln" = jemanden schlagen

wadl: Wade, von Ahd. wado. In einem alten Oberinntaler Volkslied heißt es: „Wanz'n sein nit fleach, wadl isch koa zeach; zeach isch koa wadl, bue isch koa madl!" – Wanzen sind keine Flöhe, die Wade ist kein Zeh; der Zeh ist keine Wade, der Bub ist kein Mädchen!

waff'l: verächtlich für Mund

wag, wog: Waage

wagn, wogn: Wagen, Auto; etwas wagen, sich etwas getrauen

wagnes: Pflugschar

waid, woad: Weide, Grasboden, Feld

waidlich: hurtig, munter, frisch, schnell

waidmesser: Hirschfänger

waisat, waiset: Geschenk an frischgebackene Eltern bzw. an eine Wöchnerin, auch an

Brautpaare; „Ins Waisat
gehn . . ." = Wöchnerinnen-
besuch usw.; von Ahd.
wîsôn = heimsuchen

walgn, wölgn: wälzen, rollen,
ausrollen

walkn: (S) Fensterflügel,
Fenster

walsch: zunächst der Italiener,
dann überhaupt jeder
Fremde; die Bewohner von
Trient und Rovereto werden
bereits als Wälsche
bezeichnet

waltl: kleines Wäldchen

waltn: walten

wam(p)sn: schlagen, prügeln,
Ohrfeige geben, gegen den
Bauch schlagen

wammeln, wammazn: sich regen,
wimmeln

wampat: dick, mit dickem
Bauch

wampm: Bauch von Tieren,
verächtlich bei dicken Menschen, Wanst, von Ahd.
wampa

wamps: Schlag, Streich, besonders auf den Bauch

wanda, wandi: (S) Bande,
Gesindel

wang: abhängige Seitenfläche
eines Berges, überhaupt
Gegend, die bebaut ist;
häufig als Ortsname, z. B.
Wängle, Wangen, Berwang,
Heiterwang, Breitenwang,
Nesselwang usw.

wank, wenkerl(e): Seitensprung,
das Ausweichen, der Wink;

„Er tuat koa wenkerl" = er
rührt sich nicht

wanz, wonz: Wanze

wanzenvoll: gänzlich berauscht

war, wohr: wahr

wart: Aussicht, Warte

wartn: warten; „Wart!" = Strafe drohender Zuruf im Ernst
oder Scherz

warzig: mit Warzen behaftet

warzn: Warze

was, wass: was, was denn? Ver-
gleichend für als, z. B. „Er is
greasser was i" = Er ist grö-
ßer als ich

wasch(l)nass: völlig durchnäßt
von Kopf bis Fuß

wäsch, wesch: Wäsche

waschn: waschen, reinigen, putzen, baden; auch: stark regnen und schwätzen

wasn, wosn: Rasen, auch
scherzhaft für großen Menschen oder Schlitzohr

wasseräuglen: Tränen in den
Augen haben

**wasserkalb, wasser-
kaibl:** Schwimmkäfer
(Dyticus marginalis L.)

wasserl(e): kleines Gerinnsel,
Bächlein

wassermuas: Mehlkoch in
Wasser

wasserstroach: Blitzschlag, der
nicht zündet

Wastl, Wastei, Wascht(l): Kurzname für Sebastian

watn, wotn: waten, auch einfach bzw. langsam gehen

watschl: Interjektion um etwas

Plötzliches, Unerwartetes
auszudrücken

watschelen: (S) Kugelspiel wie
Ital. boccia

wa(t)schn: Ohrfeige, Schlag
mit der flachen Hand

wattn: Kartenspiel

watzeln: (S) wimmeln, zappeln, sich unruhig bewegen

waud'l: siehe wauwau

wauwau: Schreckpopanz für
Kinder; Übrigbleibsel von
Wotans wilder Jagd

wax: Wachs

wea(h): Weh, Schmerz, weh,
schmerzhaft

wea(r)n: werden

Wean: Wien

wear: wer (jemand)

wear, wör: Wehre, Wasser-
wehr, in Tirol war damit früher die Hauptwaffe – der
Stutzen – gemeint

weaschtl: (U) Wort, Wörtchen

weck'n: wecken, aufwecken

wedaleitn: (U) Kirchenglocken
läuten, um ein Gewitter un-
schädlich zu machen

wedan, wettern, wittern: regnen,
hageln; auch: fluchen, toben,
schelten

wedl: Werkzeug zum Wehen,
Fächeln oder Besprengen

weenen: Striemen, Furchen infolge von Verletzungen,
Hieben, Streichen

weer: Gerstenkorn im Auge

weggn: Wecken, länglicher
Laib Brot, Butter usw.,
Schifflein der Weber, Keil

wehleidig: leicht klagend, empfindlich

weib: Frau, Weib, Gattin;
auch: Mensch ohne Charak-
terfestigkeit, der sein Wort
zurücknimmt

weibele: kleine Frau, alte Frau

weiberer, weibeler: jemand, der
sich gern bei Frauen aufhält

weiberleut: alle Frauen

weich: Weihe (Dinge, die in
der Kirche geweiht werden)

weich'n: weichen, aus dem
Weg gehen; weihen

weichbrunn: Weihwasser

weichbrunntrögl: Gefäß für das
Weihwasser (hängt meist
neben der Tür)

weichkessl: Weihwassergefäß

weichpfinztag: Gründonnerstag

weier: Weiher, Teich

weil: Weile, Zeitraum

wein, weindl: Wein, bekannte
Tiroler Weine sind Kalterersee, Traminer, Terlaner, Girlaner, Siebenaichner usw.
Der Lage nach unterscheidet
man Boden- und Leiten-
weine

weinacht: Weihnachten,
Heiliger Abend

weinelen: nach Wein riechen

weingartn: Weinberg

weinkräutl: Mauerraute (aspel-
nium ruta muraria L.)

weinper: Weintraube

weis: Art und Weise

weisl: Weise, Melodie

weite, weitn: große Entfernung
(räumlich und zeitlich)

welch: welk

well: Walze, Rolle, wölbige Wasserwoge

weller, wöller, wöllana, wöllans: welcher (nicht als Relativum gebraucht)

welstig: (L) betriebsam, geschäftig, tätig

wendn: wenden, umkehren

werch: Werg von Flachs und Hanf

wes(e)n: Wesen, Benehmen

wett'n, wöt'n: wetten, die Ochsen unter ein Joch spannen

wetta, weda: Wetter, Gewitter

wetterlaunisch: nach dem Wetter gestimmt sein

wetterläut(e)n: zur Vertreibung von Gewittern läuten

wetterschlachtig: wetterfühlig

wetterschlag: Blitz

wiach, wiech: fett, stark geschmalzen (bei Speisen); üppig, fruchtbar (Boden, Saat, Gras); auch: großsprecherisch, abgeschmackt, draufgängerisch (Mensch)

wiana: Wiener, Bewohner von Wien

wianerisch, wienerisch: was man für gut, brauchbar hält

wianig, weanig, weng, wenk, weng(g)al: wenig

wichsn, wixn: glänzend machen, mit Ruten streichen, strafen, ohrfeigen; auch vulgär für onanieren

widerpart: Kampf zweier entgegengesetzter Winde, des Tages und der Nacht

wied'n, widum: Pfarrhaus

wied, wiedn: Band aus Zweigen der Weide

wieflen: (S) mit den Füßen unruhig sein, stampfen

wiefling, wiefl: aus Wolle und Leingarn gewirktes Textil, Weiberrock

wienerrueben: (Z) Kartoffeln

wies, wies'n: Wiese

wiff: (U) lebhaft, munter, gescheit, stattlich, sauber, schmuck (oft ironisch) – „A wiffs Bürschl" – Ein gescheiter Bursche

wild: Gegensatz zu zahm, scheu, schüchtern, ungehalten, zornig, aufgebracht, abschreckend, häßlich

wilda: Eingeborener (Naturvölker)

wilderer: Wilddieb, Wildschütz, jemand der auf fremdem Jagdrevier Tiere erlegt

wildern: verbotenerweise Tiere erlegen

wildwasser: Wildbach

wimmen: (S) Weinlese halten

wimmerl: Mitesser, Pickel, Hautwarze, Narben von Blattern, Eiterbläschen

windisch: slowenisch

windling: Bohrer

windlwoach: ganz weich, „i hau di windlwoach" = jemanden kräftig prügeln

winkl: Winkel

winkladvokat: wenn jemand das Amt eines Sachwalters unbefugt ausübt

winnach: (U) siehe winnig

winnen: gewinnen, erlangen

winnig: wahnsinnig, rasend, zornig

wint bekommen: geheime Kunde erhalten

wint machen: prahlerisch tun, eitel auftreten; auch: jemanden zu einem gewissen Tun antreiben

wint: Wind, wenn ein Kind Blähungen hat

wir(r)ler: Speise aus geriebenen Erdäpfeln, Mehl, Salz und Schmalz, früher nur aus Wälschkornmehl

wirch(e)n: wirken, weben

wirlich, wirle: jede Speise gerne essend und leicht verdauend, im Sinne von „g'frassig"

wirsch: erzürnt, böse

wisch: Besen, auch: wertlose Sache

wischen: mit einem Tuch putzen; schnell, leicht hin- und herfahren mit, an etwas; einen wischen = jemanden auszanken, schlagen, prügeln

Wischpei: Pfeife; scherzhaft für Geschlechtsorgan

wispl(e)n: mit dem Munde pfeifen, zischen, ein lautmalendes Wort wie lispeln, flüstern, wispern usw.

wispler: Pfiff

wiss'n: wissen

wist(a): Ruf an Zugtiere, wenn sie links gehen sollen (rechts = hotta)

witsch: Augenblick, von Engl. witch = Hexe

witz: Witz, in weiterer Bedeutung Sinn, Verstand

woach: weich

woach(e)n: einweichen in Flüssigkeit, etwas aufweichen, auch: mit Tuch Flüssigkeit entfernen

woad: siehe waid

woad(ne)n: weiden, Vieh grasen lassen

woadl: siehe waidlich

woi: (U) ja, jawohl

wold: Wald

wolf: Entzündung der Hautfalten am Gesäß, welche bei anhaltendem Gehen, Reiten oder Sitzen (Rad) entsteht

wöllana: siehe weller

wöllans: siehe weller

wollen, wöllen: wollen

wöller: siehe weller

wool, woll: wohl, gesund, in guter Verfassung

worpen: (S) das Gras wenden und zum Trocknen ausbreiten

wörtl: Wort

wu(s)cht: Wurst

wüelen, wuol(e)n: wuhlen, scharren

wueler: Feldmaus, Maulwurf

wüelscher: Maulwurf

wuestn: verwüsten

wuestung: Verwüstung, Gemeindesteuer

wulst: Aufgeschwollenheit, Erhöhung, weibliche Brust

wunder: Wunder, Vorwitz, Neugierde

wunderlich, wundrig: neugierig, vorwitzig, empfindlich, übel gelaunt

wunderswegen: aus Neugierde

wunderwitz: neugierige Person

wunn(e): Wonne, Lust, Wiesenland

würflig: schwindlig, taumelnd

wurm: Wurm, Schlange

wurscht(l)n: Würste machen, unordentlich arbeiten

wurz, wu(s)chz: Wurze, Wurzel

wuserer: übereilter Mensch

wusern: sich hastig bewegen, ohne Ordnung und Bedacht beschäftigt sein

wuzerl: kleines, hübsches Kind

wuzl: kleine Person, kleines Tier

wuzl(e)n: wulstig, faltig machen, in Unordnung bringen

Z

z': als Präposition in Tirol viel gebraucht, z. B: z'Weihnachtn, z'Kirchn gehn, z'nicht usw.

zaafen: (S) sich abplagen, abmühen

zaam: Zaum; „Das Roß beim Schwoaf aufzaamen" – Das Pferd beim Schwanz aufzäumen, gemeint ist: ein Ding verkehrt angreifen

zaber, zauba: Zauber, Hexerei, Magie

zach: zäh

zachn, zacher: Tränen

zader, zoder: der zähe, sehnige, faserige Teil des Fleisches

zaderer, zoderer: Mensch, der sich viel abmüht

zadern, zodern: schwer arbeiten

zag(k)el: Haarbüschel am Schweif eines Tieres, Schwanz, Stachel, Quaste; überhaupt etwas Herabhängendes; auch: zerlumptes

Kleid oder Weibsperson, die ein solches trägt

zaggler: zerlumpter Kerl, Bettler, armer Tropf

zai: Zäune

zain: (U) zäunen, einen Zaun aufbauen oder reparieren

zalftern: schleppen, reißen, zerren

z'ammen, z'sammen: zusammen, gemeinsam, miteinander

zampen: zappeln, mit den Füßen stampfen, schnelle Bewegungen machen

zand(l): Zahn, Zähnchen

zandln: wenn ein Kind Zähne bekommt, auch: wenn jemand um den heißen Brei herumredet oder herumtrödelt

zanluket: mit einer Zahnlücke versehen

zap(p)in: Haue oder Hebel mit eisernen Haken bzw. spitzem Ende zum Aufheben von

Holz- oder Steinblöcken,
von Ital. zappa

zapf(e)n: Bier oder Wein aus
einem Faß rinnen lassen

zapf(e)n, zapfl: Zapfen, Wein-
oder Bierhahn, starker
Rausch

zappern: ungeduldig mit den
Füssen trippeln, etwas ungeduldig erwarten, begierig verlangen – „Schau, daß du nit
verzapperst" = Gib acht, daß
Du nicht aus Ungeduld
stirbst!

zarg: Einfassung eines Gefä-
ßes, Rand; „Auf der Zarg" =
am Äußersten

zaspe: (S) arme unbehilfliche
Person

zaspen: (S) Geräusch erregen
wie raschelnde Mäuse, leise
auf dünnen schleppenden
Schuhen einhergehen

zaudier: zaundürr, außerordentlich dürr oder mager (wie ein
Zaunpfahl)

zaufen: (S) Johannisbeeren
(ribes rubrum)

ze(a)ch: Zehe

ze(a)chnkas: „Zehenkäse" –
Fußschweiß, wenn jemand
von den Füßen bzw. Socken
stinkt, sagt man es stinkt
nach „ze(a)chnkas"

z'ebner erd: im Erdgeschoß

zech: Innung, Zunft, Verein,
Zeche, Bergbaurevier bzw.
-stollen

zeffern: mit etwas sparsam,
schonend umgehen

zegga, zegger, zögger: Tragkorb,
Armkorb

zeiber: (U) eine Art grüner
Pflaumen

zeich(e)n, zoachn: Zeichen,
Sternzeichen

zeinen, zoanen: (U) das Eisen
unter der Hammerschmiede
strecken

zeiselwagen, zeiseiwagn: (U) Wagen mit darübergespannter
Decke, heute für Gefängnis-
wagen

zelinda: (L) Zylinder

zelt(e)n: plattes Backwerk, heute als Weihnachtszelten bekannt (Früchtebrot), vermutlich christianisiertes
Opferbrot

zend: Zähne

Zenz: Vinzenz

zeren: zehren

zette, zötte: Hecke, Dornenge-
strüpp, Gesträuch, in Ulten
Alpenrosenstaude, im Passeier die einzelnen Büschel der
Heidelbeeren und im Pustertal die Zwergkiefer

zetten, zetteln: kleinweise
fallen lassen, streuen

ziach(e)n, ziech(e)n: ziehen,
schleppen

ziache, zieche: Bettüberzug, von
Ahd. ziecha

ziagl: Ziegel, Baustein, Rausch

ziaglstadl: Gefängnis (weil dort
Ziegel gemacht werden)

zibebe, zwebe: große Koch-
rosine

zicken: von Getränken, einen

scharfen, beißenden Geschmack haben, wie Essig; sauer zu werden anfangen

zieger, ziga: Käse aus Schaf-, Kuh- oder Ziegenmilch

ziegl: Zugstrick, Ziehseil

ziegln, zügln: züchten, aufziehen (meist bei Tieren und Pflanzen)

zigaina: Zigeuner, jemand der umherstreunt, Weltenbummler

ziggel: Ziehbrunnen, aus dem man das Wasser pumpt oder mittels Eimer herauszieht

zil: Ziel, früher war es der Anteil an Speisen, den die Dienstboten für ihre Angehörigen mitnehmen durften; ohne zil = ohne Ende

zille(le): Fischerkahn, Fähre

zinslen: (L) sprudeln, hervorspritzen (Wasser), auch: urinieren

zintln: zündeln, Feuer legen, pyromanisch veranlagt sein

zintn, zindn, zünden: zünden, anzünden; „Oan oane zintn" = jemandem eine Ohrfeige geben

zipf, zipf(e)l: Spitze, spitzes Ende, kleines Ding überhaupt, Penis, Schimpfwort für Mannsperson, verstärkt: sauzipfl

zipflweis: kleinweise, nach und nach

zirbasnüssl, zirmnuß: Zirbelnüsse

zirbl, zirm: Zirbelkiefer (pinus cembra L.)

zirmgratsch: (O) Nußhäher

zist('l): Tragkorb, von Lat. cista

zittrich: krätzenartiger Ausschlag

zittrichkraut: Milzkraut (chrysosplenium alternifolium L.)

z' morgez: am Morgen

z'nagst: zunächst, vor einigen Tagen, vor kurzem

z'nicht: schlimm, nichtwertig

zoagka: (S) Mistjauche

zöb(e)l: Kreisel beim Patzöbelschlagen (Spiel), länglicher Kot

zoberl(i): eigensinniger, widerspenstiger Knabe

zoch, zöchl: roher Mensch, bengelhafter Bursche, (U) Berauschter

zockel, tschogkl: (S) Holzschuh, von Ital. zoccolo

zoig(l), zuig(l): Zeug, Gerätschaft, Geräte, Gut, Habe

zönn: (S) der Teufel

zottl(e)n: langsam, träge einhergehen

zottlat, zottlet: wirrhaarig

zottler: Mann von zottigem Aussehen, Person im Fasnachtsbrauchtum Nordtirols

zottlet: nachlässigen Anzuges

z'ritt, z'rütt: in Verwirrung, außer Fassung gebracht, zornig, aufgebracht, wahnsinnig

z'ritt, z'rütt: zornig, irrsinnig

zrufen: Hadern, Lumpen, zerrissenes Kleid

zrugg: zurück, rückwärts

z'trutz: zum Trotz

zu(r)zepfn: Fruchtzapfen der
  Nadelbäume
zua (zue) sein: betrunken sein
zua, zue: geschlossen, zu
zuabuaß, zuebuss: Zugabe (beim
  Einkauf usw.)
zuakirch, zuekirch: Filialkirche
zuawag, zuawog: wenn der
  Metzger etwas gratis dazu-
  gibt (Knochen usw.)
zuber: offenes Böttchergefäß
  zum Waschen
zuck(e)n: schnell ziehen, reißen, erschrecken, auch: entwenden, stehlen; „Bis in den
  dritten Himml verzuckt sein"
  = in höchster Wonne schweben
zucker, zuckezer: Zuckung
zuckerle, zuggerl(e): Bonbon,
  Süßigkeit
zuckerpapp: Bonbon (Kindersprache)
zuckezn: zucken, zittern, vibrie-
  ren
zuecken, zuegg'n: Ast, Zweig,
  Zacken eines Baumes, Her-
  vorstehendes an Gegen-
  ständen
züenz: (S) Teufel
zügele, zügelel: (L) Lockruf für
  Kälber
zugga, zugger: Zucker
zuggergandl: Kandiszucker
zull: (S) Maikäfer
zullen: saugen am Sauglappen
zumme, zumb(e)l, zimbel: hölzerne
  Tragbutte
zuntern: Zwergkiefer (Pinus
  pumilio), im Passeier und

Zillertal die Alpenrosen
  (rhododendron ferrug. L.)
zuschge: (O) fahrlässiges Mädchen
zussel(e)t: nachlässig gekleidet
zusserer: (U) Zauderer in Geld-
  ausgaben, Knicker
zussl: schlecht gekleidetes
  oder dümmliches Weib
zwacken: zwischen zwei Fin-
  ger- oder Zangenspitzen
  fassen; stehlen
zwag(e)n, zwogn: (U) Teile des
  Leibes, besonders den Kopf
  waschen, von Ahd. twahan;
  meist als ozwagn oder
  azwagn gebraucht
zwaifl: Zweifel
zwasper: (L) Heidelbeere
zwatzeln: wimmeln, zappeln,
  sich unruhig und eilfertig bewegen (wie die Fische im
  Wasser)
zweck: Stift, Splitter
zwehel: Handtuch, Tellertuch
zweigl: kleiner Ast, Ästchen,
  kleiner Zweig
zweihörndler: Umschreibung
  für Teufel
zwerch: quer
zwergl: Zwerg, Kobold,
  Gnom, kleiner Mensch
zweschpe: Zwetschke; „Meine
  siebn Zweschpn zsamm-
  packn" = Meine sieben Sachen (Habseligkeiten) zusam-
  menpacken
zwicken: zwicken, mit einer
  Zange etwas herausziehen,
  eine Art Kartenspiel

zwickl: Keil

zwieda: böse, unartig

zwiefl: Zwiebel, scherzhaft für Geld

zwiefln: jemanden prügeln

zwieggezn: (T) heiser schreien

zwienar: (T) Zwitter

zwiesl: ein zweifach sich teilender Ast, Zweig; der untere Teil des Leibes

zwiesler: (O) Doppelbaum

zwieslet: zweifach geteilt, gabelförmig

zwiespannar: (Z) Zweispänner

zwindl: Zwillingskind

zwinzeln: blinzeln

zwischn: zwischen

zwispen, zwischgen: zwei Fäden zusammendrehen, spinnen

zwitterding: etwas Halbes, von unentschiedener Art

zwoa: zwei